U0862574

中华人民共和国
新法规汇编

2023
第1辑

司法部 编

中国法制出版社

编辑说明

一、《中华人民共和国新法规汇编》是国家出版的法律、行政法规汇编正式版本，是刊登报国务院备案并予以登记的部门规章的指定出版物。

二、本汇编收集的内容包括：上一个月内由全国人民代表大会及其常务委员会通过的法律和有关法律问题的决定，国务院公布的行政法规和国务院文件，报国务院备案并予以登记的部门规章，最高人民法院和最高人民检察院公布的司法解释。另外，还收入了上一个月内报国务院备案并予以登记的地方性法规和地方政府规章目录。

三、本汇编所收的内容，按下列分类顺序编排：法律，行政法规，国务院文件，国务院部门规章，司法解释。每类中按公布的时间顺序排列。报国务院备案并予以登记的地方性法规和地方政府规章目录按 1987 年国务院批准的行政区划顺序排列；同一行政区域报备两件以上者，按公布时间顺序排列。

四、本汇编每年出版 12 辑，每月出版 1 辑。本辑为 2023 年度第 1 辑，收入 2022 年 12 月份内公布的法律 3 件、法律解释 1 件、行政法规 1 件、国务院文件 1 件、报国务院备案并经审查予以登记编号的部门规章 16 件、司法解释 6 件，补收 5 月份内公布的国务院文件 1 件，共计 29 件。

五、本汇编在编辑出版过程中，得到了国务院有关部门和有关方面以及广大读者的大力支持和协助，在此谨致谢意。

司法部

2023 年 1 月

目　　录

法　　律

法律解释

行政法规

国务院文件

国务院部门规章

司法解释

附：

法　律

中华人民共和国野生动物保护法

（1988年11月8日第七届全国人民代表大会常务委员会第四次会议通过　根据2004年8月28日第十届全国人民代表大会常务委员会第十一次会议《关于修改〈中华人民共和国野生动物保护法〉的决定》第一次修正　根据2009年8月27日第十一届全国人民代表大会常务委员会第十次会议《关于修改部分法律的决定》第二次修正　2016年7月2日第十二届全国人民代表大会常务委员会第二十一次会议第一次修订　根据2018年10月26日第十三届全国人民代表大会常务委员会第六次会议《关于修改〈中华人民共和国野生动物保护法〉等十五部法律的决定》第三次修正　2022年12月30日第十三届全国人民代表大会常务委员会第三十八次会议第二次修订　2022年12月30日中华人民共和国主席令第126号公布　自2023年5月1日起施行）

目　　录

第一章　总　　则

第一条　为了保护野生动物，拯救珍贵、濒危野生动物，维护生物多样性和生态平衡，推进生态文明建设，促进人与自然和谐共生，制定本法。

第二条　在中华人民共和国领域及管辖的其他海域，从事野生动物保护及相关活动，适用本法。

本法规定保护的野生动物，是指珍贵、濒危的陆生、水生野生动物和有重要生态、科学、社会价值的陆生野生动物。

本法规定的野生动物及其制品，是指野生动物的整体（含卵、蛋）、部分及衍生物。

珍贵、濒危的水生野生动物以外的其他水生野生动物的保护，适用《中华人民共和国渔业法》等有关法律的规定。

第三条 野生动物资源属于国家所有。

国家保障依法从事野生动物科学研究、人工繁育等保护及相关活动的组织和个人的合法权益。

第四条 国家加强重要生态系统保护和修复，对野生动物实行保护优先、规范利用、严格监管的原则，鼓励和支持开展野生动物科学研究与应用，秉持生态文明理念，推动绿色发展。

第五条 国家保护野生动物及其栖息地。县级以上人民政府应当制定野生动物及其栖息地相关保护规划和措施，并将野生动物保护经费纳入预算。

国家鼓励公民、法人和其他组织依法通过捐赠、资助、志愿服务等方式参与野生动物保护活动，支持野生动物保护公益事业。

本法规定的野生动物栖息地，是指野生动物野外种群生息繁衍的重要区域。

第六条 任何组织和个人有保护野生动物及其栖息地的义务。禁止违法猎捕、运输、交易野生动物，禁止破坏野生动物栖息地。

社会公众应当增强保护野生动物和维护公共卫生安全的意识，防止野生动物源性传染病传播，抵制违法食用野生动物，养成文明健康的生活方式。

任何组织和个人有权举报违反本法的行为，接到举报的县级以上人民政府野生动物保护主管部门和其他有关部门应当及时依法处理。

第七条 国务院林业草原、渔业主管部门分别主管全国陆生、水生野生动物保护工作。

县级以上地方人民政府对本行政区域内野生动物保护工作负责，其林业草原、渔业主管部门分别主管本行政区域内陆生、水生野生动物保护工作。

县级以上人民政府有关部门按照职责分工，负责野生动物保护相关工作。

第八条 各级人民政府应当加强野生动物保护的宣传教育和科学知识普及工作，鼓励和支持基层群众性自治组织、社会组织、企业事业单位、志愿者开展野生动物保护法律法规、生态保护等知识的宣传活动；组织开展对相关从业人员法律法规和专业知识培训；依法公开野生动物保护和管理信息。

教育行政部门、学校应当对学生进行野生动物保护知识教育。

新闻媒体应当开展野生动物保护法律法规和保护知识的宣传，并依法对违法行为进行舆论监督。

第九条　在野生动物保护和科学研究方面成绩显著的组织和个人，由县级以上人民政府按照国家有关规定给予表彰和奖励。

第二章　野生动物及其栖息地保护

第十条　国家对野生动物实行分类分级保护。

国家对珍贵、濒危的野生动物实行重点保护。国家重点保护的野生动物分为一级保护野生动物和二级保护野生动物。国家重点保护野生动物名录，由国务院野生动物保护主管部门组织科学论证评估后，报国务院批准公布。

有重要生态、科学、社会价值的陆生野生动物名录，由国务院野生动物保护主管部门征求国务院农业农村、自然资源、科学技术、生态环境、卫生健康等部门意见，组织科学论证评估后制定并公布。

地方重点保护野生动物，是指国家重点保护野生动物以外，由省、自治区、直辖市重点保护的野生动物。地方重点保护野生动物名录，由省、自治区、直辖市人民政府组织科学论证评估，征求国务院野生动物保护主管部门意见后制定、公布。

对本条规定的名录，应当每五年组织科学论证评估，根据论证评估情况进行调整，也可以根据野生动物保护的实际需要及时进行调整。

第十一条　县级以上人民政府野生动物保护主管部门应当加强信息技术应用，定期组织或者委托有关科学研究机构对野生动物及其栖息地状况进行调查、监测和评估，建立健全野生动物及其栖息地档案。

对野生动物及其栖息地状况的调查、监测和评估应当包括下列内容：

（一）野生动物野外分布区域、种群数量及结构；

（二）野生动物栖息地的面积、生态状况；

（三）野生动物及其栖息地的主要威胁因素；

（四）野生动物人工繁育情况等其他需要调查、监测和评估的内容。

第十二条　国务院野生动物保护主管部门应当会同国务院有关部门，根据野生动物及其栖息地状况的调查、监测和评估结果，确定并发布野生动物重要栖息地名录。

省级以上人民政府依法将野生动物重要栖息地划入国家公园、自然保护区等自然保护地，保护、恢复和改善野生动物生存环境。对不具备划定自然保护地条件的，县级以上人民政府可以采取划定禁猎（渔）区、规定禁猎（渔）期等措施予以保护。

禁止或者限制在自然保护地内引入外来物种、营造单一纯林、过量施洒农药等人为干扰、威胁野生动物生息繁衍的行为。

自然保护地依照有关法律法规的规定划定和管理,野生动物保护主管部门依法加强对野生动物及其栖息地的保护。

第十三条 县级以上人民政府及其有关部门在编制有关开发利用规划时,应当充分考虑野生动物及其栖息地保护的需要,分析、预测和评估规划实施可能对野生动物及其栖息地保护产生的整体影响,避免或者减少规划实施可能造成的不利后果。

禁止在自然保护地建设法律法规规定不得建设的项目。机场、铁路、公路、航道、水利水电、风电、光伏发电、围堰、围填海等建设项目的选址选线,应当避让自然保护地以及其他野生动物重要栖息地、迁徙洄游通道;确实无法避让的,应当采取修建野生动物通道、过鱼设施等措施,消除或者减少对野生动物的不利影响。

建设项目可能对自然保护地以及其他野生动物重要栖息地、迁徙洄游通道产生影响的,环境影响评价文件的审批部门在审批环境影响评价文件时,涉及国家重点保护野生动物的,应当征求国务院野生动物保护主管部门意见;涉及地方重点保护野生动物的,应当征求省、自治区、直辖市人民政府野生动物保护主管部门意见。

第十四条 各级野生动物保护主管部门应当监测环境对野生动物的影响,发现环境影响对野生动物造成危害时,应当会同有关部门及时进行调查处理。

第十五条 国家重点保护野生动物和有重要生态、科学、社会价值的陆生野生动物或者地方重点保护野生动物受到自然灾害、重大环境污染事故等突发事件威胁时,当地人民政府应当及时采取应急救助措施。

国家加强野生动物收容救护能力建设。县级以上人民政府野生动物保护主管部门应当按照国家有关规定组织开展野生动物收容救护工作,加强对社会组织开展野生动物收容救护工作的规范和指导。

收容救护机构应当根据野生动物收容救护的实际需要,建立收容救护场所,配备相应的专业技术人员、救护工具、设备和药品等。

禁止以野生动物收容救护为名买卖野生动物及其制品。

第十六条 野生动物疫源疫病监测、检疫和与人畜共患传染病有关的动物传染病的防治管理,适用《中华人民共和国动物防疫法》等有关法律法规的规定。

第十七条 国家加强对野生动物遗传资源的保护，对濒危野生动物实施抢救性保护。

国务院野生动物保护主管部门应当会同国务院有关部门制定有关野生动物遗传资源保护和利用规划，建立国家野生动物遗传资源基因库，对原产我国的珍贵、濒危野生动物遗传资源实行重点保护。

第十八条 有关地方人民政府应当根据实际情况和需要建设隔离防护设施、设置安全警示标志等，预防野生动物可能造成的危害。

县级以上人民政府野生动物保护主管部门根据野生动物及其栖息地调查、监测和评估情况，对种群数量明显超过环境容量的物种，可以采取迁地保护、猎捕等种群调控措施，保障人身财产安全、生态安全和农业生产。对种群调控猎捕的野生动物按照国家有关规定进行处理和综合利用。种群调控的具体办法由国务院野生动物保护主管部门会同国务院有关部门制定。

第十九条 因保护本法规定保护的野生动物，造成人员伤亡、农作物或者其他财产损失的，由当地人民政府给予补偿。具体办法由省、自治区、直辖市人民政府制定。有关地方人民政府可以推动保险机构开展野生动物致害赔偿保险业务。

有关地方人民政府采取预防、控制国家重点保护野生动物和其他致害严重的陆生野生动物造成危害的措施以及实行补偿所需经费，由中央财政予以补助。具体办法由国务院财政部门会同国务院野生动物保护主管部门制定。

在野生动物危及人身安全的紧急情况下，采取措施造成野生动物损害的，依法不承担法律责任。

第三章　野生动物管理

第二十条 在自然保护地和禁猎（渔）区、禁猎（渔）期内，禁止猎捕以及其他妨碍野生动物生息繁衍的活动，但法律法规另有规定的除外。

野生动物迁徙洄游期间，在前款规定区域外的迁徙洄游通道内，禁止猎捕并严格限制其他妨碍野生动物生息繁衍的活动。县级以上人民政府或者其野生动物保护主管部门应当规定并公布迁徙洄游通道的范围以及妨碍野生动物生息繁衍活动的内容。

第二十一条 禁止猎捕、杀害国家重点保护野生动物。

因科学研究、种群调控、疫源疫病监测或者其他特殊情况，需要猎捕国家一级保护野生动物的，应当向国务院野生动物保护主管部门申请特许猎捕证；需要猎捕国家二级保护野生动物的，应当向省、自治区、直辖市人民政府野生动物保护主管部门申请特许猎捕证。

第二十二条 猎捕有重要生态、科学、社会价值的陆生野生动物和地方重点保护野生动物的，应当依法取得县级以上地方人民政府野生动物保护主管部门核发的狩猎证，并服从猎捕量限额管理。

第二十三条 猎捕者应当严格按照特许猎捕证、狩猎证规定的种类、数量或者限额、地点、工具、方法和期限进行猎捕。猎捕作业完成后，应当将猎捕情况向核发特许猎捕证、狩猎证的野生动物保护主管部门备案。具体办法由国务院野生动物保护主管部门制定。猎捕国家重点保护野生动物应当由专业机构和人员承担；猎捕有重要生态、科学、社会价值的陆生野生动物，有条件的地方可以由专业机构有组织开展。

持枪猎捕的，应当依法取得公安机关核发的持枪证。

第二十四条 禁止使用毒药、爆炸物、电击或者电子诱捕装置以及猎套、猎夹、捕鸟网、地枪、排铳等工具进行猎捕，禁止使用夜间照明行猎、歼灭性围猎、捣毁巢穴、火攻、烟熏、网捕等方法进行猎捕，但因物种保护、科学研究确需网捕、电子诱捕以及植保作业等除外。

前款规定以外的禁止使用的猎捕工具和方法，由县级以上地方人民政府规定并公布。

第二十五条 人工繁育野生动物实行分类分级管理，严格保护和科学利用野生动物资源。国家支持有关科学研究机构因物种保护目的人工繁育国家重点保护野生动物。

人工繁育国家重点保护野生动物实行许可制度。人工繁育国家重点保护野生动物的，应当经省、自治区、直辖市人民政府野生动物保护主管部门批准，取得人工繁育许可证，但国务院对批准机关另有规定的除外。

人工繁育有重要生态、科学、社会价值的陆生野生动物的，应当向县级人民政府野生动物保护主管部门备案。

人工繁育野生动物应当使用人工繁育子代种源，建立物种系谱、繁育档案和个体数据。因物种保护目的确需采用野外种源的，应当遵守本法有关猎捕野生动物的规定。

本法所称人工繁育子代，是指人工控制条件下繁殖出生的子代个体且其亲本也在人工控制条件下出生。

人工繁育野生动物的具体管理办法由国务院野生动物保护主管部门制定。

第二十六条 人工繁育野生动物应当有利于物种保护及其科学研究，不得违法猎捕野生动物，破坏野外种群资源，并根据野生动物习性确保其具有必要的活动空间和生息繁衍、卫生健康条件，具备与其繁育目的、种类、发展规模相适应的场所、设施、技术，符合有关技术标准和防疫要求，不得虐待野生动物。

省级以上人民政府野生动物保护主管部门可以根据保护国家重点保护野生动物的需要，组织开展国家重点保护野生动物放归野外环境工作。

前款规定以外的人工繁育的野生动物放归野外环境的，适用本法有关放生野生动物管理的规定。

第二十七条 人工繁育野生动物应当采取安全措施，防止野生动物伤人和逃逸。人工繁育的野生动物造成他人损害、危害公共安全或者破坏生态的，饲养人、管理人等应当依法承担法律责任。

第二十八条 禁止出售、购买、利用国家重点保护野生动物及其制品。

因科学研究、人工繁育、公众展示展演、文物保护或者其他特殊情况，需要出售、购买、利用国家重点保护野生动物及其制品的，应当经省、自治区、直辖市人民政府野生动物保护主管部门批准，并按照规定取得和使用专用标识，保证可追溯，但国务院对批准机关另有规定的除外。

出售、利用有重要生态、科学、社会价值的陆生野生动物和地方重点保护野生动物及其制品的，应当提供狩猎、人工繁育、进出口等合法来源证明。

实行国家重点保护野生动物和有重要生态、科学、社会价值的陆生野生动物及其制品专用标识的范围和管理办法，由国务院野生动物保护主管部门规定。

出售本条第二款、第三款规定的野生动物的，还应当依法附有检疫证明。

利用野生动物进行公众展示展演应当采取安全管理措施，并保障野生动物健康状态，具体管理办法由国务院野生动物保护主管部门会同国务院有关部门制定。

第二十九条 对人工繁育技术成熟稳定的国家重点保护野生动物或者有重要生态、科学、社会价值的陆生野生动物，经科学论证评估，纳入国务院野生动物保护主管部门制定的人工繁育国家重点保护野生动物名录或者有重要生态、科学、社会价值的陆生野生动物名录，并适时调整。对列入名录的野生动物及其制品，可以凭人工繁育许可证或者备案，按照省、自治区、直辖市人民政府野生动物保护主管部门或者其授权的部门核验的年度生产数量直接取得专用标识，凭专用标识出售和利用，保证可追溯。

对本法第十条规定的国家重点保护野生动物名录和有重要生态、科学、社会价值的陆生野生动物名录进行调整时，根据有关野外种群保护情况，可以对前款规定的有关人工繁育技术成熟稳定野生动物的人工种群，不再列入国家重点保护野生动物名录和有重要生态、科学、社会价值的陆生野生动物名录，实行与野外种群不同的管理措施，但应当依照本法第二十五条第二款、第三款和本条第一款的规定取得人工繁育许可证或者备案和专用标识。

对符合《中华人民共和国畜牧法》第十二条第二款规定的陆生野生动物人工繁育种群，经科学论证评估，可以列入畜禽遗传资源目录。

第三十条 利用野生动物及其制品的，应当以人工繁育种群为主，有利于野外种群养护，符合生态文明建设的要求，尊重社会公德，遵守法律法规和国家有关规定。

野生动物及其制品作为药品等经营和利用的，还应当遵守《中华人民共和国药品管理法》等有关法律法规的规定。

第三十一条 禁止食用国家重点保护野生动物和国家保护的有重要生态、科学、社会价值的陆生野生动物以及其他陆生野生动物。

禁止以食用为目的猎捕、交易、运输在野外环境自然生长繁殖的前款规定的野生动物。

禁止生产、经营使用本条第一款规定的野生动物及其制品制作的食品。

禁止为食用非法购买本条第一款规定的野生动物及其制品。

第三十二条 禁止为出售、购买、利用野生动物或者禁止使用的猎捕工具发布广告。禁止为违法出售、购买、利用野生动物制品发布广告。

第三十三条 禁止网络平台、商品交易市场、餐饮场所等，为违法出售、购买、食用及利用野生动物及其制品或者禁止使用的猎捕工具提供展示、交易、消费服务。

第三十四条 运输、携带、寄递国家重点保护野生动物及其制品，或者依照本法第二十九条第二款规定调出国家重点保护野生动物名录的野生动物及其制品出县境的，应当持有或者附有本法第二十一条、第二十五条、第二十八条或者第二十九条规定的许可证、批准文件的副本或者专用标识。

运输、携带、寄递有重要生态、科学、社会价值的陆生野生动物和地方重点保护野生动物，或者依照本法第二十九条第二款规定调出有重要生态、科学、社会价值的陆生野生动物名录的野生动物出县境的，应当持有狩猎、人工繁育、进出口等合法来源证明或者专用标识。

运输、携带、寄递前两款规定的野生动物出县境的，还应当依照《中华人民共和国动物防疫法》的规定附有检疫证明。

铁路、道路、水运、民航、邮政、快递等企业对托运、携带、交寄野生动物及其制品的，应当查验其相关证件、文件副本或者专用标识，对不符合规定的，不得承运、寄递。

第三十五条 县级以上人民政府野生动物保护主管部门应当对科学研究、人工繁育、公众展示展演等利用野生动物及其制品的活动进行规范和监督管理。

市场监督管理、海关、铁路、道路、水运、民航、邮政等部门应当按照职责分工对野生动物及其制品交易、利用、运输、携带、寄递等活动进行监督检查。

国家建立由国务院林业草原、渔业主管部门牵头,各相关部门配合的野生动物联合执法工作协调机制。地方人民政府建立相应联合执法工作协调机制。

县级以上人民政府野生动物保护主管部门和其他负有野生动物保护职责的部门发现违法事实涉嫌犯罪的,应当将犯罪线索移送具有侦查、调查职权的机关。

公安机关、人民检察院、人民法院在办理野生动物保护犯罪案件过程中认为没有犯罪事实,或者犯罪事实显著轻微,不需要追究刑事责任,但应当予以行政处罚的,应当及时将案件移送县级以上人民政府野生动物保护主管部门和其他负有野生动物保护职责的部门,有关部门应当依法处理。

第三十六条 县级以上人民政府野生动物保护主管部门和其他负有野生动物保护职责的部门,在履行本法规定的职责时,可以采取下列措施:

(一)进入与违反野生动物保护管理行为有关的场所进行现场检查、调查;

(二)对野生动物进行检验、检测、抽样取证;

(三)查封、复制有关文件、资料,对可能被转移、销毁、隐匿或者篡改的文件、资料予以封存;

(四)查封、扣押无合法来源证明的野生动物及其制品,查封、扣押涉嫌非法猎捕野生动物或者非法收购、出售、加工、运输猎捕野生动物及其制品的工具、设备或者财物。

第三十七条 中华人民共和国缔结或者参加的国际公约禁止或者限制贸易的野生动物或者其制品名录,由国家濒危物种进出口管理机构制定、调整并公布。

进出口列入前款名录的野生动物或者其制品,或者出口国家重点保护野生动物或者其制品的,应当经国务院野生动物保护主管部门或者国务院批准,并取得国家濒危物种进出口管理机构核发的允许进出口证明书。海关凭允许进出口证明书办理进出境检疫,并依法办理其他海关手续。

涉及科学技术保密的野生动物物种的出口,按照国务院有关规定办理。

列入本条第一款名录的野生动物,经国务院野生动物保护主管部门核准,按照本法有关规定进行管理。

第三十八条 禁止向境外机构或者人员提供我国特有的野生动物遗传资源。开展国际科学研究合作的，应当依法取得批准，有我国科研机构、高等学校、企业及其研究人员实质性参与研究，按照规定提出国家共享惠益的方案，并遵守我国法律、行政法规的规定。

第三十九条 国家组织开展野生动物保护及相关执法活动的国际合作与交流，加强与毗邻国家的协作，保护野生动物迁徙通道；建立防范、打击野生动物及其制品的走私和非法贸易的部门协调机制，开展防范、打击走私和非法贸易行动。

第四十条 从境外引进野生动物物种的，应当经国务院野生动物保护主管部门批准。从境外引进列入本法第三十七条第一款名录的野生动物，还应当依法取得允许进出口证明书。海关凭进口批准文件或者允许进出口证明书办理进境检疫，并依法办理其他海关手续。

从境外引进野生动物物种的，应当采取安全可靠的防范措施，防止其进入野外环境，避免对生态系统造成危害；不得违法放生、丢弃，确需将其放生至野外环境的，应当遵守有关法律法规的规定。

发现来自境外的野生动物对生态系统造成危害的，县级以上人民政府野生动物保护等有关部门应当采取相应的安全控制措施。

第四十一条 国务院野生动物保护主管部门应当会同国务院有关部门加强对放生野生动物活动的规范、引导。任何组织和个人将野生动物放生至野外环境，应当选择适合放生地野外生存的当地物种，不得干扰当地居民的正常生活、生产，避免对生态系统造成危害。具体办法由国务院野生动物保护主管部门制定。随意放生野生动物，造成他人人身、财产损害或者危害生态系统的，依法承担法律责任。

第四十二条 禁止伪造、变造、买卖、转让、租借特许猎捕证、狩猎证、人工繁育许可证及专用标识，出售、购买、利用国家重点保护野生动物及其制品的批准文件，或者允许进出口证明书、进出口等批准文件。

前款规定的有关许可证书、专用标识、批准文件的发放有关情况，应当依法公开。

第四十三条 外国人在我国对国家重点保护野生动物进行野外考察或者在野外拍摄电影、录像，应当经省、自治区、直辖市人民政府野生动物保护主管部门或者其授权的单位批准，并遵守有关法律法规的规定。

第四十四条 省、自治区、直辖市人民代表大会或者其常务委员会可以根据地方实际情况制定对地方重点保护野生动物等的管理办法。

第四章　法律责任

第四十五条　野生动物保护主管部门或者其他有关部门不依法作出行政许可决定，发现违法行为或者接到对违法行为的举报不依法处理，或者有其他滥用职权、玩忽职守、徇私舞弊等不依法履行职责的行为的，对直接负责的主管人员和其他直接责任人员依法给予处分；构成犯罪的，依法追究刑事责任。

第四十六条　违反本法第十二条第三款、第十三条第二款规定的，依照有关法律法规的规定处罚。

第四十七条　违反本法第十五条第四款规定，以收容救护为名买卖野生动物及其制品的，由县级以上人民政府野生动物保护主管部门没收野生动物及其制品、违法所得，并处野生动物及其制品价值二倍以上二十倍以下罚款，将有关违法信息记入社会信用记录，并向社会公布；构成犯罪的，依法追究刑事责任。

第四十八条　违反本法第二十条、第二十一条、第二十三条第一款、第二十四条第一款规定，有下列行为之一的，由县级以上人民政府野生动物保护主管部门、海警机构和有关自然保护地管理机构按照职责分工没收猎获物、猎捕工具和违法所得，吊销特许猎捕证，并处猎获物价值二倍以上二十倍以下罚款；没有猎获物或者猎获物价值不足五千元的，并处一万元以上十万元以下罚款；构成犯罪的，依法追究刑事责任：

（一）在自然保护地、禁猎（渔）区、禁猎（渔）期猎捕国家重点保护野生动物；

（二）未取得特许猎捕证、未按照特许猎捕证规定猎捕、杀害国家重点保护野生动物；

（三）使用禁用的工具、方法猎捕国家重点保护野生动物。

违反本法第二十三条第一款规定，未将猎捕情况向野生动物保护主管部门备案的，由核发特许猎捕证、狩猎证的野生动物保护主管部门责令限期改正；逾期不改正的，处一万元以上十万元以下罚款；情节严重的，吊销特许猎捕证、狩猎证。

第四十九条　违反本法第二十条、第二十二条、第二十三条第一款、第二十四条第一款规定，有下列行为之一的，由县级以上地方人民政府野生动物保护主管部门和有关自然保护地管理机构按照职责分工没收猎获物、猎捕工具和违法所得，吊销狩猎证，并处猎获物价值一倍以上十倍以下罚款；没有猎获物或者猎获物价值不足二千元的，并处二千元以上二万元以下罚款；构成犯罪的，依法追究刑事责任：

（一）在自然保护地、禁猎（渔）区、禁猎（渔）期猎捕有重要生态、科学、社会价值的陆生野生动物或者地方重点保护野生动物；

（二）未取得狩猎证、未按照狩猎证规定猎捕有重要生态、科学、社会价值的陆生野生动物或者地方重点保护野生动物；

（三）使用禁用的工具、方法猎捕有重要生态、科学、社会价值的陆生野生动物或者地方重点保护野生动物。

违反本法第二十条、第二十四条第一款规定，在自然保护地、禁猎区、禁猎期或者使用禁用的工具、方法猎捕其他陆生野生动物，破坏生态的，由县级以上地方人民政府野生动物保护主管部门和有关自然保护地管理机构按照职责分工没收猎获物、猎捕工具和违法所得，并处猎获物价值一倍以上三倍以下罚款；没有猎获物或者猎获物价值不足一千元的，并处一千元以上三千元以下罚款；构成犯罪的，依法追究刑事责任。

违反本法第二十三条第二款规定，未取得持枪证持枪猎捕野生动物，构成违反治安管理行为的，还应当由公安机关依法给予治安管理处罚；构成犯罪的，依法追究刑事责任。

第五十条　违反本法第三十一条第二款规定，以食用为目的猎捕、交易、运输在野外环境自然生长繁殖的国家重点保护野生动物或者有重要生态、科学、社会价值的陆生野生动物的，依照本法第四十八条、第四十九条、第五十二条的规定从重处罚。

违反本法第三十一条第二款规定，以食用为目的猎捕在野外环境自然生长繁殖的其他陆生野生动物的，由县级以上地方人民政府野生动物保护主管部门和有关自然保护地管理机构按照职责分工没收猎获物、猎捕工具和违法所得；情节严重的，并处猎获物价值一倍以上五倍以下罚款，没有猎获物或者猎获物价值不足二千元的，并处二千元以上一万元以下罚款；构成犯罪的，依法追究刑事责任。

违反本法第三十一条第二款规定，以食用为目的交易、运输在野外环境自然生长繁殖的其他陆生野生动物的，由县级以上地方人民政府野生动物保护主管部门和市场监督管理部门按照职责分工没收野生动物；情节严重的，并处野生动物价值一倍以上五倍以下罚款；构成犯罪的，依法追究刑事责任。

第五十一条　违反本法第二十五条第二款规定，未取得人工繁育许可证，繁育国家重点保护野生动物或者依照本法第二十九条第二款规定调出国家重点保护野生动物名录的野生动物的，由县级以上人民政府野生动物保护主管部门没收野生动物及其制品，并处野生动物及其制品价值一倍以上十倍以下罚款。

违反本法第二十五条第二款规定，人工繁育有重要生态、科学、社会价值的陆生野生动物或者依照本法第二十九条第二款规定调出有重要生态、科学、社会价值的陆生野生动物名录的野生动物未备案的，由县级人民政府野生动物保护主管部门责令限期改正；逾期不改正的，处五百元以上二千元以下罚款。

第五十二条 违反本法第二十八条第一款和第二款、第二十九条第一款、第三十四条第一款规定，未经批准、未取得或者未按照规定使用专用标识，或者未持有、未附有人工繁育许可证、批准文件的副本或者专用标识出售、购买、利用、运输、携带、寄递国家重点保护野生动物及其制品或者依照本法第二十九条第二款规定调出国家重点保护野生动物名录的野生动物及其制品的，由县级以上人民政府野生动物保护主管部门和市场监督管理部门按照职责分工没收野生动物及其制品和违法所得，责令关闭违法经营场所，并处野生动物及其制品价值二倍以上二十倍以下罚款；情节严重的，吊销人工繁育许可证、撤销批准文件、收回专用标识；构成犯罪的，依法追究刑事责任。

违反本法第二十八条第三款、第二十九条第一款、第三十四条第二款规定，未持有合法来源证明或者专用标识出售、利用、运输、携带、寄递有重要生态、科学、社会价值的陆生野生动物、地方重点保护野生动物或者依照本法第二十九条第二款规定调出有重要生态、科学、社会价值的陆生野生动物名录的野生动物及其制品的，由县级以上地方人民政府野生动物保护主管部门和市场监督管理部门按照职责分工没收野生动物，并处野生动物价值一倍以上十倍以下罚款；构成犯罪的，依法追究刑事责任。

违反本法第三十四条第四款规定，铁路、道路、水运、民航、邮政、快递等企业未按照规定查验或者承运、寄递野生动物及其制品的，由交通运输、铁路监督管理、民用航空、邮政管理等相关主管部门按照职责分工没收违法所得，并处违法所得一倍以上五倍以下罚款；情节严重的，吊销经营许可证。

第五十三条 违反本法第三十一条第一款、第四款规定，食用或者为食用非法购买本法规定保护的野生动物及其制品的，由县级以上人民政府野生动物保护主管部门和市场监督管理部门按照职责分工责令停止违法行为，没收野生动物及其制品，并处野生动物及其制品价值二倍以上二十倍以下罚款；食用或者为食用非法购买其他陆生野生动物及其制品的，责令停止违法行为，给予批评教育，没收野生动物及其制品，情节严重的，并处野生动物及其制品价值一倍以上五倍以下罚款；构成犯罪的，依法追究刑事责任。

违反本法第三十一条第三款规定，生产、经营使用本法规定保护的野生动物及其制品制作的食品的，由县级以上人民政府野生动物保护主管部门和市场监督管理部门按照职责分工责令停止违法行为，没收野生动物及其制品和违法所得，责令关闭违法经营场所，并处违法所得十五倍以上三十倍以下罚款；生产、经营使用其他陆生野生动物及其制品制作的食品的，给予批评教育，没收野生动物及其制品和违法所得，情节严重的，并处违法所得一倍以上十倍以下罚款；构成犯罪的，依法追究刑事责任。

第五十四条 违反本法第三十二条规定，为出售、购买、利用野生动物及其制品或者禁止使用的猎捕工具发布广告的，依照《中华人民共和国广告法》的规定处罚。

第五十五条 违反本法第三十三条规定，为违法出售、购买、食用及利用野生动物及其制品或者禁止使用的猎捕工具提供展示、交易、消费服务的，由县级以上人民政府市场监督管理部门责令停止违法行为，限期改正，没收违法所得，并处违法所得二倍以上十倍以下罚款；没有违法所得或者违法所得不足五千元的，处一万元以上十万元以下罚款；构成犯罪的，依法追究刑事责任。

第五十六条 违反本法第三十七条规定，进出口野生动物及其制品的，由海关、公安机关、海警机构依照法律、行政法规和国家有关规定处罚；构成犯罪的，依法追究刑事责任。

第五十七条 违反本法第三十八条规定，向境外机构或者人员提供我国特有的野生动物遗传资源的，由县级以上人民政府野生动物保护主管部门没收野生动物及其制品和违法所得，并处野生动物及其制品价值或者违法所得一倍以上五倍以下罚款；构成犯罪的，依法追究刑事责任。

第五十八条 违反本法第四十条第一款规定，从境外引进野生动物物种的，由县级以上人民政府野生动物保护主管部门没收所引进的野生动物，并处五万元以上五十万元以下罚款；未依法实施进境检疫的，依照《中华人民共和国进出境动植物检疫法》的规定处罚；构成犯罪的，依法追究刑事责任。

第五十九条 违反本法第四十条第二款规定，将从境外引进的野生动物放生、丢弃的，由县级以上人民政府野生动物保护主管部门责令限期捕回，处一万元以上十万元以下罚款；逾期不捕回的，由有关野生动物保护主管部门代为捕回或者采取降低影响的措施，所需费用由被责令限期捕回者承担；构成犯罪的，依法追究刑事责任。

第六十条 违反本法第四十二条第一款规定，伪造、变造、买卖、转让、租借有关证件、专用标识或者有关批准文件的，由县级以上人民政府野生动物保护主管部门没收违法证件、专用标识、有关批准文件和违法所得，并处五万元以上五十万元以下罚款；构成违反治安管理行为的，由公安机关依法给予治安管理处罚;构成犯罪的,依法追究刑事责任。

第六十一条 县级以上人民政府野生动物保护主管部门和其他负有野生动物保护职责的部门、机构应当按照有关规定处理罚没的野生动物及其制品,具体办法由国务院野生动物保护主管部门会同国务院有关部门制定。

第六十二条 县级以上人民政府野生动物保护主管部门应当加强对野生动物及其制品鉴定、价值评估工作的规范、指导。本法规定的猎获物价值、野生动物及其制品价值的评估标准和方法,由国务院野生动物保护主管部门制定。

第六十三条 对违反本法规定破坏野生动物资源、生态环境,损害社会公共利益的行为,可以依照《中华人民共和国环境保护法》、《中华人民共和国民事诉讼法》、《中华人民共和国行政诉讼法》等法律的规定向人民法院提起诉讼。

第五章 附 则

第六十四条 本法自 2023 年 5 月 1 日起施行。

中华人民共和国预备役人员法

(2022 年 12 月 30 日第十三届全国人民代表大会常务委员会第三十八次会议通过 2022 年 12 月 30 日中华人民共和国主席令第 127 号公布 自 2023 年 3 月 1 日起施行)

目 录

第一章　总　　则

第一条　为了健全预备役人员制度，规范预备役人员管理，维护预备役人员合法权益，保障预备役人员有效履行职责使命，加强国防力量建设，根据宪法和《中华人民共和国国防法》、《中华人民共和国兵役法》，制定本法。

第二条　本法所称预备役人员，是指依法履行兵役义务，预编到中国人民解放军现役部队或者编入中国人民解放军预备役部队服预备役的公民。

预备役人员分为预备役军官和预备役士兵。预备役士兵分为预备役军士和预备役兵。

预备役人员是国家武装力量的成员，是战时现役部队兵员补充的重要来源。

第三条　预备役人员工作坚持中国共产党的领导，贯彻习近平强军思想，坚持总体国家安全观，贯彻新时代军事战略方针，以军事需求为牵引，以备战打仗为指向，以质量建设为着力点，提高预备役人员履行使命任务的能力和水平。

第四条　预备役人员必须服从命令、严守纪律，英勇顽强、不怕牺牲，按照规定参加政治教育和军事训练、担负战备勤务、执行非战争军事行动任务，随时准备应召参战，保卫祖国。

国家依法保障预备役人员的地位和权益。预备役人员享有与其履行职责相应的荣誉和待遇。

第五条　中央军事委员会领导预备役人员工作。

中央军事委员会政治工作部门负责组织指导预备役人员管理工作，中央军事委员会国防动员部门负责组织预备役人员编组、动员征集等有关工作，中央军事委员会机关其他部门按照职责分工负责预备役人员有关工作。

中央国家机关、县级以上地方人民政府和同级军事机关按照职责分工做好预备役人员有关工作。

编有预备役人员的部队（以下简称部队）负责所属预备役人员政治教育、军事训练、执行任务和有关选拔补充、日常管理、退出预备役等工作。

第六条　县级以上地方人民政府和有关军事机关应当根据预备役人员工作需要召开军地联席会议，协调解决有关问题。

县级以上地方人民政府和同级军事机关，应当将预备役人员工作情况作为拥军优属、拥政爱民评比和有关单位及其负责人考核评价的内容。

第七条 机关、团体、企业事业组织和乡镇人民政府、街道办事处应当支持预备役人员履行预备役职责,协助做好预备役人员工作。

第八条 国家加强预备役人员工作信息化建设。

中央军事委员会政治工作部门会同中央国家机关、中央军事委员会机关有关部门,统筹做好信息数据系统的建设、维护、应用和信息安全管理等工作。

有关部门和单位、个人应当对在预备役人员工作过程中知悉的国家秘密、军事秘密和个人隐私、个人信息予以保密,不得泄露或者向他人非法提供。

第九条 预备役人员工作所需经费,按照财政事权和支出责任划分原则列入中央和地方预算。

第十条 预备役人员在履行预备役职责中做出突出贡献的,按照国家和军队有关规定给予表彰和奖励。

组织和个人在预备役人员工作中做出突出贡献的,按照国家和军队有关规定给予表彰和奖励。

第二章 预备役军衔

第十一条 国家实行预备役军衔制度。

预备役军衔是区分预备役人员等级、表明预备役人员身份的称号和标志,是党和国家给予预备役人员的地位和荣誉。

第十二条 预备役军衔分为预备役军官军衔、预备役军士军衔和预备役兵军衔。

预备役军官军衔设二等七衔:

(一)预备役校官:预备役大校、上校、中校、少校;

(二)预备役尉官:预备役上尉、中尉、少尉。

预备役军士军衔设三等七衔:

(一)预备役高级军士:预备役一级军士长、二级军士长、三级军士长;

(二)预备役中级军士:预备役一级上士、二级上士;

(三)预备役初级军士:预备役中士、下士。

预备役兵军衔设两衔:预备役上等兵、列兵。

第十三条 预备役军衔按照军种划分种类,在预备役军衔前冠以军种名称。

预备役军官分为预备役指挥管理军官和预备役专业技术军官,分别授予预备役指挥管理军官军衔和预备役专业技术军官军衔。

预备役军衔标志式样和佩带办法由中央军事委员会规定。

第十四条 预备役军衔的授予和晋升，以预备役人员任职岗位、德才表现、服役时间和做出的贡献为依据，具体办法由中央军事委员会规定。

第十五条 预备役人员退出预备役的，其预备役军衔予以保留，在其军衔前冠以“退役”。

第十六条 对违反军队纪律的预备役人员，按照中央军事委员会的有关规定，可以降低其预备役军衔等级。

依照本法规定取消预备役人员身份的，相应取消其预备役军衔；预备役人员犯罪或者退出预备役后犯罪，被依法判处剥夺政治权利或者有期徒刑以上刑罚的，应当剥夺其预备役军衔。

批准取消或者剥夺预备役军衔的权限，与批准授予相应预备役军衔的权限相同。

第三章 选拔补充

第十七条 预备役人员应当符合下列条件：

（一）忠于祖国，忠于中国共产党，拥护社会主义制度，热爱人民，热爱国防和军队；

（二）遵守宪法和法律，具有良好的政治素质和道德品行；

（三）年满十八周岁；

（四）具有履行职责的身体条件和心理素质；

（五）具备岗位要求的文化程度和工作能力；

（六）法律、法规规定的其他条件。

第十八条 预备役人员主要从符合服预备役条件、经过预备役登记的退役军人和专业技术人才、专业技能人才中选拔补充。

预备役登记依照《中华人民共和国兵役法》有关规定执行。

第十九条 预备役人员的选拔补充计划由中央军事委员会确定。中央军事委员会机关有关部门会同有关中央国家机关，指导部队和县级以上地方人民政府兵役机关实施。

第二十条 部队应当按照规定的标准条件，会同县级以上地方人民政府兵役机关遴选确定预备役人员。

预备役人员服预备役的时间自批准服预备役之日起算。

第二十一条 县级以上地方人民政府兵役机关应当向部队及时、准确地提供本行政区域公民预备役登记信息，组织预备役人员选拔补充对象的政治考核、体格检查等工作，办理相关入役手续。

第二十二条　机关、团体、企业事业组织和乡镇人民政府、街道办事处，应当根据部队需要和县、自治县、不设区的市、市辖区人民政府兵役机关的安排，组织推荐本单位、本行政区域符合条件的人员参加预备役人员选拔补充。

被推荐人员应当按照规定参加预备役人员选拔补充。

第二十三条　部队应当按照规定，对选拔补充的预备役人员授予预备役军衔、任用岗位职务。

第四章　教育训练和晋升任用

第二十四条　预备役人员的教育训练，坚持院校教育、训练实践、职业培训相结合，纳入国家和军队教育培训体系。

军队和预备役人员所在单位应当按照有关规定开展预备役人员教育训练。

第二十五条　预备役人员在被授予和晋升预备役军衔、任用岗位职务前，应当根据需要接受相应的教育训练。

第二十六条　预备役人员应当按照规定参加军事训练，达到军事训练大纲规定的训练要求。

年度军事训练时间由战区级以上军事机关根据需要确定。

中央军事委员会可以决定对预备役人员实施临战训练，预备役人员必须按照要求接受临战训练。

第二十七条　预备役人员在服预备役期间应当按照规定参加职业培训，提高履行预备役职责的能力。

第二十八条　对预备役人员应当进行考核。考核工作由部队按照规定组织实施，考核结果作为其预备役军衔晋升、职务任用、待遇调整、奖励惩戒等的依据。

预备役人员的考核结果应当通知本人和其预备役登记地县、自治县、不设区的市、市辖区人民政府兵役机关以及所在单位，并作为调整其职位、职务、职级、级别、工资和评定职称等的依据之一。

第二十九条　预备役人员表现优秀、符合条件的，可以按照规定晋升预备役军衔、任用部队相应岗位职务。

预备役兵服预备役满规定年限，根据军队需要和本人自愿，经批准可以选改为预备役军士。

预备役人员任用岗位职务的批准权限由中央军事委员会规定。

第五章 日常管理

第三十条 预备役人员有单位变更、迁居、出国(境)、患严重疾病、身体残疾等重要事项以及联系方式发生变化的,应当及时向部队报告。

预备役人员有前款规定情况或者严重违纪违法、失踪、死亡的,预备役人员所在单位和乡镇人民政府、街道办事处应当及时报告县、自治县、不设区的市、市辖区人民政府兵役机关。

部队应当与县、自治县、不设区的市、市辖区人民政府兵役机关建立相互通报制度,准确掌握预备役人员动态情况。

第三十一条 预备役人员因迁居等原因需要变更预备役登记地的,相关县、自治县、不设区的市、市辖区人民政府兵役机关应当及时变更其预备役登记信息。

第三十二条 预备役人员参加军事训练、担负战备勤务、执行非战争军事行动任务等的召集,由部队通知本人,并通报其所在单位和预备役登记地县、自治县、不设区的市、市辖区人民政府兵役机关。

召集预备役人员担负战备勤务、执行非战争军事行动任务,应当经战区级以上军事机关批准。

预备役人员所在单位和预备役登记地县、自治县、不设区的市、市辖区人民政府兵役机关,应当协助召集预备役人员。

预备役人员应当按照召集规定时间到指定地点报到。

第三十三条 预备役人员参加军事训练、担负战备勤务、执行非战争军事行动任务等期间,由部队按照军队有关规定管理。

第三十四条 预备役人员按照军队有关规定穿着预备役制式服装、佩带预备役标志服饰。

任何单位和个人不得非法生产、买卖预备役制式服装和预备役标志服饰。

第三十五条 预备役人员应当落实军队战备工作有关规定,做好执行任务的准备。

第六章 征 召

第三十六条 在国家发布动员令或者国务院、中央军事委员会依法采取必要的国防动员措施后,部队应当根据上级的命令,迅速向被征召的预备役人员下达征召通知,并通报其预备役登记地县、自治县、不设区的市、市辖区人民政府兵役机关和所在单位。

预备役人员接到征召通知后，必须按照要求在规定时间到指定地点报到。国家发布动员令后，尚未接到征召通知的预备役人员，未经部队和预备役登记地兵役机关批准，不得离开预备役登记地；已经离开的，应当立即返回或者原地待命。

第三十七条 预备役登记地县、自治县、不设区的市、市辖区人民政府兵役机关，预备役人员所在单位和乡镇人民政府、街道办事处，应当督促预备役人员响应征召，为预备役人员征召提供必要的支持和协助，帮助解决困难，维护预备役人员合法权益。

从事交通运输的单位和个人应当优先运送被征召的预备役人员。

预备役人员因被征召，诉讼、行政复议、仲裁活动不能正常进行的，适用有关时效中止和程序中止的规定，但是法律另有规定的除外。

第三十八条 预备役人员有下列情形之一的，经其预备役登记地县、自治县、不设区的市、市辖区人民政府兵役机关核实，并经部队批准，可以暂缓征召：

（一）患严重疾病处于治疗期间暂时无法履行预备役职责；

（二）家庭成员生活不能自理，且本人为唯一监护人、赡养人、扶养人，或者家庭发生重大变故必须由本人亲自处理；

（三）女性预备役人员在孕期、产假、哺乳期内；

（四）涉嫌严重职务违法或者职务犯罪正在被监察机关调查，或者涉嫌犯罪正在被侦查、起诉、审判；

（五）法律、法规规定的其他情形。

第三十九条 被征召的预备役人员，根据军队有关规定转服现役。

预备役人员转服现役，由其预备役登记地县、自治县、不设区的市、市辖区人民政府兵役机关办理入伍手续。预备役人员转服现役的，按照有关规定改授相应军衔、任用相应岗位职务，履行军人职责。

第四十条 国家解除国防动员后，由预备役人员转服现役的军人需要退出现役的，按照军人退出现役的有关规定由各级人民政府妥善安置。被征召的预备役人员未转服现役的，部队应当安排其返回，并通知其预备役登记地县、自治县、不设区的市、市辖区人民政府兵役机关和所在单位。

第七章 待遇保障

第四十一条 国家建立激励与补偿相结合的预备役人员津贴补贴制度。

预备役人员按照规定享受服役津贴;参战、参加军事训练、担负战备勤务、执行非战争军事行动任务期间,按照规定享受任务津贴。

预备役人员参战、参加军事训练、担负战备勤务、执行非战争军事行动任务期间,按照规定享受相应补贴和伙食、交通等补助;其中,预备役人员是机关、团体、企业事业组织工作人员的,所在单位应当保持其原有的工资、奖金、福利和保险等待遇。

预备役人员津贴补贴的标准及其调整办法由中央军事委员会规定。

第四十二条 预备役人员参战,享受军人同等医疗待遇;参加军事训练、担负战备勤务、执行非战争军事行动任务期间,按照规定享受国家和军队相应医疗待遇。

军队医疗机构按照规定为预备役人员提供优先就医等服务。

第四十三条 预备役人员参加军事训练、担负战备勤务、执行非战争军事行动任务期间,军队为其购买人身意外伤害保险。

第四十四条 预备役人员参战、参加军事训练、担负战备勤务、执行非战争军事行动任务期间,其家庭因自然灾害、意外事故、重大疾病等原因,基本生活出现严重困难的,地方人民政府和部队应当按照有关规定给予救助和慰问。

国家鼓励和支持人民团体、企业事业组织、社会组织和其他组织以及个人,为困难预备役人员家庭提供援助服务。

第四十五条 预备役人员所在单位不得因预备役人员履行预备役职责,对其作出辞退、解聘或者解除劳动关系、免职、降低待遇、处分等处理。

第四十六条 预备役人员所在单位按照国家有关规定享受优惠和扶持政策。

预备役人员创办小微企业、从事个体经营等活动,可以按照国家有关规定享受融资优惠等政策。

第四十七条 预备役人员按照规定享受优待。

预备役人员因参战、参加军事训练、担负战备勤务、执行非战争军事行动任务伤亡的,由县级以上地方人民政府按照国家有关规定给予抚恤。

第四十八条 预备役人员被授予和晋升预备役军衔,获得功勋荣誉表彰,以及退出预备役时,部队应当举行仪式。

第四十九条 女性预备役人员的合法权益受法律保护。部队应当根据女性预备役人员的特点,合理安排女性预备役人员的岗位和任务。

第五十条 预备役人员退出预备役后,按照规定享受相应的荣誉和待遇。

第八章　退出预备役

第五十一条　预备役军官、预备役军士在本衔级服预备役的最低年限为四年。

预备役军官、预备役军士服预备役未满本衔级最低年限的，不得申请退出预备役；满最低年限的，本人提出申请、经批准可以退出预备役。

预备役兵服预备役年限为四年，其中，预备役列兵、上等兵各为二年。预备役兵服预备役未满四年的，不得申请退出预备役。预备役兵服预备役满四年未被选改为预备役军士的，应当退出预备役。

第五十二条　预备役人员服预备役达到最高年龄的，应当退出预备役。预备役人员服预备役的最高年龄：

（一）预备役指挥管理军官：预备役尉官为四十五周岁，预备役校官为六十周岁；

（二）预备役专业技术军官：预备役尉官为五十周岁，预备役校官为六十周岁；

（三）预备役军士：预备役下士、中士、二级上士均为四十五周岁，预备役一级上士、三级军士长、二级军士长、一级军士长均为五十五周岁；

（四）预备役兵为三十周岁。

第五十三条　预备役军官、预备役军士服预备役未满本衔级最低年限或者未达到最高年龄，预备役兵服预备役未满规定年限或者未达到最高年龄，有下列情形之一的，应当安排退出预备役：

（一）被征集或者选拔补充服现役的；

（二）因军队体制编制调整改革或者优化预备役人员队伍结构需要退出的；

（三）因所在单位或者岗位变更等原因，不适合继续服预备役的；

（四）因伤病残无法履行预备役职责的；

（五）法律、法规规定的其他情形。

第五十四条　预备役军官、预备役军士服预备役满本衔级最低年限或者达到最高年龄，预备役兵服预备役满规定年限或者达到最高年龄，有下列情形之一的，不得退出预备役：

（一）国家发布动员令或者国务院、中央军事委员会依法采取国防动员措施要求的；

（二）正在参战或者担负战备勤务、执行非战争军事行动任务的；

（三）涉嫌违反军队纪律正在接受审查或者调查、尚未作出结论的；

（四）法律、法规规定的其他情形。

前款规定的情形消失的，预备役人员可以提出申请，经批准后退出预备役。

第五十五条 预备役人员有下列情形之一的，应当取消预备役人员身份：

（一）预备役军官、预备役军士服预备役未满本衔级最低年限，预备役兵服预备役未满规定年限，本人要求提前退出预备役，经教育仍坚持退出预备役的；

（二）连续两年部队考核不称职的；

（三）因犯罪被追究刑事责任的；

（四）法律、法规规定的其他情形。

第五十六条 预备役人员退出预备役的时间为下达退出预备役命令之日。

第五十七条 批准预备役人员退出预备役的权限，与批准晋升相应预备役军衔的权限相同。

第九章 法律责任

第五十八条 经过预备役登记的公民拒绝、逃避参加预备役人员选拔补充的，预备役人员拒绝、逃避参加军事训练、担负战备勤务、执行非战争军事行动任务和征召的，由县级人民政府责令限期改正；逾期不改的，由县级人民政府强制其履行兵役义务，并处以罚款；属于公职人员的，还应当依法给予处分。

预备役人员有前款规定行为的，部队应当按照有关规定停止其相关待遇。

第五十九条 预备役人员参战、参加军事训练、担负战备勤务、执行非战争军事行动任务期间，违反纪律的，由部队按照有关规定给予处分。

第六十条 国家机关及其工作人员、军队单位及其工作人员在预备役人员工作中滥用职权、玩忽职守、徇私舞弊，或者有其他违反本法规定行为的，由其所在单位、主管部门或者上级机关责令改正；对负有责任的领导人员和直接责任人员，依法给予处分。

第六十一条 机关、团体、企业事业组织拒绝完成本法规定的预备役人员工作任务的，阻挠公民履行预备役义务的，或者有其他妨害预备役人员工作行为的，由县级以上地方人民政府责令改正，并可以处以罚款；对负有责任的领导人员和直接责任人员，依法给予处分、处罚。

非法生产、买卖预备役制式服装和预备役标志服饰的，依法予以处罚。

第六十二条 违反本法规定，构成犯罪的，依法追究刑事责任。

第六十三条 本法第五十八条、第六十一条第一款规定的处罚，由县级以上地方人民政府兵役机关会同有关部门查明事实，经同级地方人民政府作出处罚决定后，由县级以上地方人民政府兵役机关和有关部门按照职责分工具体执行。

第十章 附 则

第六十四条 中国人民武装警察部队退出现役的人员服预备役的，适用本法。

第六十五条 本法自 2023 年 3 月 1 日起施行。《中华人民共和国预备役军官法》同时废止。

全国人民代表大会常务委员会关于修改《中华人民共和国对外贸易法》的决定

（2022 年 12 月 30 日第十三届全国人民代表大会常务委员会第三十八次会议通过 2022 年 12 月 30 日中华人民共和国主席令第 128 号公布 自公布之日起施行）

第十三届全国人民代表大会常务委员会第三十八次会议决定对《中华人民共和国对外贸易法》作如下修改：

删去第九条。

本决定自公布之日起施行。

《中华人民共和国对外贸易法》根据本决定作相应修改并对条文顺序作相应调整，重新公布。

法律解释

全国人民代表大会常务委员会关于《中华人民共和国香港特别行政区维护国家安全法》第十四条和第四十七条的解释

（2022年12月30日第十三届全国人民代表大会常务委员会第三十八次会议通过）

第十三届全国人民代表大会常务委员会第三十八次会议审议了《国务院关于提请解释〈中华人民共和国香港特别行政区维护国家安全法〉有关条款的议案》。国务院的议案是应香港特别行政区行政长官向中央人民政府提交的有关报告提出的。根据《中华人民共和国宪法》第六十七条第四项和《中华人民共和国香港特别行政区维护国家安全法》第六十五条的规定，全国人民代表大会常务委员会对《中华人民共和国香港特别行政区维护国家安全法》第十四条和第四十七条规定的含义和适用作如下解释：

一、根据《中华人民共和国香港特别行政区维护国家安全法》第十四条的规定，香港特别行政区维护国家安全委员会承担香港特别行政区维护国家安全的法定职责，有权对是否涉及国家安全问题作出判断和决定，工作信息不予公开。香港特别行政区维护国家安全委员会作出的决定不受司法复核，具有可执行的法律效力。香港特别行政区任何行政、立法、司法等机构和任何组织、个人均不得干涉香港特别行政区维护国家安全委员会的工作，均应当尊重并执行香港特别行政区维护国家安全委员会的决定。

二、根据《中华人民共和国香港特别行政区维护国家安全法》第四十七条的规定，香港特别行政区法院在审理危害国家安全犯罪案件中遇有涉及有关行为是否涉及国家安全或者有关证据材料是否涉及国家秘密的认定问题，应当向行政长官提出并取得行政长官就该等问题发出的证明书，上述证明书对法院有约束力。

三、香港特别行政区行政长官依据《中华人民共和国香港特别行政区维护国家安全法》第十一条的规定于11月28日向中央人民政府提交的有关报告认为，不具有香港特别行政区全面执业资格的海外律师担任危害国家安全犯罪案件的辩护人或者诉讼代理人可能引发国家安全风险。不具有香港特别行政区全面执业资格的海外律师是否可以担任危害国家安全犯罪案件的辩护人或者诉讼代理人的问题，属于《中华人民共和国香港特别行政区维护国家安全法》第四十七条所规定的需要认定的问题，应当取得行政长官发出的证明书。如香港特别行政区法院没有向行政长官提出并取得行政长官就该等问题发出的证明书，香港特别行政区维护国家安全委员会应当根据《中华人民共和国香港特别行政区维护国家安全法》第十四条的规定履行法定职责，对该等情况和问题作出相关判断和决定。

现予公告。

中国人民解放军文职人员条例

（2005年6月23日中华人民共和国国务院、中华人民共和国中央军事委员会令第438号公布　2017年9月27日中华人民共和国国务院、中华人民共和国中央军事委员会令第689号第一次修订　2022年12月10日中华人民共和国国务院、中华人民共和国中央军事委员会令第757号第二次修订　自2023年1月1日起施行）

第一章　总　　则

第一条　为了规范文职人员的管理，保障文职人员合法权益，建设德才兼备的高素质、专业化文职人员队伍，促进军事人员现代化建设，根据《中华人民共和国国防法》等有关法律，制定本条例。

第二条　本条例所称文职人员，是指在军队编制岗位依法履行职责的非服兵役人员，是军队人员的组成部分，依法享有国家工作人员相应的权利、履行相应的义务。

第三条　文职人员管理坚持中国共产党的绝对领导，深入贯彻习近平强军思想，贯彻军委主席负责制，落实新时代党的组织路线，坚持党管干部、党管人才，坚持人才是第一资源，坚持公开、平等、竞争、择优，依照法定的权限、条件、标准和程序进行。

第四条　文职人员主要编配在军民通用、非直接参与作战，且专业性、保障性、稳定性较强的岗位，按照岗位性质分为管理类文职人员、专业技术类文职人员、专业技能类文职人员。管理类文职人员和专业技术类文职人员是党的干部队伍的重要组成部分。

第五条　军队建立与军人、公务员、事业单位工作人员相独立的文职人员政策制度体系。文职人员政策制度应当体现军事职业特点，构建完善的管理、保障机制。

军队对文职人员实行分类分级管理，提高管理效能和科学化水平。

第六条　中央军事委员会统一领导全军文职人员管理工作，中央军事委员会政治工作部负责组织指导全军文职人员管理工作。团级以上单位的政治工作部门在党委领导下，负责本单位的文职人员管理工作。

中央和国家有关机关、地方有关机关、军队有关单位应当按照职责分工，做好文职人员的招录聘用、教育培训、户籍管理、社会保障、人力资源管理、抚恤优待、退休管理等工作，为文职人员提供公共服务和便利。

第七条 国家和军队依法保障文职人员享有与其身份属性、职业特点、职责使命和所作贡献相称的地位和权益，鼓励文职人员长期稳定地为国防和军队建设服务。

军队有关单位会同中央和国家有关机关、地方有关机关建立文职人员联合工作机制，协调做好跨军地文职人员管理有关工作。

第八条 对在文职人员管理工作中作出突出贡献的单位和个人，按照国家和军队有关规定给予表彰、奖励。

第二章 基本条件、职责、义务和权利

第九条 文职人员应当具备下列基本条件：

（一）具有中华人民共和国国籍；

（二）年满18周岁；

（三）符合军队招录聘用文职人员的政治条件；

（四）志愿服务国防和军队建设；

（五）符合岗位要求的文化程度、专业水平和工作能力；

（六）具有正常履行职责的身体条件和心理素质；

（七）法律、法规规定的其他条件。

第十条 文职人员主要履行下列职责：

（一）根据所任岗位，从事行政事务等管理工作，教育教学、科学研究、工程技术、医疗卫生等专业技术工作，操作维护、勤务保障等专业技能工作；

（二）根据需要，参加军事训练和战备值勤；

（三）根据需要，在作战和有作战背景的军事行动中承担支援保障任务，以及参加非战争军事行动；

（四）法律、法规规定的其他职责。

第十一条 文职人员应当履行下列义务：

（一）忠于中国共产党，忠于社会主义，忠于祖国，忠于人民，努力为国防和军队建设服务；

（二）遵守宪法、法律、法规和军队有关规章制度；

（三）服从命令，听从指挥，遵守纪律，保守秘密，发扬军队优良传统，维护军队良好形象；

（四）认真履职尽责，团结协作，勤奋敬业，努力提高工作质量和效率；

（五）学习和掌握履行职责所需要的科学文化、专业知识和技术技能，提高职业能力；

（六）清正廉洁，公道正派，恪守职业道德，模范遵守社会公德、家庭美德；

（七）根据需要，依法转服现役；

（八）法律、法规规定的其他义务。

第十二条 文职人员享有下列权利：

（一）获得勋章、荣誉称号、奖励、表彰以及纪念章等；

（二）获得工资报酬，享受相应的福利待遇、抚恤优待和社会保障；

（三）获得履行职责应当具有的工作条件和劳动保护；

（四）参加培训；

（五）非因法定事由、非经法定程序，不被免职、降职（级）、辞退、终止或者解除聘用合同、处分等；

（六）申请辞职或者解除聘用合同，申请人事争议处理，提出申诉和控告；

（七）法律、法规规定的其他权利。

第三章 岗位设置与级别

第十三条 军队建立文职人员岗位管理制度。

军队根据职责任务、人员编制设定文职人员岗位，明确岗位类别、岗位职务层级、岗位等级。

文职人员岗位类别，分为管理岗位、专业技术岗位、专业技能岗位。根据岗位特点和管理需要，可以划分若干具体类别。

文职人员岗位职务层级，在管理岗位和专业技术岗位设置。

文职人员岗位等级，根据岗位类别，分为文员等级、专业技术岗位等级、专业技能岗位等级。

第十四条 管理类文职人员实行岗位职务层级与文员等级并行制度。

担任领导职务的管理类文职人员的岗位职务层级，由高到低分为七个层级，即军队文职部级副职、军队文职局级正职、军队文职局级副职、军队文职处级正职、军队文职处级副职、军队文职科级正职、军队文职科级副职。

文员等级在军队文职局级以下设置，由高到低分为十二个等级，即一级文员至十二级文员。

军队文职局级以下岗位职务层级对应的最低文员等级是：

（一）军队文职局级正职：一级文员；

（二）军队文职局级副职：二级文员；

（三）军队文职处级正职：四级文员；

（四）军队文职处级副职：六级文员；

（五）军队文职科级正职：八级文员；

（六）军队文职科级副职：十级文员。

第十五条 专业技术类文职人员实行岗位职务层级和专业技术岗位等级管理制度。

专业技术类文职人员岗位职务层级的设置和管理，按照军队有关规定执行。

专业技术类文职人员的专业技术岗位等级，由高到低分为十三个等级，即专业技术一级至十三级。

第十六条 专业技能类文职人员岗位分为技术工岗位和普通工岗位。

技术工岗位文职人员实行专业技能岗位等级管理制度，由高到低分为五个等级，即专业技能一级至五级；普通工岗位文职人员不分等级。

第十七条 文职人员实行级别管理制度。

文职人员级别，根据所任岗位职务层级、岗位等级及其德才表现、工作实绩和资历确定。

文职人员级别的设置和管理，以及与岗位职务层级、岗位等级的对应关系，按照军队有关规定执行。

文职人员的岗位职务层级、岗位等级与级别是确定文职人员工资以及其他待遇的主要依据。

第四章 招录聘用

第十八条 军队实行公开招考、直接引进、专项招录相结合的文职人员招录聘用制度。

公开招考，适用于新招录聘用七级文员、专业技术八级、专业技能三级以下和普通工岗位的文职人员。

直接引进，适用于选拔高层次人才和特殊专业人才。

专项招录，适用于从退役军人等特定群体中招录聘用文职人员。

第十九条 新招录聘用的文职人员，除应当具备本条例第九条规定的基本条件以外，还应当具备军队规定的拟任岗位有关资格条件。其中，文职人员首次招录聘用的最高年龄分别为：

（一）军队文职局级副职、二级文员以上岗位，以及专业技术七级以上岗位的，50周岁；

（二）军队文职处级正职至军队文职科级正职、三级文员至八级文员、专业技术八级至专业技术十级岗位，以及专业技能二级以上岗位的，45周岁；

（三）军队文职科级副职、九级文员至十二级文员、专业技术十一级至专业技术十三级岗位，以及专业技能三级以下和普通工岗位的，35周岁。

根据军队建设和执行任务需要，可以按照军队有关规定适当放宽文职人员招录聘用的最高年龄限制等条件。

文职人员岗位应当优先招录聘用符合条件的退役军人。

第二十条 公开招考文职人员，一般按照制定计划、发布信息、资格审查、统一笔试、面试、体格检查、政治考核、结果公示、审批备案的程序进行。

直接引进和专项招录文职人员的程序，按照国家和军队有关规定执行。

第二十一条 招录聘用军队文职部级副职和专业技术三级以上岗位文职人员，由中央军事委员会审批。招录聘用其他管理类文职人员和专业技术类文职人员，由中央军事委员会机关部委、中央军事委员会直属机构、战区、军兵种、中央军事委员会直属单位审批。招录聘用专业技能类文职人员，由师级以上单位审批。

第二十二条 新招录聘用的文职人员按照军队有关规定实行试用期。试用期满考核合格的，按照规定任职定级；考核不合格的或者试用期内本人自愿放弃的，取消录用。

第五章 培　　训

第二十三条 军队根据文职人员履行职责、改善知识结构和提高职业能力需要，对文职人员实施分类分级培训。

文职人员的培训，坚持军队院校教育、部队训练实践、军事职业教育相结合。

第二十四条 文职人员的培训，分为初任培训、晋升培训、岗位培训。

对新招录聘用的文职人员应当进行初任培训，使其具备适应岗位必备的军政素质和基本业务能力。

对拟晋升岗位职务层级的文职人员应当进行晋升培训，提高其政治能力、管理能力和专业能力。

根据岗位特点和工作需要，应当对文职人员进行岗位培训，提高其履行职责能力。

第二十五条 文职人员培训纳入军队人员培训体系统一组织实施。

军队可以利用国家和社会资源，对文职人员进行培训。中央和国家有关机关、地方有关机关应当积极支持军队开展文职人员培训工作。

第二十六条 军队根据工作需要，可以安排文职人员参加学历升级教育，选派文职人员参加有关学习培训。

第二十七条 用人单位应当对文职人员培训情况进行登记，并归入文职人员人事档案。

培训情况作为文职人员资格评定、考核、任用等的依据之一。

第六章 考　　核

第二十八条 文职人员实行分类分级考核。

文职人员的考核，应当全面考核文职人员的政治品质、专业能力、担当精神、工作实绩、廉洁自律等情况。

第二十九条 文职人员的考核，分为年度考核、聘（任）期考核、专项考核。

年度考核，主要考核文职人员年度履行职责的总体情况。

聘（任）期考核，主要考核文职人员在一个聘（任）期内的总体情况。

专项考核，主要考核拟任用文职人员的总体情况，以及文职人员执行任务、参加教育培训、试用期表现等情况。

第三十条 文职人员的考核工作，由用人单位或者其上级单位按照军队有关规定组织实施。

第三十一条 文职人员的考核，应当形成考核报告、评语、鉴定或者等次等结果。其中，文职人员年度考核结果，分为优秀、称职、基本称职、不称职四个等次；聘（任）期考核和专项考核，根据需要明确考核结果等次。

考核结果作为文职人员任用、工资待遇确定、奖惩实施、续聘竞聘和辞退解聘等的主要依据。

第七章 任　　用

第三十二条 文职人员的任用，包括岗位职务任免、岗位职务层级升降，以及岗位等级和级别的确定与调整。

第三十三条 文职人员实行委任制和聘用制相结合的任用方式。对实行聘用制的文职人员，用人单位应当与其签订聘用合同。

担任领导职务的管理类文职人员实行任期制。

文职人员的任用条件、权限和办理程序，以及聘用合同管理和领导职务任期管理的具体办法，由中央军事委员会规定。

第三十四条 对不适宜或者不胜任现岗位的文职人员，用人单位应当调整其岗位，并重新确定其岗位职务层级、岗位等级和级别。

文职人员调整任职、辞职、被辞退、终止和解除聘用合同、退休、岗位编制撤销，以及受到开除处分的，原职务自行免除；因其他情形需要免职的，按照军队有关规定执行。

第三十五条 文职人员职称、职业资格和职业技能等级的取得，按照国家和军队有关规定执行。

文职人员在招录聘用前取得的职称、职业资格和职业技能等级，用人单位应当予以认可。

文职人员退出军队后，在军队工作期间取得的职称、职业资格和职业技能等级仍然有效。

第八章 交 流

第三十六条 文职人员在用人单位本专业领域岗位长期稳定工作，根据需要可以组织交流。

第三十七条 文职人员的交流分为军队内部交流和跨军地交流两种方式，以军队内部交流为主。

文职人员交流，应当具备拟任岗位资格条件，且相应岗位编制有空缺。

第三十八条 符合下列情形之一的，文职人员可以在军队内部交流：

（一）因执行任务需要充实力量的；

（二）本单位无合适人选且不宜通过招录聘用补充的；

（三）改善队伍结构需要调整任职的；

（四）任期届满需要调整任职，或者按照规定需要任职回避的；

（五）法律、法规等有关规定明确的其他情形。

第三十九条 因国家重大战略以及重大工程、重大项目、重大任务急需干部或者紧缺专业技术人才的，军队有关单位可以根据具体需求，按照干部管理权限商中央和国家有关机关、地方有关机关、国有企业和事业单位选调干部或者专业技术人才到文职人员岗位工作。

根据工作需要，中央和国家有关机关、地方有关机关、国有企业和事业单位可以按照干部管理权限，根据国家和军队有关规定，通过“一事一议”方式选调文职人员到有关单位工作。

第四十条 文职人员有下列情形之一的，除本条例第三十八条第一项规定情形外，不得交流：

（一）招录聘用后工作未满2年的；

（二）工作特别需要、暂无合适接替人选的；

（三）因涉嫌违纪违法正在接受纪律审查、监察调查，或者涉嫌犯罪，司法程序尚未终结的；

（四）法律、法规规定其他不得交流的情形。

第九章 教育管理

第四十一条 用人单位应当根据军队有关规定，结合文职人员身份属性和岗位职责，坚持统分结合、注重效能原则，坚持尊重激励与监督约束并重，做好文职人员的教育管理工作，营造干事创业的良好环境。

第四十二条 用人单位应当加强文职人员队伍的思想政治建设，引导文职人员投身强军兴军实践，培养政治合格、业务熟练、敢于担当、积极作为、恪尽职守、遵规守纪的职业操守，培育热爱军队、服务国防的职业认同。

第四十三条 用人单位应当加强对文职人员的安全管理和保密教育，对涉密岗位文职人员，按照国家和军队有关规定进行管理。

文职人员因公、因私出国（境）的管理，按照国家和军队有关规定执行。

第四十四条 文职人员可以按照军队有关规定，参加军地本专业领域学术组织，以及社会团体的组织及其活动。军队鼓励支持从事专业技术工作的文职人员参加国家和地方的人才工程计划、军民科技协同创新等活动。

从事专业技术工作的文职人员，在履行好岗位职责、完成本职工作的前提下，经批准可以到军队以外单位兼职。

第四十五条 军队建立文职人员宣誓制度。

文职人员应当严格遵守军队内务管理有关规定。

文职人员服装的制式及其标志服饰由中央军事委员会规定。

第四十六条 对在国防和军队建设中取得突出成绩、为国家和人民作出突出贡献的文职人员，按照国家和军队有关规定给予勋章、荣誉称号、奖励、表彰以及纪念章等。

文职人员可以按照国家和军队有关规定接受地方人民政府、群团组织和社会组织，以及国际组织和其他国家、军队给予的荣誉。

第四十七条 文职人员与用人单位发生的人事争议，按照国家和军队有关规定依法处理。

文职人员对涉及本人的考核结果、辞职辞退、处分决定等不服的，可以申请复核、提出申诉。

文职人员认为用人单位及有关人员侵犯其合法权益的，可以依法提出控告。

对文职人员的复核申请、申诉或者控告，军队有关单位应当及时受理。

第四十八条 文职人员招录聘用、考核、任用、奖惩、人事争议处理等工作，实行回避制度。

第四十九条 文职人员的人事档案，按照军队有关规定进行管理。

第五十条 军队用人单位按照国家有关规定，进行组织机构登记。

第十章 待遇保障

第五十一条 军队建立与国家机关事业单位工作人员待遇政策相衔接、体现“优才优待、优绩优奖”激励导向的文职人员待遇保障体系。

第五十二条 文职人员依法享受相应的政治待遇、工作待遇和生活待遇。

文职人员的政治待遇，按照国家和军队有关规定执行。

文职人员在军队工作期间根据所任岗位职务层级和岗位等级等，享受军队规定的办公用房、公务用车等工作待遇；免职、退出军队的，调整或者取消相应的工作待遇。

第五十三条 军队建立统一的文职人员工资制度。文职人员工资包括基本工资、津贴、补贴等。

在军队技术密集型单位，可以实行文职人员绩效工资。

第五十四条 用人单位及其文职人员应当按照国家有关规定参加社会保险，依法缴纳社会保险费。

军队根据国家有关规定，为文职人员建立补充保障。

第五十五条 文职人员享受国家和军队规定的社会化、货币化住房保障政策。

用人单位及其文职人员应当按照规定缴存、使用住房公积金，缴存的住房公积金由所在地住房公积金管理中心统一管理。

文职人员可以按照军队有关规定租住军队集体宿舍或者公寓住房。

第五十六条 文职人员享受国家和军队规定的医疗补助和医疗保健政策。文职人员在作战和有作战背景的军事行动中承担支援保障任务，以及参加非战争军事行动期间，实行军队免费医疗。

第五十七条　文职人员的抚恤优待，按照国家和军队有关规定执行。

文职人员因在作战和有作战背景的军事行动中承担支援保障任务，参加非战争军事行动以及军级以上单位批准且列入军事训练计划的军事训练造成伤亡的，其抚恤优待参照有关军人抚恤优待的规定执行。

第五十八条　文职人员按照军队有关规定享受探亲休假、交通补助、看望慰问、困难救济和子女入托等福利待遇。

第五十九条　文职人员办理落户，以及配偶子女随迁等，按照国家和军队有关规定执行。

第六十条　对文职人员中的高层次人才和特殊专业人才，按照国家和军队有关规定给予相关优惠待遇。对符合规定条件的，军队可以实行年薪制、协议工资、项目工资等市场化薪酬制度。

军队可以为文职人员岗位重要人才购买相关保险。文职人员可以享受科技成果转化收益。

第十一章　退　　出

第六十一条　实行委任制的文职人员辞职，或者被用人单位辞退的；实行聘用制的文职人员解除、终止聘用合同，或者用人单位解除、终止聘用合同的，按照军队有关规定执行。

第六十二条　文职人员因用人单位精简整编等原因需要退出军队的，由军队有关单位会同中央和国家有关机关、地方有关机关根据不同情形按照有关政策予以妥善安排。

第六十三条　用人单位可以依法辞退文职人员或者单方面解除聘用合同。

有下列情形之一的，用人单位不得辞退文职人员或者单方面解除聘用合同：

（一）因公（工）负伤或者患职业病，经劳动能力鉴定机构鉴定为一级至六级伤残的；

（二）患病或者负伤，在规定的医疗期内的；

（三）女性文职人员在孕期、产期、哺乳期内的；

（四）法律、法规规定的其他情形。

第六十四条　文职人员可以依法辞职或者单方面解除聘用合同。

有下列情形之一的，文职人员不得辞职或者单方面解除聘用合同：

（一）未满军队规定最低工作年限的；

（二）国家发布动员令或者宣布进入战争状态时；

（三）部队受领作战任务或者遭敌突然袭击时；

（四）在作战和有作战背景的军事行动中承担支援保障任务，参加非战争军事行动以及军级以上单位批准且列入军事训练计划的军事训练期间；

（五）在涉及核心、重要军事秘密等特殊岗位任职或者离开上述岗位不满军队规定的脱密期限的；

（六）正在接受审计、纪律审查、监察调查，或者涉嫌犯罪，司法程序尚未终结的；

（七）法律、法规规定或者聘用合同约定的其他情形。

第六十五条 文职人员符合国家和军队规定退休条件的，应当退休。

文职人员退休后，享受国家和军队规定的相应待遇。各级人民政府退役军人工作主管部门牵头承担退休文职人员服务管理工作，人力资源社会保障、医保等相关部门和街道（乡镇）、社区（村）按照职责分工做好相关工作。

第六十六条 文职人员退出军队的，由军队有关单位按照任用权限审批。

第六十七条 文职人员自退出军队之日起，与用人单位的人事关系即行终止。用人单位应当按照国家和军队有关规定，及时办理文职人员人事档案、社会保险、住房公积金等关系转移的相关手续。

符合国家和军队规定的补偿情形的，用人单位应当给予文职人员经济补偿。

文职人员退出军队后，从业限制和脱密期管理按照国家和军队有关规定执行。

第十二章 法律责任

第六十八条 军队有关单位及其工作人员，在文职人员管理工作中违反本条例规定，有下列情形之一的，由其所在单位或者上级单位给予通报批评，责令限期改正；对负有责任的领导人员和直接责任人员，依法给予处分；构成犯罪的，依法追究刑事责任：

（一）不按照编制限额、资格条件、规定程序进行文职人员招录聘用的；

（二）在招录聘用等工作中发生泄露试题、违反考场纪律以及其他严重影响公开、公正行为的；

（三）不按照规定进行文职人员培训、考核、任用、交流、回避、奖惩以及办理退出的；

（四）违反规定调整文职人员工资、福利、保险待遇标准的；

（五）不按照规定受理和处理文职人员申诉、控告的；

（六）违反本条例规定的其他情形。

第六十九条 中央和国家有关机关、地方有关机关及其工作人员，在文职人员管理工作中滥用职权、玩忽职守、徇私舞弊的，对负有责任的领导人员和直接责任人员依法给予处分；构成犯罪的，依法追究刑事责任。

第七十条 文职人员违纪违法、失职失责的，按照规定给予处理；构成犯罪的，依法追究刑事责任。

文职人员违反国家和军队有关规定或者聘用合同约定，给用人单位造成损失的，依法承担赔偿责任。

第七十一条 文职人员辞职或者被辞退、解除聘用合同，且存在严重违约失信行为的，或者被军队开除的，不得再次进入军队工作。

第十三章 附 则

第七十二条 对军队建设急需的高层次人才和特殊专业人才，可以在文职人员岗位设置、人事管理和待遇保障等方面采取特殊措施，具体办法由中央军事委员会规定。

第七十三条 国家和军队对深化国防和军队改革期间现役军人转改的文职人员另有规定的，从其规定。

第七十四条 本条例下列用语的含义：

（一）用人单位，是指与文职人员建立人事关系的军队团级以上建制单位；

（二）聘用制，是指以签订聘用合同的形式确定用人单位与文职人员基本人事关系的用人方式；

（三）委任制，是指不签订聘用合同、以直接任用的形式确定用人单位与文职人员基本人事关系的用人方式。

第七十五条 中国人民武装警察部队文职人员，适用本条例。

第七十六条 本条例自 2023 年 1 月 1 日起施行。

国务院文件

国务院办公厅关于印发"十四五"现代物流发展规划的通知

（2022 年 5 月 17 日　国办发〔2022〕17 号）

《"十四五"现代物流发展规划》已经国务院同意，现印发给你们，请认真贯彻执行。

（本文有删减）

"十四五"现代物流发展规划

现代物流一头连着生产，一头连着消费，高度集成并融合运输、仓储、分拨、配送、信息等服务功能，是延伸产业链、提升价值链、打造供应链的重要支撑，在构建现代流通体系、促进形成强大国内市场、推动高质量发展、建设现代化经济体系中发挥着先导性、基础性、战略性作用。"十三五"以来，我国现代物流发展取得积极成效，服务质量效益明显提升，政策环境持续改善，对国民经济发展的支撑保障作用显著增强。为贯彻落实党中央、国务院关于构建现代物流体系的决策部署，根据《中华人民共和国国民经济和社会发展第十四个五年规划和 2035 年远景目标纲要》，经国务院同意，制定本规划。

一、现状形势

（一）发展基础。

物流规模效益持续提高。"十三五"期间，社会物流总额保持稳定增长，2020 年超过 300 万亿元，年均增速达 5.6%。公路、铁路、内河、民航、管道运营里程以及货运量、货物周转量、快递业务量均居世界前列，规模以上物流园区达到 2000 个左右。社会物流成本水平稳步下降，2020 年社会物流总费用与国内生产总值的比率降至 14.7%，较 2015 年下降 1.3 个百分点。

物流资源整合提质增速。国家物流枢纽、国家骨干冷链物流基地、示范物流园区等重大物流基础设施建设稳步推进。物流要素与服务资源整合步伐加快,市场集中度提升,中国物流企业50强2020年业务收入较2015年增长超过30%。航运企业加快重组,船队规模位居世界前列。民航货运领域混合所有制改革深入推进,资源配置进一步优化。

物流结构调整加快推进。物流区域发展不平衡状况有所改善,中西部地区物流规模增速超过全国平均水平。运输结构加快调整,铁路货运量占比稳步提升,多式联运货运量年均增速超过20%。仓储结构逐步优化,高端标准仓库、智能立体仓库快速发展。快递物流、冷链物流、农村物流、即时配送等发展步伐加快,有力支撑和引领消费结构升级。

科技赋能促进创新发展。移动互联网、大数据、云计算、物联网等新技术在物流领域广泛应用,网络货运、数字仓库、无接触配送等"互联网+"高效物流新模式新业态不断涌现。自动分拣系统、无人仓、无人码头、无人配送车、物流机器人、智能快件箱等技术装备加快应用,高铁快运动车组、大型货运无人机、无人驾驶卡车等起步发展,快递电子运单、铁路货运票据电子化得到普及。

国际物流网络不断延展。我国国际航运、航空物流基本通达全球主要贸易合作伙伴。截至2020年底,中欧班列通达欧洲20多个国家的90多个城市,累计开行超过3万列,在深化我国与共建"一带一路"国家经贸合作、应对新冠肺炎疫情和推进复工复产中发挥了国际物流大动脉作用。企业海外仓、落地配加快布局,境外物流网络服务能力稳步提升。

营商环境持续改善。推动现代物流发展的一系列规划和政策措施出台实施,特别是物流降本增效政策持续发力,"放管服"改革与减税降费等取得实效。物流市场监测、监管水平明显提升,政务服务质量和效率大幅改善。物流标准、统计、教育、培训等支撑保障体系进一步完善,物流诚信体系建设加快推进,行业治理能力稳步提升。

(二)突出问题。

物流降本增效仍需深化。全国统一大市场尚不健全,物流资源要素配置不合理、利用不充分。多式联运体系不完善,跨运输方式、跨作业环节衔接转换效率较低,载运单元标准化程度不高,全链条运行效率低、成本高。

结构性失衡问题亟待破局。存量物流基础设施网络"东强西弱"、"城强乡弱"、"内强外弱",对新发展格局下产业布局、内需消费的支撑引领能力不够。物流服务供给对需求的适配性不强,低端服务供给过剩、中高端服务供给不足。货物运输结构还需优化,大宗货物公路中长距离运输比重仍然较高。

大而不强问题有待解决。物流产业规模大但规模经济效益释放不足,特别是公路货运市场同质化竞争、不正当竞争现象较为普遍,集约化程度有待提升。现代物流体系组织化、集约化、网络化、社会化程度不高，国家层面的骨干物流基础设施网络不健全，缺乏具有全球竞争力的现代物流企业，与世界物流强国相比仍存在差距。

部分领域短板较为突出。大宗商品储备设施以及农村物流、冷链物流、应急物流、航空物流等专业物流和民生保障领域物流存在短板。现代物流嵌入产业链深度广度不足，供应链服务保障能力不够，对畅通国民经济循环的支撑能力有待增强。行业协同治理水平仍需提升。

（三）面临形势。

统筹国内国际两个大局要求强化现代物流战略支撑引领能力。中华民族伟大复兴战略全局与世界百年未有之大变局历史性交汇，新冠肺炎疫情、俄乌冲突影响广泛深远，全球产业链供应链加速重构，要求现代物流对内主动适应社会主要矛盾变化，更好发挥连接生产消费、畅通国内大循环的支撑作用；对外妥善应对错综复杂国际环境带来的新挑战，为推动国际经贸合作、培育国际竞争新优势提供有力保障。

建设现代产业体系要求提高现代物流价值创造能力。发展壮大战略性新兴产业，促进服务业繁荣发展，要求现代物流适应现代产业体系对多元化专业化服务的需求，深度嵌入产业链供应链，促进实体经济降本增效，提升价值创造能力，推进产业基础高级化、产业链现代化。

实施扩大内需战略要求发挥现代物流畅通经济循环作用。坚持扩大内需战略基点，加快培育完整内需体系，要求加快构建适应城乡居民消费升级需要的现代物流体系，提升供给体系对内需的适配性，以高质量供给引领、创造和扩大新需求。

新一轮科技革命要求加快现代物流技术创新与业态升级。现代信息技术、新型智慧装备广泛应用，现代产业体系质量、效率、动力变革深入推进，既为物流创新发展注入新活力，也要求加快现代物流数字化、网络化、智慧化赋能，打造科技含量高、创新能力强的智慧物流新模式。

二、总体要求

（一）指导思想。

以习近平新时代中国特色社会主义思想为指导，坚持稳中求进工作总基调，完整、准确、全面贯彻新发展理念，加快构建新发展格局，全面深化改革开放，坚持创新驱动发展，推动高质量发展，坚持以供给侧结构性改革为主线，统筹疫情防控和经济社会发展，统筹发展和安全，提升产业链供应链韧性和安全水平，推动构建现代物流体系，推进现代物流提质、增效、降本，为建设现代产业体系、形成强大国内市场、推动高水平对外开放提供有力支撑。

（二）基本原则。

——市场主导、政府引导。充分发挥市场在资源配置中的决定性作用，激发市场主体创新发展活力，提高物流要素配置效率和效益。更好发挥政府作用，加强战略规划和政策引导，推动形成规范高效、公平竞争、统一开放的物流市场，强化社会民生物流保障。

——系统观念、统筹推进。统筹谋划物流设施建设、服务体系构建、技术装备升级、业态模式创新，促进现代物流与区域、产业、消费、城乡协同布局，构建支撑国内国际双循环的物流服务体系，实现物流网络高效联通。

——创新驱动、联动融合。以数字化、网络化、智慧化为牵引，深化现代物流与制造、贸易、信息等融合创新发展，推动形成需求牵引供给、供给创造需求的良性互动和更高水平动态平衡。

——绿色低碳、安全韧性。将绿色环保理念贯穿现代物流发展全链条，提升物流可持续发展能力。坚持总体国家安全观，提高物流安全治理水平，完善应急物流体系，提高重大疫情等公共卫生事件、突发事件应对处置能力，促进产业链供应链稳定。

（三）主要目标。

到2025年，基本建成供需适配、内外联通、安全高效、智慧绿色的现代物流体系。

——物流创新发展能力和企业竞争力显著增强。物流数字化转型取得显著成效，智慧物流应用场景更加丰富。物流科技创新能力不断增强，产学研结合机制进一步完善，建设一批现代物流科创中心和国家工程研究中心。铁路、民航等领域体制改革取得显著成效，市场活力明显增强，形成一批具有较强国际竞争力的骨干物流企业和知名服务品牌。

——物流服务质量效率明显提升。跨物流环节衔接转换、跨运输方式联运效率大幅提高，社会物流总费用与国内生产总值的比率较2020年下降2个百分点左右。多式联运、铁路（高铁）快运、内河水运、大宗商品储备设施、农村物流、冷链物流、应急物流、航空物流、国际寄递物流等重点领域补短板取得明显成效。通关便利化水平进一步提升，城乡物流服务均等化程度明显提高。

——“通道+枢纽+网络”运行体系基本形成。衔接国家综合立体交通网主骨架，完成120个左右国家物流枢纽、100个左右国家骨干冷链物流基地布局建设，基本形成以国家物流枢纽为核心的骨干物流基础设施网络。物流干支仓配一体化运行更加顺畅，串接不同运输方式的多元化国际物流通道逐步完善，畅联国内国际的物流服务网络更加健全。枢纽经济发展取得成效，建设20个左右国家物流枢纽经济示范区。

——安全绿色发展水平大幅提高。提高重大疫情、自然灾害等紧急情况下物流对经济社会运行的保障能力。冷链物流全流程监测能力大幅增强，生鲜产品冷链流通率显著提升。货物运输结构进一步优化，铁路货运量占比较2020年提高0.5个百分点，集装箱铁水联运量年均增长15%以上，铁路、内河集装箱运输比重和集装箱铁水联运比重大幅上升。面向重点品类的逆向物流体系初步建立，资源集约利用水平明显提升。清洁货运车辆广泛应用，绿色包装应用取得明显成效，物流领域节能减排水平显著提高。

——现代物流发展制度环境更加完善。物流标准规范体系进一步健全，标准化、集装化、单元化物流装载器具和包装基础模数广泛应用。社会物流统计体系、信用体系更加健全，营商环境持续优化，行业协同治理体系不断完善、治理能力显著提升。

展望2035年，现代物流体系更加完善，具有国际竞争力的一流物流企业成长壮大，通达全球的物流服务网络更加健全，对区域协调发展和实体经济高质量发展的支撑引领更加有力，为基本实现社会主义现代化提供坚实保障。

三、精准聚焦现代物流发展重点方向

（一）加快物流枢纽资源整合建设。

深入推进国家物流枢纽建设，补齐内陆地区枢纽设施结构和功能短板，加强业务协同、政策协调、运行协作，加快推动枢纽互联成网。加强国家物流枢纽铁路专用线、联运转运设施建设，有效衔接多种运输方式，强化多式联运组织能力，实现枢纽间干线运输密切对接。依托国家物流枢纽整合区域物流设施资源，引导应急储备、分拨配送等功能设施集中集约布局，支持各类物流中心、配送设施、专业市场等与国家物流枢纽功能对接、联动发展，促进物流要素规模集聚和集成运作。

专栏1　国家物流枢纽建设工程
优化国家物流枢纽布局，实现东中西部物流枢纽基本均衡分布。发挥国家物流枢纽联盟组织协调作用，建立物流标准衔接、行业动态监测等机制，探索优势互补、资源共享、业务协同合作模式，形成稳定完善的国家物流枢纽合作机制。积极推进国家级示范物流园区数字化、智慧化、绿色化改造。

（二）构建国际国内物流大通道。

依托国家综合立体交通网和主要城市群、沿海沿边口岸城市等，促进国家物流枢纽协同建设和高效联动，构建国内国际紧密衔接、物流要素高效集聚、运作服务规模化的“四横五纵、两沿十廊”物流大通道。“四横五纵”国内物流大通道建设，要畅通串接东中西部的沿黄、陆桥、长江、广昆等物流通道和联接南北方的京沪、京哈—京港澳（台）、二连浩特至北部湾、西部陆海新通道、进出藏等物流通道，提升相关城市群、陆上口岸城市物流综合服务能力和规模化运行效率。加快“两沿十廊”国际物流大通道建设，对接区域全面经济伙伴关系协定（RCEP）等，强化服务共建“一带一路”的多元化国际物流通道辐射能力。

（三）完善现代物流服务体系。

围绕做优服务链条、做强服务功能、做好供应链协同，完善集约高效的现代物流服务体系，支撑现代产业体系升级，推动产业迈向全球价值链中高端。加快运输、仓储、配送、流通加工、包装、装卸等领域数字化改造、智慧化升级和服务创新，补齐农村物流、冷链物流、应急物流、航空物流等专业物流短板，增强专业物流服务能力，推动现代物流向供应链上下游延伸。

（四）延伸物流服务价值链条。

把握物流需求多元化趋势，加强现代物流科技赋能和创新驱动，推进现代物流服务领域拓展和业态模式创新。发挥现代物流串接生产消费作用，与先进制造、现代商贸、现代农业融合共创产业链增值新空间。提高物流网络对经济要素高效流动的支持能力，引导产业集群发展和经济合理布局，推动跨区域资源整合、产业链联动和价值协同创造，发展枢纽经济、通道经济新形态，培育区域经济新增长点。

（五）强化现代物流对社会民生的服务保障。

围绕更好满足城乡居民生活需要，适应扩大内需、消费升级趋势，优化完善商贸、快递物流网络。完善城市特别是超大特大城市物流设施网络，健全分级配送体系，实现干线、支线物流和末端配送有机衔接、一体化运作，加强重点生活物资保障能力。补齐农村物流设施和服务短板，推动快递服务基本实现直投到建制村，支撑扩大优质消费品供给。加快建立覆盖冷链物流全链条的动态监测和追溯体系，保障食品药品消费安全。鼓励发展物流新业态新模式，创造更多就业岗位，保障就业人员权益，促进灵活就业健康发展。

（六）提升现代物流安全应急能力。

统筹发展和安全，强化重大物流基础设施安全和信息安全保护，提升战略物资、应急物流、国际供应链等保障水平，增强经济社会发展韧性。健全大宗商品物流体系。加快构建全球供应链物流服务网络，保持产业链供应链稳定。充分发挥社会物流作用，推动建立以企业为主体的应急物流队伍。

四、加快培育现代物流转型升级新动能

（一）推动物流提质增效降本。

促进全链条降成本。推动解决跨运输方式、跨作业环节瓶颈问题，打破物流"中梗阻"。依托国家物流枢纽、国家骨干冷链物流基地等重大物流基础设施，提高干线运输规模化水平和支线运输网络化覆盖面，完善末端配送网点布局，扩大低成本、高效率干支仓配一体化物流服务供给。鼓励物流资源共享，整合分散的运输、仓储、配送能力，发展共建船队车队、共享仓储、共同配送、统仓统配等组织模式，提高资源利用效率。推动干支仓配一体化深度融入生产和流通，带动生产布局和流通体系调整优化，减少迂回、空驶等低效无效运输，加快库存周转，减少社会物流保管和管理费用。

推进结构性降成本。加快推进铁路专用线进港区、连园区、接厂区，合理有序推进大宗商品等中长距离运输"公转铁"、"公转水"。完善集装箱公铁联运衔接设施，鼓励发展集拼集运、模块化运输、"散改集"等组织模式，发挥铁路干线运输成本低和公路网络灵活优势，培育有竞争力的"门到门"公铁联运服务模式，降低公铁联运全程物流成本。统筹沿海港口综合利用，提升大型港口基础设施服务能力，提高码头现代化专业化规模化水平，加快推进铁水联运衔接场站改造，提高港口铁路专用线集疏网络效能，优化作业流程。完善内河水运网络，统筹江海直达、江海联运发展，发挥近海航线、长江水道、珠江水道等水运效能，稳步推进货物运输"公转水"。推进铁水联运业务单证电子化，促进铁路、港口信息互联，实现铁路现车、装卸车、货物在途、到达预确报以及港口装卸、货物堆存、船舶进出港、船期舱位预定等铁水联运信息交换共享。支持港口、铁路场站加快完善集疏运油气管网，有效对接石化等产业布局，提高管道运输比例。

专栏 2　铁路物流升级改造工程

大力组织班列化货物列车开行，扩大铁路"点对点"直达货运服务规模，在运量较大的物流枢纽、口岸、港口间组织开行技术直达列车，形成"核心节点+通道+班列"的高效物流组织体系，增强铁路服务稳定性和时效性。有序推动城市中心城区既有铁路货场布局调整，或升级改造转型为物流配送中心。到 2025 年，沿海主要港口、大宗货物年运量 150 万吨以上的大型工矿企业、新建物流园区等的铁路专用线接入比例力争达到 85%左右，长江干线主要港口全面实现铁路进港。

（二）促进物流业与制造业深度融合。

促进企业协同发展。支持物流企业与制造企业创新供应链协同运营模式，将物流服务深度嵌入制造供应链体系，提供供应链一体化物流解决方案，增强制造企业柔性制造、敏捷制造能力。引导制造企业与物流企业建立互利共赢的长期战略合作关系，共同投资专用物流设施建设和物流器具研发，提高中长期物流合同比例，制定制造业物流服务标准，提升供应链协同效率。鼓励具备条件的制造企业整合对接分散的物流服务能力和资源，实现规模化组织、专业化服务、社会化协同。

推动设施联动发展。加强工业园区、产业集群与国家物流枢纽、物流园区、物流中心等设施布局衔接、联动发展。支持工业园区等新建或改造物流基础设施，吸引第三方物流企业进驻并提供专业化、社会化物流服务。发展生产服务型国家物流枢纽，完善第三方仓储、铁路专用线等物流设施，面向周边制造企业提供集成化供应链物流服务，促进物流供需规模化对接，减少物流设施重复建设和闲置。

支持生态融合发展。统筹推进工业互联网和智慧物流体系同步设计、一体建设、协同运作，加大智能技术装备在制造业物流领域应用，推进关键物流环节和流程智慧化升级。打造制造业物流服务平台，促进制造业供应链上下游企业加强采购、生产、流通等环节信息实时采集、互联共享，实现物流资源共享和过程协同，提高生产制造和物流服务一体化运行水平，形成技术驱动、平台赋能的物流业制造业融合发展新生态。

专栏3　物流业制造业融合创新工程
在重点领域梳理一批物流业制造业深度融合创新发展典型案例，培育一批物流业制造业融合创新模式、代表性企业和知名品牌。鼓励供应链核心企业发起成立物流业制造业深度融合创新发展联盟，开展流程优化、信息共享、技术共创和业务协同等创新。研究制定物流业制造业融合发展行业标准，开展制造企业物流成本核算对标。

（三）强化物流数字化科技赋能。

加快物流数字化转型。利用现代信息技术推动物流要素在线化数据化，开发多样化应用场景，实现物流资源线上线下联动。结合实施“东数西算”工程，引导企业信息系统向云端跃迁，推动“一站式”物流数据中台应用，鼓励平台企业和数字化服务商开发面向中小微企业的云平台、云服务，加强物流大数据采集、分析和应用，提升物流数据价值。培育物流数据要素市场，统筹数据交互和安全需要，完善市场交易规则，促进物流数据安全高效流通。积极参与全球物流领域数字治理，支撑全球贸易和跨境电商发展。研究电子签名和电子合同应用，促进国际物流企业间互认互验，试点铁路国际联运无纸化。

推进物流智慧化改造。深度应用第五代移动通信（5G）、北斗、移动互联网、大数据、人工智能等技术，分类推动物流基础设施改造升级，加快物联网相关设施建设，发展智慧物流枢纽、智慧物流园区、智慧仓储物流基地、智慧港口、数字仓库等新型物流基础设施。鼓励智慧物流技术与模式创新，促进创新成果转化，拓展智慧物流商业化应用场景，促进自动化、无人化、智慧化物流技术装备以及自动感知、自动控制、智慧决策等智慧管理技术应用。加快高端标准仓库、智慧立体仓储设施建设，研发推广面向中小微企业的低成本、模块化、易使用、易维护智慧装备。

促进物流网络化升级。依托重大物流基础设施打造物流信息组织中枢，推动物流设施设备全面联网，实现作业流程透明化、智慧设备全连接，促进物流信息交互联通。推动大型物流企业面向中小微企业提供多样化、数字化服务，稳步发展网络货运、共享物流、无人配送、智慧航运等新业态。鼓励在有条件的城市搭建智慧物流“大脑”，全面链接并促进城市物流资源共享，优化城市物流运行，建设智慧物流网络。推动物流领域基础公共信息数据有序开放，加强物流公共信息服务平台建设，推动企业数据对接，面向物流企业特别是中小微物流企业提供普惠性服务。

专栏4　数字物流创新提质工程
加强物流公共信息服务平台建设，在确保信息安全的前提下，推动交通运输、公安交管、市场监管等政府部门和铁路、港口、航空等企事业单位向社会开放与物流相关的公共数据，推进公共数据共享。利用现代信息技术搭建数字化、网络化、协同化物流第三方服务平台，推出一批便捷高效、成本经济的云服务平台和数字化解决方案，推广一批先进数字技术装备。推动物流企业“上云用数赋智”，树立一批数字化转型标杆企业。

（四）推动绿色物流发展。

深入推进物流领域节能减排。加强货运车辆适用的充电桩、加氢站及内河船舶适用的岸电设施、液化天然气（LNG）加注站等配套布局建设，加快新能源、符合国六排放标准等货运车辆在现代物流特别是城市配送领域应用，促进新能源叉车在仓储领域应用。继续加大柴油货车污染治理力度，持续推进运输结构调整，提高铁路、水路运输比重。推动物流企业强化绿色节能和低碳管理，推广合同能源管理模式，积极开展节能诊断。加强绿色物流新技术和设备研发应用，推广使用循环包装，减少过度包装和二次包装，促进包装减量化、再利用。加快标准化物流周转箱推广应用，推动托盘循环共用系统建设。

加快健全逆向物流服务体系。探索符合我国国情的逆向物流发展模式，鼓励相关装备设施建设和技术应用，推进标准制定、检测认证等基础工作，培育专业化逆向物流服务企业。支持国家物流枢纽率先开展逆向物流体系建设，针对产品包装、物流器具、汽车以及电商退换货等，建立线上线下融合的逆向物流服务平台和网络，创新服务模式和场景，促进产品回收和资源循环利用。

专栏5　绿色低碳物流创新工程

依托行业协会等第三方机构，开展绿色物流企业对标贯标达标活动，推广一批节能低碳技术装备，创建一批绿色物流枢纽、绿色物流园区。在运输、仓储、配送等环节积极扩大电力、氢能、天然气、先进生物液体燃料等新能源、清洁能源应用。加快建立天然气、氢能等清洁能源供应和加注体系。

（五）做好供应链战略设计。

提升现代供应链运行效率。推进重点产业供应链体系建设，发挥供应链核心企业组织协同管理优势，搭建供应链协同服务平台，提供集贸易、物流、信息等多样化服务于一体的供应链创新解决方案，打造上下游有效串接、分工协作的联动网络。加强数字化供应链前沿技术、基础软件、先进模式等研究与推广，探索扩大区块链技术应用，提高供应链数字化效率和安全可信水平。规范发展供应链金融，鼓励银行等金融机构在依法合规、风险可控的前提下，加强与供应链核心企业或平台企业合作，丰富创新供应链金融产品供给。

强化现代供应链安全韧性。坚持自主可控、安全高效，加强供应链安全风险监测、预警、防控、应对等能力建设。发挥供应链协同服务平台作用，引导行业、企业间加强供应链安全信息共享和资源协同联动，分散化解潜在风险，增强供应链弹性，确保产业链安全。积极参与供应链安全国际合作，共同防范应对供应链中断风险。

专栏6　现代供应链体系建设工程

现代供应链创新发展工程。总结供应链创新与应用试点工作经验，开展全国供应链创新与应用示范创建，培育一批示范城市和示范企业，梳理一批供应链创新发展典型案例，推动供应链技术、标准和服务模式创新。

制造业供应链提升工程。健全制造业供应链服务体系，促进生产制造、原材料供应、物流等企业在供应链层面强化战略合作。建立制造业供应链评价体系、重要资源和产品全球供应链风险预警系统。提升制造业供应链智慧化水平，建设以工业互联网为核心的数字化供应链服务体系，深化工业互联网标识解析体系应用。选择一批企业竞争力强、全球化程度高的行业，深入挖掘数字化应用场景，开展制造业供应链数字化创新应用示范工程。

（六）培育发展物流经济。

壮大物流枢纽经济。发挥国家物流枢纽、国家骨干冷链物流基地辐射广、成本低、效率高等优势条件，推动现代物流和相关产业深度融合创新发展，促进区域产业空间布局优化，打造具有区域集聚辐射能力的产业集群，稳妥有序开展国家物流枢纽经济示范区建设。

发展物流通道经济。围绕共建"一带一路"、长江经济带发展等重大战略实施和西部陆海新通道建设，提升"四横五纵、两沿十廊"物流大通道沿线物流基础设施支撑和服务能力，密切通道经济联系，优化通道沿线产业布局与分工合作体系，提高产业组织和要素配置能力。

五、深度挖掘现代物流重点领域潜力

（一）加快国际物流网络化发展。

推进国际通道网络建设。强化国家物流枢纽等的国际物流服务设施建设，完善通关等功能，加强国际、国内物流通道衔接，推动国际物流基础设施互联互通。推动商贸物流型境外经贸合作区建设，优化海外布局，扩大辐射范围。巩固提升中欧班列等国际铁路运输组织水平，推动跨境公路运输发展，加快构建高效畅通的多元化国际物流干线通道。积极推进海外仓建设，加快健全标准体系。鼓励大型物流企业开展境外港口、海外仓、分销网络建设合作和协同共享，完善全球物流服务网络。

补齐国际航空物流短板。依托空港型国家物流枢纽，集聚整合国际航空物流货源，完善配套服务体系，打造一体化运作的航空物流服务平台，提供高品质"一站式"国际航空物流服务。加快培育规模化、专业化、网络化的国际航空物流骨干企业，优化国际航空客运航线客机腹舱运力配置，增强全货机定班国际航线和包机组织能力，逐步形成优质高效的国际航空物流服务体系，扩大国际航空物流网络覆盖范围，建设覆盖重点产业布局的国际货运通道。

培育国际航运竞争优势。加密国际海运航线，打造国际航运枢纽港，提升国际航运服务能力，强化国际中转功能，拓展国际金融、国际贸易等综合服务。加快推进长三角世界级港口群一体化治理体系建设。加强港口与内陆物流枢纽等联动，发展海铁联运、江海联运，扩大港口腹地辐射范围。鼓励港航企业与货主企业、贸易企业加强战略合作，延伸境外末端服务网络。

提高国际物流综合服务能力。优化完善中欧班列开行方案统筹协调和动态调整机制，加快建设中欧班列集结中心，完善海外货物集散网络，推动中欧班列双向均衡运输，提高货源集结与班列运行效率。加快国际航运、航空与中欧班列、西部陆海新通道国际海铁联运班列等协同联动，提升国际旅客列车行包运输能力，开行客车化跨境班列，构建多样化国际物流服务体系。提高重点边境铁路口岸换装和通行能力，推动边境水运口岸综合开发和国际航道物流合作，提升边境公路口岸物流能力。推进跨境物流单证规则、检验检疫、认证认可、通关报关等标准衔接和国际互认合作。

专栏7　国际物流网络畅通工程

国际物流设施提升工程。培育一批具备区域和国际中转能力的海港、陆港、空港。发挥国家物流枢纽资源整合优势，加快中欧班列集结中心建设，完善物流中转配套能力，加快形成“干支结合、枢纽集散”的高效集疏运体系；开展航空货运枢纽规划布局研究，提升综合性机场货运设施服务能力和服务质量，稳妥有序推进专业性航空货运枢纽机场建设。

西部陆海新通道增量提质工程。发挥西部陆海新通道班列运输协调委员会作用，提升通道物流服务水平。加强通道物流组织模式创新，推动通道沿线物流枢纽与北部湾港口协同联动，促进海铁联运班列提质增效。推动通道海铁联运、国际铁路联运等运输组织方式与中欧班列高效衔接。

（二）补齐农村物流发展短板。

完善农村物流节点网络。围绕巩固拓展脱贫攻坚成果与乡村振兴有效衔接，重点补齐中西部地区、经济欠发达地区和偏远山区等农村物流基础设施短板，切实改善农村流通基础条件。统筹城乡物流发展，推动完善以县级物流节点为核心、乡镇服务网点为骨架、村级末端站点为延伸的县乡村三级物流服务设施体系。推动交通运输与邮政快递融合发展，加快农村物流服务品牌宣传推广，促进交通、邮政、快递、商贸、供销、电商等农村物流资源融合和集约利用，打造一批公用型物流基础设施，建设村级寄递物流综合服务站，完善站点服务功能。推进公益性农产品市场和农产品流通骨干网络建设。

提升农村物流服务效能。围绕农村产业发展和居民消费升级，推进物流与农村一二三产业深度融合，深化电商、快递进村工作，发展共同配送，打造经营规范、集约高效的农村物流服务网络，加快工业品下乡、农产品出村双向物流服务通道升级扩容、提质增效。推动物流服务与规模化种养殖、商贸渠道拓展等互促提升，推动农产品品牌打造和标准化流通，创新物流支持农村特色产业品质化、品牌化发展模式，提升农业产业化水平。

（三）促进商贸物流提档升级。

完善城乡商贸物流设施。优化以综合物流园区、专业配送中心、末端配送网点为支撑的商贸物流设施网络。完善综合物流园区干线接卸、前置仓储、流通加工等功能。结合老旧小区、老旧厂区、老旧街区和城中村改造以及新城新区建设，新建和改造升级一批集运输、仓储、加工、包装、分拨等功能于一体的公共配送中心，支持大型商超、批发市场、沿街商铺、社区商店等完善临时停靠装卸等配套物流设施，推进智能提货柜、智能快件箱、智能信包箱等设施建设。

提升商贸物流质量效率。鼓励物流企业与商贸企业深化合作，优化业务流程，发展共同配送、集中配送、分时配送、夜间配送等集约化配送模式，优化完善前置仓配送、即时配送、网订店取、自助提货等末端配送模式。深化电商与快递物流融合发展，提升线上线下一体服务能力。

（四）提升冷链物流服务水平。

完善冷链物流设施网络。发挥国家物流枢纽、国家骨干冷链物流基地的资源集聚优势，引导商贸流通、农产品加工等企业向枢纽、基地集聚或强化协同衔接。加强产销冷链集配中心建设，提高产地农产品产后集散和商品化处理效率，完善销地城市冷链物流系统。改善机场、港口、铁路场站冷链物流配套条件，健全冷链集疏运网络。加快实施产地保鲜设施建设工程，推进田头小型冷藏保鲜设施等建设，加强产地预冷、仓储保鲜、移动冷库等产地冷链物流设施建设，引导商贸流通企业改善末端冷链设施装备条件，提高城乡冷链设施网络覆盖水平。

提高冷链物流质量效率。大力发展铁路冷链运输和集装箱公铁水联运，对接主要农产品产区和集散地，创新冷链物流干支衔接模式。发展“生鲜电商+产地直发”等冷链物流新业态新模式。推广蓄冷箱、保温箱等单元化冷链载器具和标准化冷藏车，促进冷链物流信息互联互通，提高冷链物流规模化、标准化水平。依托国家骨干冷链物流基地、产销冷链集配中心等大型冷链物流设施，加强生鲜农产品检验检疫、农兽药残留及防腐剂、保鲜剂、添加剂合规使用等质量监管。研究推广应用冷链道路运输电子运单，加强产品溯源和全程温湿度监控，将源头至终端的冷链物流全链条纳入监管范围，提升冷链物流质量保障水平。健全进口冷链食品检验检疫制度，筑牢疫情外防输入防线。

专栏8　冷链物流基础设施网络提升工程

国家骨干冷链物流基地建设工程。到2025年，面向农产品优势产区、重要集散地和主销区，依托存量冷链物流基础设施群布局建设100个左右国家骨干冷链物流基地，整合集聚冷链物流市场供需、存量设施以及农产品流通、生产加工等上下游产业资源，提高冷链物流规模化、集约化、组织化、网络化水平。探索建立以国家骨干冷链物流基地为核心的安全检测、全程冷链追溯系统。

产地保鲜设施建设工程。到2025年，在农产品主产区和特色农产品优势产区支持建设一批田头小型冷藏保鲜设施，推动建设一批产地冷链集配中心，培育形成一批一体化运作、品牌化经营、专业化服务的农产品仓储保鲜冷链物流运营主体，初步形成符合我国国情的农产品仓储保鲜冷链物流运行模式，构建稳定、高效、低成本运行的农产品出村进城冷链物流网络。

（五）推进铁路（高铁）快运稳步发展。

完善铁路（高铁）快运网络。结合电商、邮政快递等货物的主要流向、流量，完善铁路（高铁）快运线路和网络。加快推进铁路场站快运服务设施布局和改造升级，强化快速接卸货、集散、分拣、存储、包装、转运和配送等物流功能，建设专业化铁路（高铁）快运物流基地。鼓励电商、邮政快递等企业参与铁路（高铁）快运设施建设和改造，就近或一体布局建设电商快递分拨中心，完善与铁路（高铁）快运高效衔接的快递物流服务网络。

创新高铁快运服务。适应多样化物流需求，发展多种形式的高铁快运。在具备条件的高铁场站间发展“点对点”高铁快运班列服务。依托现有铁路物流平台，构建业务受理、跟踪查询、结算办理等“一站式”高铁快运服务平台，推动高铁快运与电商、快递物流企业信息对接。

（六）提高专业物流质量效率。

完善大宗商品物流体系。优化粮食、能源、矿产等大宗商品物流服务，提升沿海、内河水运通道大宗商品物流能力，扩大铁路货运班列、“点对点”货运列车、大宗货物直达列车开行范围，发展铁路散粮运输、棉花集装箱运输、能源和矿产重载运输。有序推进油气干线管道建设，持续完善支线管道，打通管网瓶颈和堵点，提高干支管网互联互通水平。依托具备条件的国家物流枢纽发展现代化大宗商品物流中心，增强储备、中转、通关等功能，推进大宗商品物流数字化转型，探索发展电子仓单、提单，构建衔接生产流通、串联物流贸易的大宗商品供应链服务平台。

安全有序发展特种物流。提升现代物流对大型装备制造、大型工程项目建设的配套服务能力，加强大件物流跨区域通道线路设计，推动形成多种运输方式协调发展的大件物流综合网络。发展危化品罐箱多式联运，提高安全服务水平，推动危化品物流向专业化定制、高品质服务和全程供应链服务转型升级。推动危化品物流全程监测、线上监管、实时查询，提高异常预警和应急响应处置能力。完善医药物流社会化服务体系，培育壮大第三方医药物流企业。鼓励覆盖生产、流通、消费的医药供应链平台建设，健全全流程监测追溯体系，确保医药产品物流安全。

（七）提升应急物流发展水平。

完善应急物流设施布局。整合优化存量应急物资储备、转运设施，推动既有物流设施嵌入应急功能，在重大物流基础设施规划布局、设计建造阶段充分考虑平急两用需要，完善应急物流设施网络。统筹加强抗震、森林草原防灭火、防汛抗旱救灾、医疗救治等各类应急物资储备设施和应急物流设施在布局、功能、运行等方面相互匹配、有机衔接，提高紧急调运能力。

提升应急物流组织水平。统筹应急物流力量建设与管理，建立专业化应急物流企业库和人员队伍，健全平急转换和经济补偿机制。充分利用市场资源，完善应急物流干线运输和区域配送体系，提升跨区域大规模物资调运组织水平，形成应对各类突发事件的应急物流保障能力。

健全物流保通保畅机制。充分发挥区域统筹协调机制作用，鼓励地方建立跨区域、跨部门的应对疫情物流保通保畅工作机制，完善决策报批流程和信息发布机制，不得擅自阻断或关闭高速公路、普通公路、航道船闸等通道，不得擅自关停高速公路服务区、港口码头、铁路车站和航空机场，严禁采取全城24小时禁止货车通行的限制措施，不得层层加码实施“一刀切”管控措施；加快完善物流通道和物流枢纽、冷链基地、物流园区、边境口岸等环节的检验检疫、疫情阻断管理机制和分类分级应对操作规范，在发生重大公共卫生事件时有效阻断疫情扩散、确保物流通道畅通，保障防疫物资、生活物资以及工业原材料、农业生产资料等供应，维护正常生产生活秩序和产业链供应链安全。

专栏9　应急物流保障工程
研究完善应急物流转运等设施和服务标准，对具备条件的铁路场站、公路港、机场和港口进行改造提升，建设平急两用的应急物资运输中转站。完善应急物流信息联通标准，强化各部门、各地区、各层级间信息共享，提高应对突发事件物流保障、组织指挥、辅助决策和社会动员能力。

六、强化现代物流发展支撑体系

（一）培育充满活力的物流市场主体。

提升物流企业市场竞争力。鼓励物流企业通过兼并重组、联盟合作等方式进行资源优化整合，培育一批具有国际竞争力的现代物流企业，提升一体化供应链综合服务能力。引导中小微物流企业发掘细分市场需求，做精做专、创新服务，增强专业化市场竞争力，提高规范化运作水平。完善物流服务质量评价机制，支持企业塑造物流服务品牌。深化物流领域国有企业改革，盘活国有企业存量物流资产，支持国有资本参与物流大通道建设。鼓励民营物流企业做精做大做强，加快中小微企业资源整合，培育核心竞争力。

规范物流市场运行秩序。统筹推进物流领域市场监管、质量监管、安全监管和金融监管，实现事前事中事后全链条全领域监管，不断提高监管效能。加大物流领域反垄断和反不正当竞争执法力度，深入推进公平竞争政策实施。有序放宽市场准入，完善市场退出机制，有效引导过剩物流能力退出，扩大优质物流服务供给。引导公路运输企业集约化、规模化经营，提升公路货物运输组织效率。

专栏10　现代物流企业竞争力培育工程
支持具备条件的物流企业加强软硬件建设，壮大发展成为具有较强国际竞争力的现代物流领军企业，参与和主导全球物流体系建设和供应链布局。支持和鼓励中小微物流企业专业化、精益化、品质化发展，形成一批“专、精、特、新”现代物流企业。

（二）强化基础标准和制度支撑。

健全物流统计监测体系。研究建立物流统计分类标准，加强社会物流统计和重点物流企业统计监测，开展企业物流成本统计调查试点。研究制定反映现代物流重点领域、关键环节高质量发展的监测指标体系，科学系统反映现代物流发展质量效率，为政府宏观调控和企业经营决策提供参考依据。

健全现代物流标准体系。强化物流领域国家标准和行业标准规范指导作用，鼓励高起点制定团体标准和企业标准，推动国际国内物流标准接轨，加大已发布物流标准宣传贯彻力度。推动基础通用和产业共性的物流技术标准优化升级，以标准提升促进物流科技成果转化。建立政府推动、行业协会和企业等共同参与的物流标准实施推广机制。建立物流标准实施评价体系，培育物流领域企业标准“领跑者”，发挥示范带动作用。

加强现代物流信用体系建设。加强物流企业信用信息归集共享，通过“信用中国”网站和国家企业信用信息公示系统依法向社会公开。建立健全跨部门、跨区域信用信息共享机制，建立以信用为基础的企业分类监管制度，完善物流行业经营主体和从业人员守信联合激励和失信联合惩戒机制。依法依规建立物流企业诚信记录和严重失信主体名单制度，提高违法失信成本。

加强物流安全体系建设。完善物流安全管理制度，加强对物流企业的监督管理和日常安全抽查，推动企业严格落实安全生产主体责任。提高物流企业承运物品、客户身份等信息登记规范化水平，加强运输物品信息共享和安全查验部门联动，实现物流活动全程跟踪，确保货物来源可追溯、责任能倒查。提高运输车辆安全性能和从业人员安全素质，规范车辆运输装载，提升运输安全水平。落实网络安全等级保护制度，提升物流相关信息系统的安全防护能力。

专栏 11　物流标准化推进工程

研究制定现代物流标准化发展规划，完善现代物流标准体系。加强多式联运、应急物流、逆向物流、绿色物流等短板领域标准研究与制订。制修订一批行业急需的物流信息资源分类与编码、物流单证、智慧物流标签标准，以及企业间物流信息采集、信息交互标准和物流公共信息服务平台应用开发、通用接口、数据传输等标准。完善包装、托盘、周转箱等标准，加强以标准托盘为基础的单元化物流系统系列标准制修订，加快运输工具、载运装备、设施体系等标准对接和系统运作，提高全社会物流运行效率。推动完善货物运输、物流园区与冷链、大件、药品和医疗器械、危化品等物流标准规范。推进危险货物在铁路、公路、水路等运输环节标准衔接。加快制定智慧物流、供应链服务、电商快递、即时配送、城乡物流配送等新兴领域标准。推进面向数字化与智慧化需求的物流装备设施标准制修订。积极参与国际物流标准制修订。

（三）打造创新实用的科技与人才体系。

强化物流科技创新支撑。依托国家企业技术中心、高等院校、科研院所等开展物流重大基础研究和示范应用，推动设立一批物流技术创新平台。建立以企业为主体的协同创新机制,鼓励企业与高等院校、科研院所联合设立产学研结合的物流科创中心,开展创新技术集中攻关、先进模式示范推广,建立成果转化工作机制。鼓励物流领域研究开发、创业孵化、技术转移、检验检测认证、科技咨询等创新服务机构发展,提升专业化服务能力。

建设物流专业人才队伍。发挥物流企业用人主体作用,加强人才梯队建设,完善人才培养、使用、评价和激励机制。加强高等院校物流学科专业建设,提高专业设置的针对性,培育复合型高端物流人才。加快物流现代职业教育体系建设,支持职业院校(含技工院校)开设物流相关专业。加强校企合作,创新产教融合人才培养模式,培育一批有影响力的产教融合型企业,支持企业按规定提取和使用职工教育经费,开展大规模多层次职业技能培训,促进现代物流专业技术人员能力提升。指导推动物流领域用人单位和社会培训评价组织开展职业技能等级认定,积极开展物流领域相关职业技能竞赛。实现学历教育与培训并举衔接,进一步推动物流领域 1+X 证书制度和学分银行建设。对接国际专业认证体系,提高国际化物流人才培养水平,加大海外高端人才引进力度。实施新一轮专业技术人才知识更新工程和职业技能提升行动,推进物流领域工程技术人才职称评审,逐步壮大高水平工程师和高技能人才队伍。

七、实施保障

(一)优化营商环境。

深化“放管服”改革,按规定放宽物流领域相关市场准入,消除各类地方保护和隐性壁垒。依托全国一体化政务服务平台,推动物流领域资质证照电子化,支持地方开展“一照多址”改革,促进物流企业网络化布局,实现企业注册、审批、变更、注销等“一网通办”,允许物流领域(不含快递)企业分支机构证照异地备案和异地审验。推动物流领域(不含快递)资质许可向资质备案和告知承诺转变。完善物流发展相关立法,推动健全物流业法律法规体系和法治监督体系。开展现代物流促进法等综合性法律立法研究和准备工作。严格依法行政依法监管,统一物流监管执法标准和处罚清单。推动跨部门、跨区域、跨层级政务信息开放共享,避免多头管理和重复监管。大力推动货车非法改装治理,研究制定非标准货运车辆治理工作方案。依托国际贸易“单一窗口”创新“通关+物流”服务,提高口岸智慧管理和服务水平。推动部门间物流安检互认、数据互通共享,减少不必要的重复安检。支持航空公司壮大货运机队规模,进一步简化货机引进程序和管理办法,优化工作流程,鼓励航空物流企业“走出去”。

(二)创新体制机制。

完善全国现代物流工作部际联席会议制度,强化跨部门、跨区域政策协同，着力推动降低物流成本等重点工作。深化铁路货运市场化改革，推进投融资、运输组织、科技创新等体制机制改革，吸引社会资本进入，推动铁路货运市场主体多元化和服务创新发展，促进运输市场公平有序竞争。鼓励铁路企业与港口、社会物流企业等交叉持股，拓展战略合作联盟。

（三）强化政策支持。

保障重大项目用地用海。依据国土空间规划，落实《国土空间调查、规划、用途管制用地用海分类指南（试行）》要求，完善物流设施专项规划，重点保障国家物流枢纽等重大物流基础设施和港航设施等的合理用地用海需求，确保物流用地规模、土地性质和空间位置长期稳定。创新物流用地模式，推动物流枢纽用地统一规划和科学布局，提升土地空间集约节约利用水平，支持物流仓储用地以长期租赁或先租后让、租让结合的方式供应。鼓励地方政府盘活存量土地和闲置土地资源用于物流设施建设。支持物流企业利用自有土地进行物流基础设施升级改造。支持依法合规利用铁路划拨用地、集体建设用地建设物流基础设施。

巩固减税降费成果。落实深化税收征管制度改革有关部署，推进现代物流领域发票电子化。按规定落实物流企业大宗商品仓储设施用地城镇土地使用税减半征收、购置挂车车辆购置税减半征收等税收优惠政策。严格落实已出台的物流简政降费政策，严格执行收费目录清单和公示制度，严禁违规收费，坚决治理乱收费、乱罚款、乱摊派，依法治理“只收费、不服务”的行为。清理规范铁路、港口、机场等收费，对主要海运口岸、机场地面服务收费开展专项调查，增强铁路货运收费透明度。对货运车辆定位信息及相关服务商开展典型成本调查，及时调整过高收费标准。

加大金融支持力度。鼓励符合条件的社会资本按市场化方式发起成立物流产业相关投资基金。发挥各类金融机构作用，按照市场化、法治化原则，加大对骨干物流企业和中小物流企业的信贷支持力度，拓宽企业兼并重组融资渠道，引导资金流向创新型物流企业。在仓储物流行业稳妥推进基础设施领域不动产投资信托基金（REITs）试点。鼓励保险公司开发农产品仓储保鲜冷链物流保险，提升鲜活农产品经营和质量安全风险保障水平。

（四）深化国际合作。

推动建立国际物流通道沿线国家协作机制，加强便利化运输、智慧海关、智能边境、智享联通等方面合作。持续推动中欧班列“关铁通”项目在有合作意愿国家落地实施。逐步建立适应国际铁路联运特点的陆路贸易规则体系，推动完善配套法律法规，加强与国内外银行、保险等金融机构合作，探索使用铁路运输单证开展贸易融资。

（五）加强组织实施。

国家发展改革委要会同国务院有关部门加强行业综合协调和宏观调控，协调解决本规划实施中存在的问题，确保规划落地见效。建立现代物流发展专家咨询委员会，加强对重大问题的调查研究和政策咨询，指导规划任务科学推进。推动行业协会深度参与行业治理，发挥社会监督职能，加强行业自律和规范发展，助力规划落地实施。

国务院关于开展第五次全国经济普查的通知

（2022 年 11 月 17 日　国发〔2022〕22 号）

根据《全国经济普查条例》的规定，国务院决定于 2023 年开展第五次全国经济普查。现将有关事项通知如下：

一、总体要求

（一）指导思想。以习近平新时代中国特色社会主义思想为指导，深入贯彻党的二十大精神，认真落实党中央、国务院决策部署，完整、准确、全面贯彻新发展理念，加快构建新发展格局，着力推动高质量发展，坚持依法普查、科学普查、为民普查，坚持实事求是、改革创新，确保普查数据真实准确，全面客观反映我国经济社会发展状况。

（二）普查目的。第五次全国经济普查是一项重大国情国力调查，将首次统筹开展投入产出调查，全面调查我国第二产业和第三产业发展规模、布局和效益，摸清各类单位基本情况，掌握国民经济行业间经济联系，客观反映推动高质量发展、构建新发展格局、建设现代化经济体系、深化供给侧结构性改革以及创新驱动发展、区域协调发展、生态文明建设、高水平对外开放、公共服务体系建设等方面的新进展。通过普查，进一步夯实统计基础，推进统计现代化改革，为加强和改善宏观经济治理、科学制定中长期发展规划、全面建设社会主义现代化国家，提供科学准确的统计信息支持。

二、普查对象和范围

普查的对象是在我国境内从事第二产业和第三产业活动的全部法人单位、产业活动单位和个体经营户。具体范围包括：采矿业，制造业，电力、热力、燃气及水生产和供应业，建筑业，批发和零售业，交通运输、仓储和邮政业，住宿和餐饮业，信息传输、软件和信息技术服务业，金融业，房地产业，租赁和商务服务业，科学研究和技术服务业，水利、环境和公共设施管理业，居民服务、修理和其他服务业，教育，卫生和社会工作，文化、体育和娱乐业，公共管理、社会保障和社会组织等。

三、普查内容和时间

普查的主要内容包括普查对象的基本情况、组织结构、人员工资、生产能力、财务状况、生产经营、能源生产和消费、研发活动、信息化建设和电子商务交易情况，以及投入结构、产品使用去向和固定资产投资构成情况等。

普查标准时点为2023年12月31日，普查时期资料为2023年年度资料。

四、普查组织实施

第五次全国经济普查调查内容增多、技术要求提高、工作难度加大，各地区、各部门要按照“全国统一领导、部门分工协作、地方分级负责、各方共同参与”的原则，统筹协调，优化方式，突出重点，创新手段，认真做好普查的宣传动员和组织实施工作。

为加强对普查工作的组织领导，国务院将成立第五次全国经济普查领导小组，负责普查组织实施中重大问题的研究和决策。普查领导小组由国务院领导同志任组长，成员单位包括国务院办公厅、国家统计局、国家发展改革委、中央宣传部、中央政法委、中央编办、民政部、财政部、税务总局、市场监管总局等部门（组成人员名单另发）。涉及普查经费方面的事项，由财政部负责和协调；涉及数据处理能力建设方面的事项，由国家发展改革委负责和协调；涉及普查宣传动员方面的事项，由国家统计局、中央宣传部负责和协调；涉及企业和个体工商户名录方面的事项，由市场监管总局、税务总局负责和协调；涉及机关和事业单位名录方面的事项，由中央编办负责和协调；涉及社会团体、基金会、民办非企业单位及基层自治组织名录方面的事项，由民政部负责和协调；涉及统一社会信用代码信息共享方面的事项，由市场监管总局负责和协调；涉及城乡社区网格化服务管理工作的事项，由中央政法委协调。

国务院第五次全国经济普查领导小组办公室设在国家统计局，负责普查的具体组织实施和协调，各成员单位要按照各自职能，各负其责、通力协作、密切配合、信息共享。银行、证券、保险、铁路等部门和单位及有关方面，要按照普查方案统一要求，负责组织开展本系统的普查工作；海关总署负责组织开展普查工作中的进口货物使用去向调查任务。掌握普查有关基础资料的各级部门要及时准确提供部门行政记录和数据信息。

地方各级人民政府要设立相应的普查领导小组及其办公室，认真组织好本地区的普查实施工作，及时采取措施解决普查工作中遇到的困难和问题。要充分发挥街道办事处和居民委员会、乡镇人民政府和村民委员会的作用，广泛动员和组织社会力量积极参与、认真配合做好普查工作。地方普查机构根据工作需要，可聘用或者从有关单位商调符合条件的普查指导员和普查员，及时支付聘用人员的劳动报酬，保证商调人员在原单位的工资、福利及其他待遇不变，稳定普查工作队伍，确保普查工作顺利进行。

五、普查经费保障

第五次全国经济普查所需经费，按现行经费渠道由中央和地方各级人民政府共同负担，列入相应年度财政预算，按时拨付，确保到位，保障普查工作顺利开展。

六、普查工作要求

（一）坚持依法普查。所有普查工作人员和普查对象必须严格按照《中华人民共和国统计法》、《中华人民共和国统计法实施条例》和《全国经济普查条例》的规定，按时、如实填报普查表。任何单位和个人不得虚报、瞒报、拒报、迟报，不得伪造、篡改普查数据。普查取得的单位和个人资料，严格限定用于普查目的，不作为任何单位对普查对象实施奖惩的依据。各级普查机构及其工作人员，对在普查中所知悉的国家秘密和普查对象的商业秘密、个人信息，必须严格履行保密义务；未经批准，任何单位和个人不得对外发布普查数据。对在普查工作中的违纪违法等行为，依纪依法予以处理并加大通报曝光力度。

（二）确保数据质量。始终坚守数据质量第一原则，严格执行普查方案，规范普查工作流程，强化事前事中事后数据质量检查核查，切实防范和惩治统计造假、弄虚作假，确保普查数据真实准确、完整可信。各级普查机构要建立健全普查数据质量控制体系和岗位责任制，完善普查数据质量追溯和问责机制，严肃普查纪律，坚决杜绝各种人为干预普查数据的行为。采用有效技术手段和管理措施，确保普查数据采集、传输、存储和使用的安全。适时将普查工作开展情况纳入统计督察。

（三）创新手段方式。广泛应用部门行政记录，推进电子证照信息等在普查中的应用，采取网上填报与手持电子终端现场采集数据相结合的方式开展普查，通过信息化手段提高普查数据处理效能。适应常态化疫情防控需要，组织开展线上线下业务培训，支持普查对象通过网络自主报送普查数据，科学、规范、高效推进普查工作。

（四）强化宣传引导。各级普查机构应会同宣传部门认真做好普查宣传的策划和组织工作。充分发挥各类新闻媒体以及有关部门服务平台等宣传渠道作用，广泛深入宣传经济普查的重要意义和要求，引导广大普查对象依法配合普查、全社会积极参与普查，为第五次全国经济普查顺利实施营造良好的社会氛围。

国务院部门规章

执业兽医和乡村兽医管理办法

（2022年9月7日农业农村部令2022年第6号公布　自2022年10月7日起施行　国司备字[2022007322]）

第一章　总　　则

第一条　为了维护执业兽医和乡村兽医合法权益，规范动物诊疗活动，加强执业兽医和乡村兽医队伍建设，保障动物健康和公共卫生安全，根据《中华人民共和国动物防疫法》，制定本办法。

第二条　本办法所称执业兽医，包括执业兽医师和执业助理兽医师。

本办法所称乡村兽医，是指尚未取得执业兽医资格，经备案在乡村从事动物诊疗活动的人员。

第三条　农业农村部主管全国执业兽医和乡村兽医管理工作，加强信息化建设，建立完善执业兽医和乡村兽医信息管理系统。

农业农村部和省级人民政府农业农村主管部门制定实施执业兽医和乡村兽医的继续教育计划，提升执业兽医和乡村兽医素质和执业水平。

县级以上地方人民政府农业农村主管部门主管本行政区域内的执业兽医和乡村兽医管理工作，加强执业兽医和乡村兽医备案、执业活动、继续教育等监督管理。

第四条　鼓励执业兽医和乡村兽医接受继续教育。执业兽医和乡村兽医继续教育工作可以委托相关机构或者组织具体承担。

执业兽医所在机构应当支持执业兽医参加继续教育。

第五条　执业兽医、乡村兽医依法执业，其权益受法律保护。

兽医行业协会应当依照法律、法规、规章和章程，加强行业自律，及时反映行业诉求，为兽医人员提供信息咨询、宣传培训、权益保护、纠纷处理等方面的服务。

第六条　对在动物防疫工作中做出突出贡献的执业兽医和乡村兽医，按照国家有关规定给予表彰和奖励。

对因参与动物防疫工作致病、致残、死亡的执业兽医和乡村兽医，按照国家有关规定给予补助或者抚恤。

县级人民政府农业农村主管部门和乡（镇）人民政府应当优先确定乡村兽医作为村级动物防疫员。

第二章　执业兽医资格考试

第七条　国家实行执业兽医资格考试制度。

具备下列条件之一的，可以报名参加全国执业兽医资格考试：

（一）具有大学专科以上学历的人员或全日制高校在校生，专业符合全国执业兽医资格考试委员会公布的报考专业目录；

（二）2009 年 1 月 1 日前已取得兽医师以上专业技术职称；

（三）依法备案或登记，且从事动物诊疗活动十年以上的乡村兽医。

第八条　执业兽医资格考试由农业农村部组织，全国统一大纲、统一命题、统一考试、统一评卷。

第九条　执业兽医资格考试类别分为兽医全科类和水生动物类，包含基础、预防、临床和综合应用四门科目。

第十条　农业农村部设立的全国执业兽医资格考试委员会负责审定考试科目、考试大纲，发布考试公告、确定考试试卷等，对考试工作进行监督、指导和确定合格标准。

第十一条　通过执业兽医资格考试的人员，由省、自治区、直辖市人民政府农业农村主管部门根据考试合格标准颁发执业兽医师或者执业助理兽医师资格证书。

第三章　执业备案

第十二条　取得执业兽医资格证书并在动物诊疗机构从事动物诊疗活动的，应当向动物诊疗机构所在地备案机关备案。

第十三条　具备下列条件之一的，可以备案为乡村兽医：

（一）取得中等以上兽医、畜牧（畜牧兽医）、中兽医（民族兽医）、水产养殖等相关专业学历；

（二）取得中级以上动物疫病防治员、水生物病害防治员职业技能鉴定证书或职业技能等级证书；

（三）从事村级动物防疫员工作满五年。

第十四条 执业兽医或者乡村兽医备案的，应当向备案机关提交下列材料：

（一）备案信息表；

（二）身份证明。

除前款规定的材料外，执业兽医备案还应当提交动物诊疗机构聘用证明，乡村兽医备案还应当提交学历证明、职业技能鉴定证书或职业技能等级证书等材料。

第十五条 备案材料符合要求的，应当及时予以备案；不符合要求的，应当一次性告知备案人补正相关材料。

备案机关应当优化备案办理流程，逐步实现网上统一办理，提高备案效率。

第十六条 执业兽医可以在同一县域内备案多家执业的动物诊疗机构；在不同县域从事动物诊疗活动的，应当分别向动物诊疗机构所在地备案机关备案。

执业的动物诊疗机构发生变化的，应当按规定及时更新备案信息。

第四章 执业活动管理

第十七条 患有人畜共患传染病的执业兽医和乡村兽医不得直接从事动物诊疗活动。

第十八条 执业兽医应当在备案的动物诊疗机构执业，但动物诊疗机构间的会诊、支援、应邀出诊、急救等除外。

经备案专门从事水生动物疫病诊疗的执业兽医，不得从事其他动物疫病诊疗。

乡村兽医应当在备案机关所在县域的乡村从事动物诊疗活动，不得在城区从业。

第十九条 执业兽医师可以从事动物疾病的预防、诊断、治疗和开具处方、填写诊断书、出具动物诊疗有关证明文件等活动。

执业助理兽医师可以从事动物健康检查、采样、配药、给药、针灸等活动，在执业兽医师指导下辅助开展手术、剖检活动，但不得开具处方、填写诊断书、出具动物诊疗有关证明文件。

第二十条 执业兽医师应当规范填写处方笺、病历。未经亲自诊断、治疗，不得开具处方、填写诊断书、出具动物诊疗有关证明文件。

执业兽医师不得伪造诊断结果，出具虚假动物诊疗证明文件。

第二十一条 参加动物诊疗教学实践的兽医相关专业学生和尚未取得执业兽医资格证书、在动物诊疗机构中参加工作实践的兽医相关专业毕业生，应当在执业兽医师监督、指导下协助参与动物诊疗活动。

第二十二条 执业兽医和乡村兽医在执业活动中应当履行下列义务：

（一）遵守法律、法规、规章和有关管理规定；

（二）按照技术操作规范从事动物诊疗活动；

（三）遵守职业道德，履行兽医职责；

（四）爱护动物，宣传动物保健知识和动物福利。

第二十三条 执业兽医和乡村兽医应当按照国家有关规定使用兽药和兽医器械，不得使用假劣兽药、农业农村部规定禁止使用的药品及其他化合物和不符合规定的兽医器械。

执业兽医和乡村兽医发现可能与兽药和兽医器械使用有关的严重不良反应的，应当立即向所在地人民政府农业农村主管部门报告。

第二十四条 执业兽医和乡村兽医在动物诊疗活动中，应当按照规定处理使用过的兽医器械和诊疗废弃物。

第二十五条 执业兽医和乡村兽医在动物诊疗活动中发现动物染疫或者疑似染疫的，应当按照国家规定立即向所在地人民政府农业农村主管部门或者动物疫病预防控制机构报告，并迅速采取隔离、消毒等控制措施，防止动物疫情扩散。

执业兽医和乡村兽医在动物诊疗活动中发现动物患有或者疑似患有国家规定应当扑杀的疫病时，不得擅自进行治疗。

第二十六条 执业兽医和乡村兽医应当按照当地人民政府或者农业农村主管部门的要求，参加动物疫病预防、控制和动物疫情扑灭活动，执业兽医所在单位和乡村兽医不得阻碍、拒绝。

执业兽医和乡村兽医可以通过承接政府购买服务的方式开展动物防疫和疫病诊疗活动。

第二十七条 执业兽医应当于每年三月底前，按照县级人民政府农业农村主管部门要求如实报告上年度兽医执业活动情况。

第二十八条 县级以上地方人民政府农业农村主管部门应当建立健全日常监管制度，对辖区内执业兽医和乡村兽医执行法律、法规、规章的情况进行监督检查。

第五章 法律责任

第二十九条 违反本办法规定，执业兽医有下列行为之一的，依照《中华

人民共和国动物防疫法》第一百零六条第一款的规定予以处罚:

(一)在责令暂停动物诊疗活动期间从事动物诊疗活动的;

(二)超出备案所在县域或者执业范围从事动物诊疗活动的;

(三)执业助理兽医师直接开展手术,或者开具处方、填写诊断书、出具动物诊疗有关证明文件的。

第三十条 违反本办法规定,执业兽医对患有或者疑似患有国家规定应当扑杀的疫病的动物进行治疗,造成或者可能造成动物疫病传播、流行的,依照《中华人民共和国动物防疫法》第一百零六条第二款的规定予以处罚。

第三十一条 违反本办法规定,执业兽医未按县级人民政府农业农村主管部门要求如实形成兽医执业活动情况报告的,依照《中华人民共和国动物防疫法》第一百零八条的规定予以处罚。

第三十二条 违反本办法规定,执业兽医在动物诊疗活动中有下列行为之一的,由县级以上地方人民政府农业农村主管部门责令限期改正,处一千元以上五千元以下罚款:

(一)不使用病历,或者应当开具处方未开具处方的;

(二)不规范填写处方笺、病历的;

(三)未经亲自诊断、治疗,开具处方、填写诊断书、出具动物诊疗有关证明文件的;

(四)伪造诊断结果,出具虚假动物诊疗证明文件的。

第三十三条 违反本办法规定,乡村兽医不按照备案规定区域从事动物诊疗活动的,由县级以上地方人民政府农业农村主管部门责令限期改正,处一千元以上五千元以下罚款。

第六章 附 则

第三十四条 动物饲养场、实验动物饲育单位、兽药生产企业、动物园等单位聘用的取得执业兽医资格证书的人员,可以凭聘用合同办理执业兽医备案,但不得对外开展动物诊疗活动。

第三十五条 省、自治区、直辖市人民政府农业农村主管部门根据本地区实际,可以决定执业助理兽医师在乡村独立从事动物诊疗活动,并按执业兽医师进行执业活动管理。

第三十六条 本办法所称备案机关,是指县(市辖区)级人民政府农业农村主管部门;市辖区未设立农业农村主管部门的,备案机关为上一级农业农村主管部门。

第三十七条 本办法自2022年10月7日起施行。农业部2008年11月26日公布,2013年9月28日、2013年12月31日修订的《执业兽医管理办法》和2008年11月26日公布、2019年4月25日修订的《乡村兽医管理办法》同时废止。

动物诊疗机构管理办法

(2022年9月7日农业农村部令2022年第5号公布 自2022年10月7日起施行 国司备字[2022007323])

第一章 总 则

第一条 为了加强动物诊疗机构管理,规范动物诊疗行为,保障公共卫生安全,根据《中华人民共和国动物防疫法》,制定本办法。

第二条 在中华人民共和国境内从事动物诊疗活动的机构,应当遵守本办法。

本办法所称动物诊疗,是指动物疾病的预防、诊断、治疗和动物绝育手术等经营性活动,包括动物的健康检查、采样、剖检、配药、给药、针灸、手术、填写诊断书和出具动物诊疗有关证明文件等。

本办法所称动物诊疗机构,包括动物医院、动物诊所以及其他提供动物诊疗服务的机构。

第三条 农业农村部负责全国动物诊疗机构的监督管理。

县级以上地方人民政府农业农村主管部门负责本行政区域内动物诊疗机构的监督管理。

第四条 农业农村部加强信息化建设,建立健全动物诊疗机构信息管理系统。

县级以上地方人民政府农业农村主管部门应当优化许可办理流程,推行网上办理等便捷方式,加强动物诊疗机构信息管理工作。

第二章 诊疗许可

第五条 国家实行动物诊疗许可制度。从事动物诊疗活动的机构,应当取得动物诊疗许可证,并在规定的诊疗活动范围内开展动物诊疗活动。

第六条 从事动物诊疗活动的机构,应当具备下列条件:

（一）有固定的动物诊疗场所，且动物诊疗场所使用面积符合省、自治区、直辖市人民政府农业农村主管部门的规定；

（二）动物诊疗场所选址距离动物饲养场、动物屠宰加工场所、经营动物的集贸市场不少于二百米；

（三）动物诊疗场所设有独立的出入口，出入口不得设在居民住宅楼内或者院内，不得与同一建筑物的其他用户共用通道；

（四）具有布局合理的诊疗室、隔离室、药房等功能区；

（五）具有诊断、消毒、冷藏、常规化验、污水处理等器械设备；

（六）具有诊疗废弃物暂存处理设施，并委托专业处理机构处理；

（七）具有染疫或者疑似染疫动物的隔离控制措施及设施设备；

（八）具有与动物诊疗活动相适应的执业兽医；

（九）具有完善的诊疗服务、疫情报告、卫生安全防护、消毒、隔离、诊疗废弃物暂存、兽医器械、兽医处方、药物和无害化处理等管理制度。

第七条　动物诊所除具备本办法第六条规定的条件外，还应当具备下列条件：

（一）具有一名以上执业兽医师；

（二）具有布局合理的手术室和手术设备。

第八条　动物医院除具备本办法第六条规定的条件外，还应当具备下列条件：

（一）具有三名以上执业兽医师；

（二）具有 X 光机或者 B 超等器械设备；

（三）具有布局合理的手术室和手术设备。

除前款规定的动物医院外，其他动物诊疗机构不得从事动物颅腔、胸腔和腹腔手术。

第九条　从事动物诊疗活动的机构，应当向动物诊疗场所所在地的发证机关提出申请，并提交下列材料：

（一）动物诊疗许可证申请表；

（二）动物诊疗场所地理方位图、室内平面图和各功能区布局图；

（三）动物诊疗场所使用权证明；

（四）法定代表人（负责人）身份证明；

（五）执业兽医资格证书；

（六）设施设备清单；

（七）管理制度文本。

申请材料不齐全或者不符合规定条件的，发证机关应当自收到申请材料之日起五个工作日内一次性告知申请人需补正的内容。

第十条 动物诊疗机构应当使用规范的名称。未取得相应许可的,不得使用“动物诊所”或者“动物医院”的名称。

第十一条 发证机关受理申请后,应当在十五个工作日内完成对申请材料的审核和对动物诊疗场所的实地考查。符合规定条件的,发证机关应当向申请人颁发动物诊疗许可证;不符合条件的,书面通知申请人,并说明理由。

专门从事水生动物疫病诊疗的,发证机关在核发动物诊疗许可证时,应当征求同级渔业主管部门的意见。

第十二条 动物诊疗许可证应当载明诊疗机构名称、诊疗活动范围、从业地点和法定代表人(负责人)等事项。

动物诊疗许可证格式由农业农村部统一规定。

第十三条 动物诊疗机构设立分支机构的,应当按照本办法的规定另行办理动物诊疗许可证。

第十四条 动物诊疗机构变更名称或者法定代表人(负责人)的,应当在办理市场主体变更登记手续后十五个工作日内,向原发证机关申请办理变更手续。

动物诊疗机构变更从业地点、诊疗活动范围的,应当按照本办法规定重新办理动物诊疗许可手续,申请换发动物诊疗许可证。

第十五条 动物诊疗许可证不得伪造、变造、转让、出租、出借。

动物诊疗许可证遗失的,应当及时向原发证机关申请补发。

第十六条 发证机关办理动物诊疗许可证,不得向申请人收取费用。

第三章 诊疗活动管理

第十七条 动物诊疗机构应当依法从事动物诊疗活动,建立健全内部管理制度,在诊疗场所的显著位置悬挂动物诊疗许可证和公示诊疗活动从业人员基本情况。

第十八条 动物诊疗机构可以通过在本机构备案从业的执业兽医师,利用互联网等信息技术开展动物诊疗活动,活动范围不得超出动物诊疗许可证核定的诊疗活动范围。

第十九条 动物诊疗机构应当对兽医相关专业学生、毕业生参与动物诊疗活动加强监督指导。

第二十条 动物诊疗机构应当按照国家有关规定使用兽医器械和兽药,不得使用不符合规定的兽医器械、假劣兽药和农业农村部规定禁止使用的药品及其他化合物。

第二十一条 动物诊疗机构兼营动物用品、动物饲料、动物美容、动物寄养等项目的，兼营区域与动物诊疗区域应当分别独立设置。

第二十二条 动物诊疗机构应当使用载明机构名称的规范病历，包括门（急）诊病历和住院病历。病历档案保存期限不得少于三年。

病历根据不同的记录形式，分为纸质病历和电子病历。电子病历与纸质病历具有同等效力。

病历包括诊疗活动中形成的文字、符号、图表、影像、切片等内容或者资料。

第二十三条 动物诊疗机构应当为执业兽医师提供兽医处方笺，处方笺的格式和保存等应当符合农业农村部规定的兽医处方格式及应用规范。

第二十四条 动物诊疗机构安装、使用具有放射性的诊疗设备的，应当依法经生态环境主管部门批准。

第二十五条 动物诊疗机构发现动物染疫或者疑似染疫的，应当按照国家规定立即向所在地农业农村主管部门或者动物疫病预防控制机构报告，并迅速采取隔离、消毒等控制措施，防止动物疫情扩散。

动物诊疗机构发现动物患有或者疑似患有国家规定应当扑杀的疫病时，不得擅自进行治疗。

第二十六条 动物诊疗机构应当按照国家规定处理染疫动物及其排泄物、污染物和动物病理组织等。

动物诊疗机构应当参照《医疗废物管理条例》的有关规定处理诊疗废弃物，不得随意丢弃诊疗废弃物，排放未经无害化处理的诊疗废水。

第二十七条 动物诊疗机构应当支持执业兽医按照当地人民政府或者农业农村主管部门的要求，参加动物疫病预防、控制和动物疫情扑灭活动。

动物诊疗机构可以通过承接政府购买服务的方式开展动物防疫和疫病诊疗活动。

第二十八条 动物诊疗机构应当配合农业农村主管部门、动物卫生监督机构、动物疫病预防控制机构进行有关法律法规宣传、流行病学调查和监测工作。

第二十九条 动物诊疗机构应当定期对本单位工作人员进行专业知识、生物安全以及相关政策法规培训。

第三十条 动物诊疗机构应当于每年三月底前将上年度动物诊疗活动情况向县级人民政府农业农村主管部门报告。

第三十一条 县级以上地方人民政府农业农村主管部门应当建立健全日

常监管制度，对辖区内动物诊疗机构和人员执行法律、法规、规章的情况进行监督检查。

第四章 法律责任

第三十二条 违反本办法规定，动物诊疗机构有下列行为之一的，依照《中华人民共和国动物防疫法》第一百零五条第一款的规定予以处罚：

（一）超出动物诊疗许可证核定的诊疗活动范围从事动物诊疗活动的；

（二）变更从业地点、诊疗活动范围未重新办理动物诊疗许可证的。

第三十三条 使用伪造、变造、受让、租用、借用的动物诊疗许可证的，县级以上地方人民政府农业农村主管部门应当依法收缴，并依照《中华人民共和国动物防疫法》第一百零五条第一款的规定予以处罚。

第三十四条 动物诊疗场所不再具备本办法第六条、第七条、第八条规定条件，继续从事动物诊疗活动的，由县级以上地方人民政府农业农村主管部门给予警告，责令限期改正；逾期仍达不到规定条件的，由原发证机关收回、注销其动物诊疗许可证。

第三十五条 违反本办法规定，动物诊疗机构有下列行为之一的，由县级以上地方人民政府农业农村主管部门责令限期改正，处一千元以上五千元以下罚款：

（一）变更机构名称或者法定代表人（负责人）未办理变更手续的；

（二）未在诊疗场所悬挂动物诊疗许可证或者公示诊疗活动从业人员基本情况的；

（三）未使用规范的病历或未按规定为执业兽医师提供处方笺的，或者不按规定保存病历档案的；

（四）使用未在本机构备案从业的执业兽医从事动物诊疗活动的。

第三十六条 动物诊疗机构未按规定实施卫生安全防护、消毒、隔离和处置诊疗废弃物的，依照《中华人民共和国动物防疫法》第一百零五条第二款的规定予以处罚。

第三十七条 诊疗活动从业人员有下列行为之一的，依照《中华人民共和国动物防疫法》第一百零六条第一款的规定，对其所在的动物诊疗机构予以处罚：

（一）执业兽医超出备案所在县域或者执业范围从事动物诊疗活动的；

（二）执业兽医被责令暂停动物诊疗活动期间从事动物诊疗活动的；

（三）执业助理兽医师未按规定开展手术活动，或者开具处方、填写诊断书、出具动物诊疗有关证明文件的；

（四）参加教学实践的学生或者工作实践的毕业生未经执业兽医师指导开展动物诊疗活动的。

第三十八条 违反本办法规定，动物诊疗机构未按规定报告动物诊疗活动情况的，依照《中华人民共和国动物防疫法》第一百零八条的规定予以处罚。

第三十九条 县级以上地方人民政府农业农村主管部门不依法履行审查和监督管理职责，玩忽职守、滥用职权或者徇私舞弊的，依照有关规定给予处分；构成犯罪的，依法追究刑事责任。

第五章 附 则

第四十条 乡村兽医在乡村从事动物诊疗活动的，应当有固定的从业场所。

第四十一条 本办法所称发证机关，是指县（市辖区）级人民政府农业农村主管部门；市辖区未设立农业农村主管部门的，发证机关为上一级农业农村主管部门。

第四十二条 本办法自2022年10月7日起施行。农业部2008年11月26日公布，2016年5月30日、2017年11月30日修订的《动物诊疗机构管理办法》同时废止。

本办法施行前已取得动物诊疗许可证的动物诊疗机构，应当自本办法实施之日起一年内达到本办法规定的条件。

国际道路运输管理规定

（2022年9月26日交通运输部令2022年第31号公布 自公布之日起施行 国司备字[2022007324]）

第一章 总 则

第一条 为规范国际道路运输经营活动，维护国际道路运输市场秩序，保护国际道路运输各方当事人的合法权益，促进国际道路运输业发展，根据《中华人民共和国道路运输条例》和我国政府与有关国家政府签署的汽车运输协定，制定本规定。

第二条 从事中华人民共和国与相关国家间的国际道路运输经营活动

的，应当遵守本规定。

本规定所称国际道路运输，包括国际道路旅客运输、国际道路货物运输。

第三条 国际道路运输应当坚持平等互利、公平竞争、共同发展的原则。

国际道路运输管理应当公平、公正、公开和便民。

第四条 交通运输部主管全国国际道路运输工作。

省级人民政府交通运输主管部门按照有关规定，负责组织领导本行政区域内的国际道路运输工作。

第二章 经营许可和备案

第五条 从事国际道路运输经营活动的，应当具备下列条件：

（一）已经取得国内道路运输经营许可证的企业法人；

（二）从事国内道路运输经营满 3 年，且近 3 年内未发生重大以上道路交通责任事故；

道路交通责任事故是指驾驶人员负同等或者以上责任的交通事故。

（三）驾驶人员和从事危险货物运输的装卸管理人员、押运员应当符合《道路运输从业人员管理规定》有关规定；

（四）拟投入国际道路运输经营的运输车辆技术要求应当符合《道路运输车辆技术管理规定》有关规定；

（五）有健全的安全生产管理制度。

第六条 申请从事国际道路旅客运输经营的，应当向所在地省级人民政府交通运输主管部门提出申请，并提交以下材料：

（一）国际道路旅客运输经营许可申请表（式样见附件 1）；

（二）企业近 3 年内无重大以上道路交通责任事故证明或者承诺书；

（三）拟投入国际道路旅客运输经营的车辆的道路运输证和拟购置车辆承诺书，承诺书包括车辆数量、类型、技术性能、购车时间等内容；

（四）拟聘用驾驶员的机动车驾驶证、从业资格证；

（五）国际道路运输的安全管理制度：包括安全生产责任制度、安全生产业务操作规程、安全生产监督检查制度、驾驶员和车辆安全生产管理制度、道路运输应急预案等。

从事定期国际道路旅客运输的，还应当提交定期国际道路旅客班线运输的线路、站点、班次方案。

第七条 已取得国际道路旅客运输经营许可，申请新增定期国际旅客运输班线的，应当向所在地省级人民政府交通运输主管部门提出申请，提交下列材料：

（一）拟新增定期国际道路旅客班线运输的线路、站点、班次方案；

（二）拟投入国际道路旅客运输营运的车辆的道路运输证和拟购置车辆承诺书；

（三）拟聘用驾驶员的机动车驾驶证、从业资格证。

第八条 省级人民政府交通运输主管部门收到申请后，应当按照《交通行政许可实施程序规定》要求的程序、期限，对申请材料进行审查，并通过部门间信息共享、内部核查等方式获取申请人营业执照、已取得的道路客运经营许可、现有车辆等信息，作出许可或者不予许可的决定。

省级人民政府交通运输主管部门对符合法定条件的国际道路旅客运输经营申请作出准予行政许可决定的，应当出具《国际道路旅客运输经营行政许可决定书》（式样见附件2），明确经营主体、经营范围、车辆数量及要求等许可事项，在作出准予行政许可决定之日起10日内向被许可人发放《道路运输经营许可证》。对符合法定条件的国际道路旅客运输班线经营申请作出准予行政许可决定的，还应当出具《国际道路旅客运输班线经营行政许可决定书》（式样见附件3）。

《道路运输经营许可证》应当注明经营范围；《国际道路旅客运输班线经营行政许可决定书》应当注明班线起讫地、线路、停靠站点、经营期限以及班次。

省级人民政府交通运输主管部门予以许可的，应当向交通运输部备案。

对国际道路旅客运输经营申请决定不予许可的，应当在受理之日起20日内向申请人送达《不予交通行政许可决定书》，并说明理由，告知申请人享有依法申请行政复议或者提起行政诉讼的权利。

第九条 从事国际道路货物运输经营的，最迟不晚于开始国际道路货物运输经营活动的15日内向所在地省级人民政府交通运输主管部门备案，提交《国际道路货物运输经营备案表》（式样见附件4），并附送符合本规定第五条规定条件的材料，保证材料真实、完整、有效。

第十条 省级人民政府交通运输主管部门收到国际道路货物运输经营备案材料后，对材料齐全且符合要求的，应当予以备案并编号归档；对材料不全或者不符合要求的，应当场或者自收到备案材料之日起5日内一次性书面通知备案人需要补充的全部内容。

省级人民政府交通运输主管部门应当向社会公布并及时更新已备案的国际道路货物运输经营者名单，便于社会查询和监督。

第十一条 非边境省、自治区、直辖市的申请人拟从事国际道路旅客运输经营的，应当向所在地省级人民政府交通运输主管部门提出申请。受理该申请的省级人民政府交通运输主管部门在作出许可决定前，应当与运输线路拟通过边境口岸所在地的省级人民政府交通运输主管部门协商；协商不成的，报交通运输部决定。交通运输部按照第八条第一款规定的程序作出许可或者不予许可的决定，通知所在地省级人民政府交通运输主管部门，并由所在地省级人民政府交通运输主管部门按照第八条第二款、第五款的规定颁发许可证件或者《不予交通行政许可决定书》。

第十二条 从事国际道路旅客运输的经营者应当按照承诺书的要求购置运输车辆。购置的车辆和已有的车辆经省级人民政府交通运输主管部门核实符合条件的，省级人民政府交通运输主管部门向拟投入运输的车辆配发《道路运输证》。

第十三条 从事国际道路运输的经营者凭《道路运输经营许可证》等许可文件或者备案文件到外事、海关、边防检查等部门办理有关运输车辆、人员的出入境手续。

第十四条 国际道路旅客运输经营者变更许可事项、扩大经营范围的，应当按照本规定办理许可申请。

国际道路旅客运输经营者变更名称、地址等，应当向原许可机关备案。

国际道路货物运输经营者名称、经营地址、主要负责人和货物运输车辆等事项发生变化的，应当向原办理备案的交通运输主管部门办理备案变更。

第十五条 国际道路旅客运输经营者在取得经营许可后，应当在 180 日内履行被许可的事项。有正当理由在 180 日内未经营或者停业时间超过 180 日的，应当告知省级人民政府交通运输主管部门。

国际道路运输经营者需要终止经营的，应当在终止经营之日 30 日前告知省级人民政府交通运输主管部门，并按照规定办理有关注销手续。

第三章 运营管理

第十六条 国际道路运输线路由起讫地、途经地国家交通运输主管部门协商确定。

交通运输部及时向社会公布中国政府与有关国家政府确定的国际道路运输线路。

第十七条 从事国际道路运输的车辆应当按照规定的口岸通过，进入对方国家境内后，应当按照规定的线路运行。

从事定期国际道路旅客运输的车辆，应当按照规定的行车路线、班次及停靠站点运行。

第十八条 外国国际道路运输经营者的车辆在中国境内运输，应当具有本国的车辆登记牌照、登记证件。驾驶人员应当持有与其驾驶的车辆类别相符的本国或国际驾驶证件。

第十九条 从事国际道路运输的车辆应当标明本国的国际道路运输国籍识别标志。

省级人民政府交通运输主管部门按照交通运输部规定的《国际道路运输国籍识别标志》式样（见附件5），负责《国际道路运输国籍识别标志》的印制、发放、管理和监督使用。

第二十条 进入我国境内从事国际道路运输的外国运输车辆，应当符合我国有关运输车辆外廓尺寸、轴荷以及载质量的规定。

我国与外国签署有关运输车辆外廓尺寸、轴荷以及载质量具体协议的，按协议执行。

第二十一条 我国从事国际道路旅客运输的经营者，应当使用《国际道路旅客运输行车路单》（见附件6）。

我国从事国际道路货物运输的经营者，应当使用《国际道路货物运单》（见附件7）。

第二十二条 进入我国境内运载不可解体大型物件的外国国际道路运输经营者，车辆超限的，应当遵守我国超限运输车辆行驶公路的相关规定，办理相关手续后，方可运输。

第二十三条 进入我国境内运输危险货物的外国国际道路运输经营者，应当遵守我国危险货物运输有关法律、法规和规章的规定。

第二十四条 禁止外国国际道路运输经营者从事我国国内道路旅客和货物运输经营。

外国国际道路运输经营者在我国境内应当在批准的站点上下旅客或者按照运输合同商定的地点装卸货物。运输车辆要按照我国交通运输主管部门指定的停靠站（场）停放。

禁止外国国际道路运输经营者在我国境内自行承揽货物或者招揽旅客。

外国国际道路运输经营者依法在我国境内设立的常驻代表机构不得从事经营活动。

第二十五条 国际道路运输经营者应当使用符合国家规定标准的车辆从事国际道路运输经营，并按照国家有关规定进行运输车辆维护和定期检测。

国际道路运输经营者应当对所聘用的道路运输从业人员开展有关国际道路运输法规、外事规定、业务知识、操作规程的培训。

第二十六条 国际道路运输经营者应当制定境外突发事件的道路运输应

急预案。应急预案应当包括报告程序、应急指挥、应急车辆和设备的储备以及处置措施等内容。

第二十七条 国际道路旅客运输的价格，按边境口岸所在地的省级人民政府交通运输主管部门与相关国家政府交通运输主管部门签订的协议执行。没有协议的，按边境口岸所在地省级物价部门核定的运价执行。

国际道路货物运输的价格，由国际道路货物运输的经营者自行确定。

第二十八条 对进出我国境内从事国际道路运输的外国运输车辆的费收，应当按照我国与相关国家政府签署的有关协定执行。

第四章 行车许可证管理

第二十九条 国际道路运输实行行车许可证制度。

行车许可证是国际道路运输经营者在相关国家境内从事国际道路运输经营时行驶的通行凭证。

我国从事国际道路运输的车辆进出相关国家，应当持有相关国家的国际汽车运输行车许可证。

外国从事国际道路运输的车辆进出我国，应当持有我国国际汽车运输行车许可证。

第三十条 我国国际汽车运输行车许可证分为《国际汽车运输行车许可证》和《国际汽车运输特别行车许可证》。

在我国境内从事国际道路旅客运输经营和普通货物运输经营的外国经营者，使用《国际汽车运输行车许可证》。

在我国境内从事国际道路危险货物运输经营的外国经营者，应当向拟通过边境口岸所在地的省级人民政府交通运输主管部门提出申请，由省级人民政府交通运输主管部门商有关部门批准后，向外国经营者的运输车辆发放《国际汽车运输特别行车许可证》。

第三十一条 《国际汽车运输行车许可证》《国际汽车运输特别行车许可证》的式样，由交通运输部与相关国家政府交通运输主管部门商定。边境口岸所在地的省级人民政府交通运输主管部门按照商定的式样，负责行车许可证的统一印制，并负责与相关国家交换。

交换过来的相关国家《国际汽车运输行车许可证》，由边境口岸所在地的省级人民政府交通运输主管部门负责发放和管理。

我国从事国际道路运输的经营者，向拟通过边境口岸所在地的省级人民政府交通运输主管部门申领《国际汽车运输行车许可证》。

第三十二条 《国际汽车运输行车许可证》《国际汽车运输特别行车许可证》实行一车一证，应当在有效期内使用。运输车辆为半挂汽车列车、中置轴挂车列车、全挂汽车列车时，仅向牵引车辆发放行车许可证。

第三十三条 禁止伪造、变造、倒卖、转让、出租《国际汽车运输行车许可证》《国际汽车运输特别行车许可证》。

第五章 监督检查

第三十四条 县级以上地方人民政府交通运输主管部门在本行政区域内依法实施国际道路运输监督检查工作。

口岸国际道路运输管理机构负责口岸地包括口岸查验现场的国际道路运输管理及监督检查工作。

口岸国际道路运输管理机构应当悬挂“中华人民共和国××口岸国际道路运输管理站”标识牌；在口岸查验现场悬挂“中国运输管理”的标识，并实行统一的国际道路运输查验签章（式样见附件8）。

县级以上地方人民政府交通运输主管部门和口岸国际道路运输管理机构工作人员在实施国际道路运输监督检查时，应当出示行政执法证件。

第三十五条 口岸国际道路运输管理机构在口岸具体负责如下工作：

（一）查验《国际汽车运输行车许可证》《国际汽车运输特别行车许可证》《国际道路运输国籍识别标志》和国际道路运输有关牌证等；

（二）记录、统计出入口岸的车辆、旅客、货物运输量以及《国际汽车运输行车许可证》《国际汽车运输特别行车许可证》，定期向省级人民政府交通运输主管部门报送有关统计资料；

（三）监督检查国际道路运输的经营活动；

（四）协调出入口岸运输车辆的通关事宜。

第三十六条 国际道路运输经营者应当接受当地县级以上地方人民政府交通运输主管部门和口岸国际道路运输管理机构的检查。

交通运输主管部门应当依据有关法规加强对失信企业和失信人员的监督管理，督促国际道路运输经营者落实安全生产主体责任。

第六章 法律责任

第三十七条 违反本规定，有下列行为之一的，由县级以上地方人民政府交通运输主管部门或者口岸国际道路运输管理机构责令停止经营；有违法所得的，没收违法所得，处违法所得2倍以上10倍以下的罚款；没有违法所得或者违法所得不足2万元的，处3万元以上10万元以下的罚款；构成犯罪的，依法追究刑事责任：

（一）未取得国际道路旅客运输经营许可，擅自从事国际道路旅客运输经营的；

（二）使用失效、伪造、变造、被注销等无效国际道路旅客运输经营许可证件从事国际道路旅客运输经营的；

（三）超越许可的事项，非法从事国际道路旅客运输经营的。

第三十八条 从事国际道路货物运输经营，未按规定进行备案的，由省级人民政府交通运输主管部门责令改正；拒不改正的，处5000元以上2万元以下的罚款。

第三十九条 违反本规定，非法转让、出租国际道路运输经营许可证件的，由县级以上地方人民政府交通运输主管部门或者口岸国际道路运输管理机构责令停止违法行为，收缴有关证件，处2000元以上1万元以下的罚款；有违法所得的，没收违法所得。

第四十条 违反本规定，非法转让、出租、伪造《国际汽车运输行车许可证》《国际汽车运输特别行车许可证》《国际道路运输国籍识别标志》的，由县级以上地方人民政府交通运输主管部门或者口岸国际道路运输管理机构责令停止违法行为，收缴有关证件，处500元以上1000元以下的罚款；有违法所得的，没收违法所得。

第四十一条 违反本规定，国际道路旅客运输经营者有下列情形之一的，由县级以上地方人民政府交通运输主管部门或者口岸国际道路运输管理机构责令改正，处1000元以上3000元以下的罚款；情节严重的，由原许可机关吊销道路运输经营许可证：

（一）不按批准的国际道路运输线路、站点、班次运输的；

（二）在旅客运输途中擅自变更运输车辆或者将旅客移交他人运输的；

（三）未报告原许可机关，擅自终止国际道路旅客运输经营的。

第四十二条 国际道路运输经营者违反道路旅客、货物运输有关规定的，按照相关规定予以处罚。

第四十三条 外国国际道路运输经营者有下列行为之一，由县级以上地方人民政府交通运输主管部门或者口岸国际道路运输管理机构责令改正；拒不改正的，责令停止运输，有违法所得的，没收违法所得，处违法所得2倍以上10倍以下的罚款，没有违法所得或者违法所得不足1万元的，处3万元以上6万元以下的罚款：

（一）未取得我国有效的《国际汽车运输行车许可证》或者《国际汽车运输特别行车许可证》，擅自进入我国境内从事国际道路运输经营或者运输危险货物的；

（二）从事我国国内道路旅客或货物运输的；

（三）在我国境内自行承揽货源或招揽旅客的；

（四）未按规定的运输线路、站点、班次、停靠站（场）运行的；

（五）未标明本国《国际道路运输国籍识别标志》的。

第四十四条 县级以上地方人民政府交通运输主管部门以及口岸国际道路运输管理机构有下列行为之一的，对负有责任的主管人员和责任人员，视情节轻重，依法给予行政处分；造成严重后果、构成犯罪的，依法追究其刑事责任：

（一）不按照本规定规定的条件、程序和期限实施国际道路运输行政许可或者备案的；

（二）参与或者变相参与国际道路运输经营的；

（三）发现未经批准的单位和个人擅自从事国际道路运输经营活动，或者发现国际道路运输经营者有违法行为不及时查处的；

（四）违反规定拦截、检查正常行驶的道路运输车辆的；

（五）违法扣留运输车辆、车辆营运证的；

（六）索取、收受他人财物，或者谋取其他利益的；

（七）违法实施行政处罚的；

（八）其他违法行为。

第七章 附 则

第四十五条 本规定自公布之日起施行。2005 年 4 月 13 日以交通部令 2005 年第 3 号公布的《国际道路运输管理规定》同时废止。

附件 1

受理申请机关专用

国际道路旅客运输经营许可申请表

说明

1. 本表根据《国际道路运输管理规定》制作，申请从事国际道路运输经营应当向所在地省级人民政府交通运输主管部门提出申请，填写本表，并同时提交其它相关材料。

2. 本表可向各级交通运输主管部门免费索取，也可自行从交通运输部网站（http://www.mot.gov.cn）下载打印。

3. 有关常见问题可查询交通运输部网站。

4. 本表可手写或者打印，要求字迹工整。

申请人基本信息

申请人名称	（与营业执照名称一致）		
经营地址			
企业法定代表人		统一社会信用代码	
主要负责人姓名		经办人姓名	
联系电话		电子邮箱/传真	

申请材料清单

1. 国际道路旅客运输经营申请表（本表） □
2. 企业近 3 年内无重大以上交通责任事故证明或者承诺书 □
3. 拟投入国际道路旅客运输经营的车辆的道路运输证、机动车安全技术检验报告（“备注”栏签注车辆技术等级），拟购置运输车辆的承诺书 □
4. 现有及拟聘用驾驶员的机动车驾驶证、从业资格证 □
5. 国际道路运输的安全管理制度文本（安全生产责任制度、安全生产业务操作规程、安全生产监督检查制度、驾驶员和车辆安全生产管理制度、道路运输应急预案） □
6. 申请定期国际道路旅客运输线路的，还应提供线路、站点和班次方案（含始发地客运站、终到站客运站、途经边境口岸、途经停靠站点、班次等信息） □

核查情况

1. 企业法人营业执照 □
2. ______年____月取得道路运输经营许可证从事国内道路运输。 □

国际道路旅客运输申请内容

现有或者拟购置客运车辆情况

序号	道路运输证号（现有）	厂牌型号	车辆数量（拟购置）	座位（座）	车辆技术等级	备注
1						
2						
3						
4						
5						
6						
7						
8						
9						
10						

现有或者拟聘用车辆驾驶员情况

序号	姓名	性别	年龄	取得驾驶证时间	从业资格证号	备注
1						
2						
3						
4						
5						
6						
7						
8						
9						
10						

表格不够,可另附表填写。

声明:

我声明本表及其它相关材料中提供的信息均真实可靠。

我知悉如此表中有故意填写的虚假信息,我取得的道路运输经营许可将被注销。我承诺我将遵守《中华人民共和国道路运输条例》及其它有关道路运输法规的规定。

负责人签名:__________ 日期:__________

负责人职位:__________

附件 2

中华人民共和国
国际道路旅客运输经营行政许可决定书

____国际运输____年度____号

________________________:

你单位______年____月____日已经取得____________(省、自治区、直辖市)交通运输主管部门行政许可,从事国际道路旅客运输经营。

道路运输经营许可证编号:____________

经营范围:国际道路旅客运输

批准投入车辆情况

车辆数:____________辆　　车　　　型:____________

座　位:____________　　车辆技术等级:____________

请你单位持此决定书到外事、海关、边防检查以及口岸国际道路运输管理机构,按照规定办理相关手续。

______(省、自治区、直辖市)

交通运输厅(局、委)

(印　　章)

××××年××月××日

抄送:××外事、海关、边防检查、口岸国际道路运输管理机构。

附件3

中华人民共和国
国际道路旅客运输班线经营行政许可决定书

____国际运输____年度____号

______________________：

你单位______年____月____日已经取得___________（省、自治区、直辖市）交通运输主管部门行政许可，从事国际道路旅客运输班线经营。

道路运输经营许可证编号：___________

起点及站点：___________讫点及站点：___________

主要途经地：____

停靠站点：____

日发班次：___________车牌号码：___________

经营期限：______年____月____日至______年____月____日

请你单位持此决定书到外事、海关、边防检查以及口岸国际道路运输管理机构，按照规定办理相关手续。

___________（省、自治区、直辖市）

交通运输厅（局、委）

（印　　章）

××××年××月××日

抄送：××外事、海关、边防检查、口岸国际道路运输管理机构。

附件 4

国际道路货物运输经营备案表

(□首次备案□备案变更)

<table>
<tr><td>经营者名称</td><td colspan="4">(与营业执照名称一致)</td></tr>
<tr><td>经营地址</td><td colspan="4">××省(区、市)××市(州)××县(市、区)××街(镇、乡)××号</td></tr>
<tr><td>企业法定代表人</td><td colspan="2"></td><td>统一社会信用代码</td><td></td></tr>
<tr><td rowspan="2">主要负责人
(填写企业法人任命的负责人)</td><td>姓　　名</td><td></td><td>身份证号</td><td></td></tr>
<tr><td>联系电话</td><td></td><td>电子邮箱/传真</td><td></td></tr>
<tr><td>备案事项</td><td colspan="4">□普通货运(□专用运输(集装箱、冷藏保鲜、罐式)□大型物件运输)
□危险货物运输</td></tr>
<tr><td>经营情况</td><td colspan="4">______年____月取得道路运输经营许可证从事道路普通货物运输
______年____月取得道路运输经营许可证从事道路危险货物运输</td></tr>
<tr><td>备案材料</td><td colspan="4">□ 1. 企业近 3 年内无重大以上交通责任事故证明或者承诺书
□ 2. 已投入或者拟投入国际道路货物运输经营的车辆的道路运输证、机动车安全技术检验报告("备注"栏签注车辆技术等级),拟购置运输车辆的承诺书
□ 3. 现有及拟聘用驾驶员的机动车驾驶证、从业资格证
□ 4. 从事危险货物运输的,还应当提交装卸管理员、押运员的从业资格证
□ 5. 国际道路运输的安全管理制度文本(安全生产责任制度、安全生产业务操作规程、安全生产监督检查制度、驾驶员和车辆安全生产管理制度、道路运输应急预案)</td></tr>
<tr><td colspan="5">本经营者声明:
1. 已知晓《中华人民共和国道路运输条例》《国际道路运输管理规定》等国际道路货物运输有关法律法规及标准,知晓国际道路货物运输经营条件要求和备案要求;
2. 所提供的备案材料信息内容真实、准确,不存在虚假记载、误导性陈述或者重大遗漏,所有文件的签名、印章真实有效。如有不实之处,愿承担相应的法律责任。

法定代表人或主要负责人(签字):　　单位(盖章):　　年　月　日</td></tr>
<tr><td colspan="3">□ 备案材料齐全且符合要求;
□ 备案材料不齐全或者不符合要求,请补充:____

承办人(签字):　　年　　月　　日</td><td colspan="2">复核(签字):____________
备案编号:______________

备案机关(盖章):　　年　月　日</td></tr>
</table>

填写说明:1. 请根据《国际道路运输管理规定》有关要求填写此表;2. 备案材料:国际道路货运经营者应依法提交第 1 至 5 项材料;3. 承办人是指备案机关受理备案并对备案材料依法进行审查的工作人员,复核人是指备案机关对备案材料进行复核并备案编号的工作人员;4. 办理备案变更的,仅需填写变更事项,并与原备案表一并存档;5. 本表一式两份,备案完成后由备案机关和备案国际道路运输经营者各留存一份。

备案表附表：

现有或者拟购置货物运输车辆情况

序号	车辆号牌（现有）	道路运输证号（现有）	厂牌型号	数量（拟购置）	载重质量（吨）	车辆技术等级	车辆类型	备注
1								
2								
3								
4								
5								
6								
7								
8								
9								
10								

现有或者拟聘用车辆驾驶员情况

序号	姓名	性别	年龄	取得驾驶证时间	从业资格证号	备注
1						
2						
3						
4						
5						
6						
7						
8						
9						
10						

表格不够,可另附表填写。

附件5

中华人民共和国国际道路运输国籍识别标志（比例1：1）

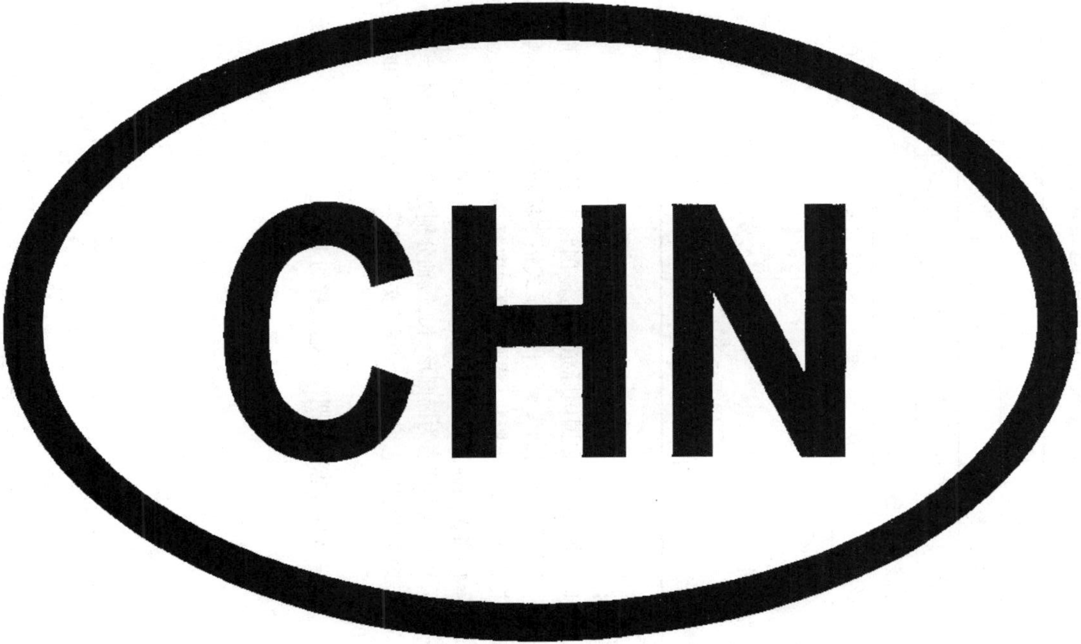

（一次性标志背面）

中华人民共和国国际道路运输国籍识别标志

编　　号					
车籍单位					
车辆号牌		车　型		吨(座)位	
运输线路	自		至		
有效期限	从　　年　　月　　日起至　　年　　月　　日止				
主管机关	（章） 年　　月　　日		签发机关	（章） 年　　月　　日	

说明：

1. 中华人民共和国国际道路运输国籍识别标志分为长期性和一次性两种：长期性标志为正面带编号的冲压式铝制标牌，固定在车辆保险杠右侧；一次性标志为纸质不干胶片，背面有填写内容，贴在车辆风挡玻璃右上角。

2. 国籍识别标志也可同时用漆喷制在车厢两侧或后侧。

3. 国籍识别标志为椭圆形，长、短轴分别为 24cm 和 14.5cm。

4. 国籍识别标志缩写为大写英文“CHN”，采用“Arial-Black”字体，字号为80。

5. 一次性标志按长期性标志式样的 1/2 比例制作。

附件 6

中华人民共和国
国际道路旅客运输
行车路单存根

（　）运管（　）字　№000000

领用单位	
道路运输证号	
驾驶员姓名	
车辆号牌	
车型	
运输线路	
旅客人数	
运　距	
有效期	
签发人	
领用人	

运管　字第　号

CHN

中华人民共和国
国际道路旅客运输行车路单

运输单位：　　　　车号：　　座位：　　驾驶员姓名：

运输线路：从　　经　　到达　　（　　）运管（　　）字　№000000

起运地		通过口岸		到达地		旅客人数（人）	行包数量（件）	行包重量（吨）	行驶里程（公里）
国家	地点	出境	入境	国家	地点				

出境签章	入境签章	备注	
路单有效期	从　年　月　日起至　年　月　日		
主管机关（章）	签发机关（章）	签发人：	回收人：

备注：1. 本路单一次性使用；2. 此联随车携带，使用后按期交签发机关。

旅客清单

序号	姓名	国籍	性别	护照(通行证)号码	备注
1					
2					
3					
4					
5					
6					
7					
8					
9					
10					
11					
12					
13					
14					
15					
16					
17					
18					

附件 7

CHN

国际道路货物运单

№:000000

<table>
<tr><td>1. 发货人
名称
国籍</td><td>2. 收货人
名称
国籍</td></tr>
<tr><td>3. 装货地点
国家　　　　市
街道</td><td>4. 卸货地点
国家　　　　市
街道</td></tr>
</table>

5. 货物标记和号码	6. 件数	7. 包装种类	8. 货物名称	9. 体积(m^3)	10. 毛重(kg)

<table>
<tr><td colspan="5">11. 发货人指示</td></tr>
<tr><td colspan="5">a. 进/出口许可证号码：　　从　　在　　海关</td></tr>
<tr><td colspan="5">b. 货物声明价值</td></tr>
<tr><td colspan="5">c. 发货人随附单证</td></tr>
<tr><td>d. 订单或合同号</td><td colspan="4">包括运费交货点</td></tr>
<tr><td>e. 其它指示</td><td colspan="4">不包括运费交货点</td></tr>
<tr><td rowspan="2">12. 运送特殊条件</td><td colspan="4">13. 应付运费</td></tr>
<tr><td>发货人</td><td>运费</td><td>币别</td><td>收货人</td></tr>
<tr><td rowspan="4">14. 承运人意见</td><td></td><td></td><td></td><td></td></tr>
<tr><td></td><td></td><td></td><td></td></tr>
<tr><td></td><td></td><td></td><td></td></tr>
<tr><td></td><td></td><td></td><td></td></tr>
<tr><td>15. 承运人</td><td>共计</td><td></td><td></td><td></td></tr>
<tr><td>16. 编制日期
到达装货　　时　　分
离去　　时　　分
发货人签字盖章
承运人签字盖章</td><td colspan="4">17. 收到本运单货物日期

18. 到达卸货　　时　　分
离去　　时　　分
收货人签字盖章</td></tr>
<tr><td>19. 车辆号牌　　车辆吨位
司机姓名　　拖挂车号
行车许可证号　　路单号</td><td colspan="4">20. 运输里程　　过境里程
收货人境内里程
共计</td></tr>
<tr><td>21. 海关机构记载：</td><td colspan="4">22. 收货人可能提出的意见：</td></tr>
</table>

说明：1. 本运单使用中文和相应国家文字印制。2. 本运单一般使用一式四联单。第一联：存根；第二联：始发地海关；第三联：口岸地海关；第四联：随车携带。（如是过境运输可印制 6-8 联的运单，供过境海关留存）

附件 8

国际道路运输查验签章

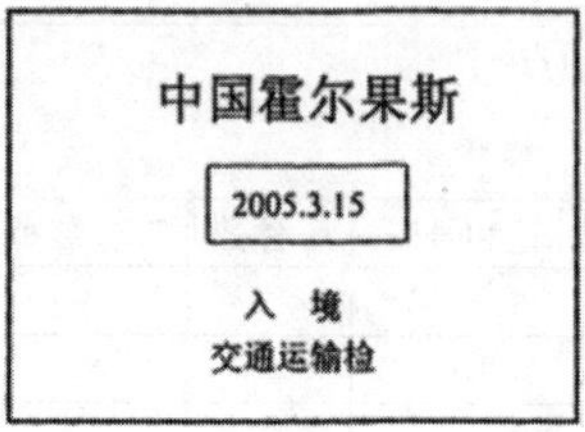

说明：

1. 出境印章为椭圆形，长、短轴分别为 4. 5cm 和 3cm；入境印章为矩形，长、宽分别为 4cm 和 3cm。

2. 该印章为可拨调年月日的铜制印章。

交通运输部关于修改《道路货物运输及站场管理规定》的决定

（2022年9月26日交通运输部令2022年第30号公布　自公布之日起施行　国司备字[2022007325]）

交通运输部决定对《道路货物运输及站场管理规定》（交通运输部令2019年第17号）作如下修改：

一、将第五条修改为："交通运输部主管全国道路货物运输和货运站管理工作。

县级以上地方人民政府交通运输主管部门（以下简称交通运输主管部门）负责本行政区域的道路货物运输和货运站管理工作。"

二、将第二章名修改为："经营许可和备案"。

三、删去第七条中的"申请"。

四、将第八条、第十六条中的"市场监督管理机关"修改为"市场监督管理部门"。

五、将第九条修改为："从事货运站经营的，应当依法向市场监督管理部门办理有关登记手续后，最迟不晚于开始货运站经营活动的15日内，向所在地县级交通运输主管部门备案，并提供以下材料，保证材料真实、完整、有效：

（一）《道路货物运输站（场）经营备案表》（见附件2）；

（二）负责人身份证明，经办人的身份证明和委托书；

（三）经营货运站的土地、房屋的合法证明；

（四）货运站竣工验收证明；

（五）与业务相适应的专业人员和管理人员的身份证明、专业证书；

（六）业务操作规程和安全生产管理制度文本。"

六、将第十条修改为："交通运输主管部门应当按照《中华人民共和国道路运输条例》《交通行政许可实施程序规定》和本规定规范的程序实施道路货物运输经营的行政许可。"

七、将第十一条修改为："交通运输主管部门对道路货运经营申请予以受理的，应当自受理之日起20日内作出许可或者不予许可的决定。"

八、将第十二条修改为："交通运输主管部门对符合法定条件的道路货物运输经营申请作出准予行政许可决定的，应当出具《道路货物运输经营行政许可决定书》(见附件3),明确许可事项。在10日内向被许可人颁发《道路运输经营许可证》,在《道路运输经营许可证》上注明经营范围。

对道路货物运输经营不予许可的,应当向申请人出具《不予交通行政许可决定书》。"

九、增加一条,作为第十三条:"交通运输主管部门收到货运站经营备案材料后,对材料齐全且符合要求的,应当予以备案并编号归档;对材料不全或者不符合要求的,应当场或者自收到备案材料之日起5日内一次性书面通知备案人需要补充的全部内容。

交通运输主管部门应当向社会公布并及时更新已备案的货运站名单,便于社会查询和监督。"

十、第十七条改为第十八条,修改为:"道路货物运输和货运站经营者需要终止经营的,应当在终止经营之日30日前告知原许可或者备案的交通运输主管部门,并按照规定办理有关注销手续。"

十一、第十八条改为第十九条,修改为:"道路货物运输经营者变更许可事项、扩大经营范围的,按本章有关许可规定办理。

道路货物运输经营者变更名称、地址等,应当向作出原许可决定的交通运输主管部门备案。

货运站名称、经营场所等备案事项发生变化的,应当向原办理备案的交通运输主管部门办理备案变更。"

十二、第三十条改为第三十一条,第一款修改为:"道路货物运输经营者和货物托运人应当按照《中华人民共和国民法典》的要求,订立道路货物运输合同。"

十三、第三十五条改为第三十六条,修改为:"货运站经营者应当按照国家有关标准运营,不得随意改变货运站用途和服务功能。"

十四、第三十七条改为第三十八条,修改为:"货运站经营者应当按照货物的性质、保管要求进行分类存放,保证货物完好无损,不得违规存放危险货物。"

十五、第四十九条改为第五十条,第二款修改为:"审验符合要求的,交通运输主管部门在《道路运输证》上做好审验记录;不符合要求的,应当责令限期改正或者办理变更手续。"

十六、第五十一条改为第五十二条,修改为:"交通运输主管部门的工作人员实施监督检查时,应当有2名以上人员参加,并向当事人出示行政执法证件。"

十七、第五十三条改为第五十四条,将其中的"道路运输管理人员"修改为

“交通运输主管部门的工作人员”。

十八、增加一条，作为第五十八条：“交通运输主管部门在实施道路运输监督检查过程中，发现取得道路货物运输经营许可的道路货物运输经营者不再具备开业要求的安全生产条件的，应当由原许可机关撤销原许可。”

十九、增加一条，作为第五十九条：“有下列行为之一的，由交通运输主管部门责令限期整改，整改不合格的，予以公示：

（一）没有按照国家有关规定在货运车辆上安装符合标准的具有行驶记录功能的卫星定位装置的；

（二）大型物件运输车辆不按规定悬挂、标明运输标志的；

（三）发生公共突发性事件，不接受当地政府统一调度安排的；

（四）因配载造成超限、超载的；

（五）运输没有限运证明物资的；

（六）未查验禁运、限运物资证明，配载禁运、限运物资的。”

二十、增加一条，作为第六十条：“交通运输主管部门应当将道路货物运输及货运站经营者和从业人员的违法行为记入信用记录，并依照有关法律、行政法规的规定予以公示。”

二十一、第五十八条改为第六十二条，修改为：“违反本规定，道路货物运输经营者非法转让、出租道路运输经营许可证件的，由交通运输管理部门责令停止违法行为，收缴有关证件，处2000元以上1万元以下的罚款；有违法所得的，没收违法所得。”

二十二、第五十九条改为第六十三条，第一款修改为：“违反本规定，取得道路货物运输经营许可的道路货物运输经营者使用无《道路运输证》的车辆参加普通货物运输的，由交通运输主管部门责令改正，处1000元以上3000元以下的罚款”。增加一款，作为第二款：“违反前款规定使用无《道路运输证》的车辆参加危险货物运输的，由交通运输主管部门责令改正，处3000元以上1万元以下的罚款。”

二十三、删去第六十条、第六十五条。

二十四、第六十二条改为第六十五条，修改为：“从事货运站经营，未按规定进行备案的，由交通运输主管部门责令改正；拒不改正的，处5000元以上2万元以下的罚款。备案时提供虚假材料情节严重的，其直接负责的主管人员和其他直接责任人员5年内不得从事原备案的业务。”

二十五、第六十三条改为第六十六条，修改为：“违反本规定，货运站经营者允许无证经营的车辆进站从事经营活动以及超载车辆、未经安全检查的车辆出站或者无正当理由拒绝道路运输车辆进站从事经营活动的，由交通运输主管部门责令改正,处1万元以上3万元以下的罚款。”

二十六、第六十六条改为第六十八条,将其中的“实施行政许可的”修改为“实施行政许可或者备案的”。

二十七、将“道路运输管理机构”“县级以上道路运输管理机构”统一修改为“交通运输主管部门”。

二十八、将附件2修改为“《道路货物运输站(场)经营备案表》”,删去附件4。

条文序号和个别文字作相应调整。

本决定自公布之日起施行。

《道路货物运输及站场管理规定》根据本决定作相应修改,重新公布。

道路货物运输及站场管理规定

(2005年6月16日交通部发布　根据2008年7月23日《交通运输部关于修改〈道路货物运输及站场管理规定〉的决定》第一次修订　根据2009年4月20日《交通运输部关于修改〈道路货物运输及站场管理规定〉的决定》第二次修订　根据2012年3月14日《交通运输部关于修改〈道路货物运输及站场管理规定〉的决定》第三次修订　根据2016年4月11日《交通运输部关于修改〈道路货物运输及站场管理规定〉的决定》第四次修订　根据2019年6月20日《交通运输部关于修改〈道路货物运输及站场管理规定〉的决定》第五次修订　根据2022年9月26日《交通运输部关于修改〈道路货物运输及站场管理规定〉的决定》第六次修订)

第一章　总　　则

第一条　为规范道路货物运输和道路货物运输站(场)经营活动,维护道路货物运输市场秩序,保障道路货物运输安全,保护道路货物运输和道路货物运输站(场)有关各方当事人的合法权益,根据《中华人民共和国道路运输条例》及有关法律、行政法规的规定,制定本规定。

第二条　从事道路货物运输经营和道路货物运输站(场)经营的,应当遵守本规定。

本规定所称道路货物运输经营,是指为社会提供公共服务、具有商业性质的道路货物运输活动。道路货物运输包括道路普通货运、道路货物专用运输、道路大型物件运输和道路危险货物运输。

本规定所称道路货物专用运输，是指使用集装箱、冷藏保鲜设备、罐式容器等专用车辆进行的货物运输。

本规定所称道路货物运输站（场）（以下简称货运站），是指以场地设施为依托，为社会提供有偿服务的具有仓储、保管、配载、信息服务、装卸、理货等功能的综合货运站（场）、零担货运站、集装箱中转站、物流中心等经营场所。

第三条 道路货物运输和货运站经营者应当依法经营，诚实信用，公平竞争。

道路货物运输管理应当公平、公正、公开和便民。

第四条 鼓励道路货物运输实行集约化、网络化经营。鼓励采用集装箱、封闭厢式车和多轴重型车运输。

第五条 交通运输部主管全国道路货物运输和货运站管理工作。

县级以上地方人民政府交通运输主管部门（以下简称交通运输主管部门）负责本行政区域的道路货物运输和货运站管理工作。

第二章 经营许可和备案

第六条 申请从事道路货物运输经营的，应当具备下列条件：

（一）有与其经营业务相适应并经检测合格的运输车辆：

1. 车辆技术要求应当符合《道路运输车辆技术管理规定》有关规定。

2. 车辆其他要求：

（1）从事大型物件运输经营的，应当具有与所运输大型物件相适应的超重型车组；

（2）从事冷藏保鲜、罐式容器等专用运输的，应当具有与运输货物相适应的专用容器、设备、设施，并固定在专用车辆上；

（3）从事集装箱运输的，车辆还应当有固定集装箱的转锁装置。

（二）有符合规定条件的驾驶人员：

1. 取得与驾驶车辆相应的机动车驾驶证；

2. 年龄不超过60周岁；

3. 经设区的市级交通运输主管部门对有关道路货物运输法规、机动车维修和货物及装载保管基本知识考试合格，并取得从业资格证（使用总质量4500千克及以下普通货运车辆的驾驶人员除外）。

（三）有健全的安全生产管理制度，包括安全生产责任制度、安全生产业务操作规程、安全生产监督检查制度、驾驶员和车辆安全生产管理制度等。

第七条 从事货运站经营的，应当具备下列条件：

（一）有与其经营规模相适应的货运站房、生产调度办公室、信息管理中心、仓库、仓储库棚、场地和道路等设施，并经有关部门组织的工程竣工验收合格；

（二）有与其经营规模相适应的安全、消防、装卸、通讯、计量等设备；

（三）有与其经营规模、经营类别相适应的管理人员和专业技术人员；

（四）有健全的业务操作规程和安全生产管理制度。

第八条 申请从事道路货物运输经营的，应当依法向市场监督管理部门办理有关登记手续后，向县级交通运输主管部门提出申请，并提供以下材料：

（一）《道路货物运输经营申请表》（见附件 1）；

（二）负责人身份证明，经办人的身份证明和委托书；

（三）机动车辆行驶证、车辆技术等级评定结论复印件；拟投入运输车辆的承诺书，承诺书应当包括车辆数量、类型、技术性能、投入时间等内容；

（四）聘用或者拟聘用驾驶员的机动车驾驶证、从业资格证及其复印件；

（五）安全生产管理制度文本；

（六）法律、法规规定的其他材料。

第九条 从事货运站经营的，应当依法向市场监督管理部门办理有关登记手续后，最迟不晚于开始货运站经营活动的 15 日内，向所在地县级交通运输主管部门备案，并提供以下材料，保证材料真实、完整、有效：

（一）《道路货物运输站（场）经营备案表》（见附件 2）；

（二）负责人身份证明，经办人的身份证明和委托书；

（三）经营货运站的土地、房屋的合法证明；

（四）货运站竣工验收证明；

（五）与业务相适应的专业人员和管理人员的身份证明、专业证书；

（六）业务操作规程和安全生产管理制度文本。

第十条 交通运输主管部门应当按照《中华人民共和国道路运输条例》《交通行政许可实施程序规定》和本规定规范的程序实施道路货物运输经营的行政许可。

第十一条 交通运输主管部门对道路货运经营申请予以受理的，应当自受理之日起 20 日内作出许可或者不予许可的决定。

第十二条 交通运输主管部门对符合法定条件的道路货物运输经营申请作出准予行政许可决定的，应当出具《道路货物运输经营行政许可决定书》（见附件 3），明确许可事项。在 10 日内向被许可人颁发《道路运输经营许可证》，在《道路运输经营许可证》上注明经营范围。

对道路货物运输经营不予许可的，应当向申请人出具《不予交通行政许可决定书》。

第十三条 交通运输主管部门收到货运站经营备案材料后，对材料齐全且符合要求的，应当予以备案并编号归档；对材料不全或者不符合要求的，应当场或者自收到备案材料之日起5日内一次性书面通知备案人需要补充的全部内容。

交通运输主管部门应当向社会公布并及时更新已备案的货运站名单，便于社会查询和监督。

第十四条 被许可人应当按照承诺书的要求投入运输车辆。购置车辆或者已有车辆经交通运输主管部门核实并符合条件的，交通运输主管部门向投入运输的车辆配发《道路运输证》。

第十五条 使用总质量4500千克及以下普通货运车辆从事普通货运经营的，无需按照本规定申请取得《道路运输经营许可证》及《道路运输证》。

第十六条 道路货物运输经营者设立子公司的，应当向设立地的交通运输主管部门申请经营许可；设立分公司的，应当向设立地的交通运输主管部门报备。

第十七条 从事货运代理（代办）等货运相关服务的经营者，应当依法到市场监督管理部门办理有关登记手续，并持有关登记证件到设立地的交通运输主管部门备案。

第十八条 道路货物运输和货运站经营者需要终止经营的，应当在终止经营之日30日前告知原许可或者备案的交通运输主管部门，并按照规定办理有关注销手续。

第十九条 道路货物运输经营者变更许可事项、扩大经营范围的，按本章有关许可规定办理。

道路货物运输经营者变更名称、地址等，应当向作出原许可决定的交通运输主管部门备案。

货运站名称、经营场所等备案事项发生变化的，应当向原办理备案的交通运输主管部门办理备案变更。

第三章 货运经营管理

第二十条 道路货物运输经营者应当按照《道路运输经营许可证》核定的经营范围从事货物运输经营，不得转让、出租道路运输经营许可证件。

第二十一条 道路货物运输经营者应当对从业人员进行经常性的安全、

职业道德教育和业务知识、操作规程培训。

第二十二条 道路货物运输经营者应当按照国家有关规定在其重型货运车辆、牵引车上安装、使用行驶记录仪，并采取有效措施，防止驾驶人员连续驾驶时间超过 4 个小时。

第二十三条 道路货物运输经营者应当要求其聘用的车辆驾驶员随车携带按照规定要求取得的《道路运输证》。

《道路运输证》不得转让、出租、涂改、伪造。

第二十四条 道路货物运输经营者应当聘用按照规定要求持有从业资格证的驾驶人员。

第二十五条 营运驾驶员应当按照规定驾驶与其从业资格类别相符的车辆。驾驶营运车辆时，应当随身携带按照规定要求取得的从业资格证。

第二十六条 运输的货物应当符合货运车辆核定的载质量，载物的长、宽、高不得违反装载要求。禁止货运车辆违反国家有关规定超限、超载运输。

禁止使用货运车辆运输旅客。

第二十七条 道路货物运输经营者运输大型物件，应当制定道路运输组织方案。涉及超限运输的应当按照交通运输部颁布的《超限运输车辆行驶公路管理规定》办理相应的审批手续。

第二十八条 从事大型物件运输的车辆，应当按照规定装置统一的标志和悬挂标志旗；夜间行驶和停车休息时应当设置标志灯。

第二十九条 道路货物运输经营者不得运输法律、行政法规禁止运输的货物。

道路货物运输经营者在受理法律、行政法规规定限运、凭证运输的货物时，应当查验并确认有关手续齐全有效后方可运输。

货物托运人应当按照有关法律、行政法规的规定办理限运、凭证运输手续。

第三十条 道路货物运输经营者不得采取不正当手段招揽货物、垄断货源。不得阻碍其他货运经营者开展正常的运输经营活动。

道路货物运输经营者应当采取有效措施，防止货物变质、腐烂、短少或者损失。

第三十一条 道路货物运输经营者和货物托运人应当按照《中华人民共和国民法典》的要求，订立道路货物运输合同。

鼓励道路货物运输经营者采用电子合同、电子运单等信息化技术，提升运输管理水平。

第三十二条 国家鼓励实行封闭式运输。道路货物运输经营者应当采取有效的措施,防止货物脱落、扬撒等情况发生。

第三十三条 道路货物运输经营者应当制定有关交通事故、自然灾害、公共卫生以及其他突发公共事件的道路运输应急预案。应急预案应当包括报告程序、应急指挥、应急车辆和设备的储备以及处置措施等内容。

第三十四条 发生交通事故、自然灾害、公共卫生以及其他突发公共事件,道路货物运输经营者应当服从县级以上人民政府或者有关部门的统一调度、指挥。

第三十五条 道路货物运输经营者应当严格遵守国家有关价格法律、法规和规章的规定,不得恶意压价竞争。

第四章 货运站经营管理

第三十六条 货运站经营者应当按照国家有关标准运营,不得随意改变货运站用途和服务功能。

第三十七条 货运站经营者应当依法加强安全管理,完善安全生产条件,健全和落实安全生产责任制。

货运站经营者应当对出站车辆进行安全检查,防止超载车辆或者未经安全检查的车辆出站,保证安全生产。

第三十八条 货运站经营者应当按照货物的性质、保管要求进行分类存放,保证货物完好无损,不得违规存放危险货物。

第三十九条 货物运输包装应当按照国家规定的货物运输包装标准作业,包装物和包装技术、质量要符合运输要求。

第四十条 货运站经营者应当按照规定的业务操作规程进行货物的搬运装卸。搬运装卸作业应当轻装、轻卸,堆放整齐,防止混杂、撒漏、破损,严禁有毒、易污染物品与食品混装。

第四十一条 货运站经营者应当严格执行价格规定,在经营场所公布收费项目和收费标准。严禁乱收费。

第四十二条 进入货运站经营的经营业户及车辆,经营手续必须齐全。

货运站经营者应当公平对待使用货运站的道路货物运输经营者,禁止无证经营的车辆进站从事经营活动,无正当理由不得拒绝道路货物运输经营者进站从事经营活动。

第四十三条 货运站经营者不得垄断货源、抢装货物、扣押货物。

第四十四条 货运站要保持清洁卫生,各项服务标志醒目。

第四十五条 货运站经营者经营配载服务应当坚持自愿原则,提供的货源信息和运力信息应当真实、准确。

第四十六条 货运站经营者不得超限、超载配货,不得为无道路运输经营许可证或证照不全者提供服务;不得违反国家有关规定,为运输车辆装卸国家禁运、限运的物品。

第四十七条 货运站经营者应当制定有关突发公共事件的应急预案。应急预案应当包括报告程序、应急指挥、应急车辆和设备的储备以及处置措施等内容。

第四十八条 货运站经营者应当建立和完善各类台账和档案,并按要求报送有关信息。

第五章 监督检查

第四十九条 交通运输主管部门应当加强对道路货物运输经营和货运站经营活动的监督检查。

交通运输主管部门工作人员应当严格按照职责权限和法定程序进行监督检查。

第五十条 交通运输主管部门应当定期对配发《道路运输证》的货运车辆进行审验,每年审验一次。审验内容包括车辆技术等级评定情况、车辆结构及尺寸变动情况和违章记录等。

审验符合要求的,交通运输主管部门在《道路运输证》上做好审验记录;不符合要求的,应当责令限期改正或者办理变更手续。

第五十一条 交通运输主管部门及其工作人员应当重点在货运站、货物集散地对道路货物运输、货运站经营活动实施监督检查。此外,根据管理需要,可以在公路路口实施监督检查,但不得随意拦截正常行驶的道路运输车辆,不得双向拦截车辆进行检查。

第五十二条 交通运输主管部门的工作人员实施监督检查时,应当有2名以上人员参加,并向当事人出示行政执法证件。

第五十三条 交通运输主管部门的工作人员可以向被检查单位和个人了解情况,查阅和复制有关材料。但是,应当保守被调查单位和个人的商业秘密。

被监督检查的单位和个人应当接受交通运输主管部门及其工作人员依法实施的监督检查,如实提供有关情况或者资料。

第五十四条 交通运输主管部门的工作人员在货运站、货物集散地实施监督检查过程中,发现货运车辆有超载行为的,应当立即予以制止,装载符合标准后方可放行。

第五十五条 取得道路货物运输经营许可的道路货物运输经营者在许可的交通运输主管部门管辖区域外违法从事经营活动的,违法行为发生地的交通运输主管部门应当依法将当事人的违法事实、处罚结果记录到《道路运输证》上,并抄告作出道路运输经营许可的交通运输主管部门。

第五十六条 道路货物运输经营者违反本规定的,交通运输主管部门在作出行政处罚决定的过程中,可以按照《中华人民共和国行政处罚法》的规定将其违法证据先行登记保存。作出行政处罚决定后,道路货物运输经营者拒不履行的,作出行政处罚决定的交通运输主管部门可以将其拒不履行行政处罚决定的事实通知违法车辆车籍所在地交通运输主管部门,作为能否通过车辆年度审验和决定质量信誉考核结果的重要依据。

第五十七条 交通运输主管部门的工作人员在实施道路运输监督检查过程中,对没有《道路运输证》又无法当场提供其他有效证明的货运车辆可以予以暂扣,并出具《道路运输车辆暂扣凭证》(见附件4)。对暂扣车辆应当妥善保管,不得使用,不得收取或者变相收取保管费用。

违法当事人应当在暂扣凭证规定时间内到指定地点接受处理。逾期不接受处理的,交通运输主管部门可依法作出处罚决定,并将处罚决定书送达当事人。当事人无正当理由逾期不履行处罚决定的,交通运输主管部门可申请人民法院强制执行。

第五十八条 交通运输主管部门在实施道路运输监督检查过程中,发现取得道路货物运输经营许可的道路货物运输经营者不再具备开业要求的安全生产条件的,应当由原许可机关撤销原许可。

第五十九条 有下列行为之一的,由交通运输主管部门责令限期整改,整改不合格的,予以公示:

(一)没有按照国家有关规定在货运车辆上安装符合标准的具有行驶记录功能的卫星定位装置的;

(二)大型物件运输车辆不按规定悬挂、标明运输标志的;

(三)发生公共突发性事件,不接受当地政府统一调度安排的;

(四)因配载造成超限、超载的;

(五)运输没有限运证明物资的;

(六)未查验禁运、限运物资证明,配载禁运、限运物资的。

第六十条 交通运输主管部门应当将道路货物运输及货运站经营者和从业人员的违法行为记入信用记录,并依照有关法律、行政法规的规定予以公示。

第六章 法律责任

第六十一条 违反本规定，有下列行为之一的，由交通运输主管部门责令停止经营；有违法所得的，没收违法所得，处违法所得 2 倍以上 10 倍以下的罚款；没有违法所得或者违法所得不足 2 万元的，处 3 万元以上 10 万元以下的罚款；构成犯罪的，依法追究刑事责任：

（一）未按规定取得道路货物运输经营许可，擅自从事道路货物运输经营的；

（二）使用失效、伪造、变造、被注销等无效的道路运输经营许可证件从事道路货物运输经营的；

（三）超越许可的事项，从事道路货物运输经营的。

第六十二条 违反本规定，道路货物运输经营者非法转让、出租道路运输经营许可证件的，由交通运输主管部门责令停止违法行为，收缴有关证件，处 2000 元以上 1 万元以下的罚款；有违法所得的，没收违法所得。

第六十三条 违反本规定，取得道路货物运输经营许可的道路货物运输经营者使用无《道路运输证》的车辆参加普通货物运输的，由交通运输主管部门责令改正，处 1000 元以上 3000 元以下的罚款。

违反前款规定使用无《道路运输证》的车辆参加危险货物运输的，由交通运输主管部门责令改正，处 3000 元以上 1 万元以下的罚款。

违反本规定，道路货物运输经营者不按照规定携带《道路运输证》的，由交通运输主管部门责令改正，处警告或者 20 元以上 200 元以下的罚款。

第六十四条 违反本规定，道路货物运输经营者有下列情形之一的，由交通运输主管部门责令改正，处 1000 元以上 3000 元以下的罚款；情节严重的，由原许可机关吊销道路运输经营许可证或者吊销其相应的经营范围：

（一）强行招揽货物的；

（二）没有采取必要措施防止货物脱落、扬撒的。

第六十五条 从事货运站经营，未按规定进行备案的，由交通运输主管部门责令改正；拒不改正的，处 5000 元以上 2 万元以下的罚款。备案时提供虚假材料情节严重的，其直接负责的主管人员和其他直接责任人员 5 年内不得从事原备案的业务。

第六十六条 违反本规定，货运站经营者允许无证经营的车辆进站从事经营活动以及超载车辆、未经安全检查的车辆出站或者无正当理由拒绝道路运输车辆进站从事经营活动的，由交通运输主管部门责令改正，处 1 万元以上

3万元以下的罚款。

第六十七条 违反本规定，货运站经营者擅自改变货运站的用途和服务功能，由交通运输主管部门责令改正；拒不改正的，处3000元的罚款；有违法所得的，没收违法所得。

第六十八条 交通运输主管部门的工作人员违反本规定，有下列情形之一的，依法给予相应的行政处分；构成犯罪的，依法追究刑事责任：

（一）不依照本规定规定的条件、程序和期限实施行政许可或者备案的；

（二）参与或者变相参与道路货物运输和货运站经营的；

（三）发现违法行为不及时查处的；

（四）违反规定拦截、检查正常行驶的道路运输车辆的；

（五）违法扣留运输车辆、《道路运输证》的；

（六）索取、收受他人财物，或者谋取其他利益的；

（七）其他违法行为。

第七章 附　　则

第六十九条 道路货物运输经营者从事国际道路货物运输经营、危险货物运输活动，除一般行为规范适用本规定外，有关从业条件等特殊要求应当适用交通运输部制定的《国际道路运输管理规定》《道路危险货物运输管理规定》。

第七十条 交通运输主管部门依照规定发放道路货物运输经营许可证件和《道路运输证》，可以收取工本费。工本费的具体收费标准由省级人民政府财政、价格主管部门会同同级交通运输主管部门核定。

第七十一条 本规定自2005年8月1日起施行。交通部1993年5月19日发布的《道路货物运输业户开业技术经济条件（试行）》（交运发〔1993〕531号）、1996年12月2日发布的《道路零担货物运输管理办法》（交公路发〔1996〕1039号）、1997年5月22日发布的《道路货物运单使用和管理办法》（交通部令1997年第4号）、2001年4月5日发布的《道路货物运输企业经营资质管理规定（试行）》（交公路发〔2001〕154号）同时废止。

附件 1

货运 1 表第 1 页　共 4 页

受理申请机关专用

道路货物运输经营申请表

说明

1. 本表根据《道路货物运输及站场管理规定》制作，申请从事道路货物运输经营应当向县级人民政府交通运输主管部门提出申请，填写本表，并同时提交其它相关材料（材料要求见第 4 页）。

2. 本表可向县级以上地方人民政府交通运输主管部门免费索取，也可自行从交通运输部网站（www.mot.gov.cn）下载打印。

3. 有关常见问题可查询交通运输部网站。

4. 本表可手写或者打印，要求字迹工整。

申请人基本信息

申请人名称 ________________________________

要求填写企业（公司）全称、企业预先核准全称或个体经营者姓名

负责人姓名 ______________ 经办人姓名 ______________

如系个人申请，不必填写“负责人姓名”及“经办人姓名”项

通 信 地 址 ________________________________

邮　　编 ______________ 电　　话 ______________

手　　机 ______________ 电 子 邮 箱 ______________

申请许可内容　　　　请在□内划√

拟申请的道路货物运输经营范围或拟申请扩大的道路货物运输经营范围：

普通货运 □　　专用运输 □　　大型物件运输 □

如拟申请扩大道路货物运输经营范围，请选择现有的经营范围：

普通货运 □　　专用运输 □　　大型物件运输 □

货物运输车辆信息

已购置货物运输车辆情况

序号	厂牌型号	数量	载重质量（吨）	车辆技术等级	外廓尺寸（毫米）
1					
2					
3					
4					
5					
6					

表格不够，可另附表填写。外廓尺寸指车辆长×宽×高。

拟购置货物运输车辆情况

序号	厂牌型号	数量	载重质量（吨）	车辆技术等级	外廓尺寸（毫米）
1					
2					
3					
4					
5					
6					

表格不够，可另附表填写。外廓尺寸指车辆长×宽×高。

如申请扩大经营范围，请填写“现有运输车辆情况”表

现有运输车辆情况

序号	道路运输证号	厂牌型号	车辆数量	载重质量（吨）	车辆技术等级	外廓尺寸（毫米）
1						
2						
3						
4						
5						
6						

表格不够，可另附表填写。外廓尺寸指车辆长×宽×高。

拟聘用营运货车驾驶员情况

序号	姓名	性别	年龄	取得驾驶证时间	从业资格证号	从业人员资格类型
1						
2						
3						
4						
5						
6						
7						
8						
9						
10						
11						
12						
13						
14						
15						
16						
17						
18						
19						
20						
21						
22						
23						
24						
25						
26						
27						
28						
29						
30						

表格不够,可另附表填写

申请材料核对表　　　　　　　　　　　　请在□内划√

1. 道路货物运输经营申请表(本表) □
2. 负责人、办理人身份证明和委托书 □
3. 现有机动车辆行驶证、车辆技术等级证书或车辆技术检测合格证复印件,拟投入运输车辆的承诺书 □
4. 已聘用或拟聘用驾驶员的机动车驾驶证、从业资格证及其复印件 □
5. 安全生产管理制度文本 □

只有上述5份材料齐全有效后,您的申请才能受理

声明

我声明本表及其它相关材料中提供的信息均真实可靠。

我知悉如此表中有故意填写的虚假信息,愿承担相应的法律责任。

我承诺将遵守《中华人民共和国道路运输条例》及其它有关道路运输法规的规定。

负责人签名 ____________　　　　　　　　日期 ____________

负责人职位 ____________

如系个人申请不必填写"负责人职位"项

附件 2

道路货物运输站(场)经营备案表

货运 2 表第 1 页　共 2 页　　（□首次备案　□备案变更）

<table>
<tr><td colspan="2">道路货物运输站(场)名称</td><td colspan="3">(与营业执照名称一致)</td></tr>
<tr><td colspan="2">统一社会信用代码</td><td colspan="3"></td></tr>
<tr><td colspan="2">经营场所地址</td><td colspan="3"></td></tr>
<tr><td colspan="2">占地面积(平方米)</td><td></td><td>建筑面积(平方米)</td><td></td></tr>
<tr><td rowspan="2">负责人</td><td>姓　　名</td><td></td><td>身份证号</td><td></td></tr>
<tr><td>联系电话</td><td></td><td>电子邮箱/传真</td><td></td></tr>
<tr><td rowspan="2">经办人</td><td>姓　　名</td><td></td><td>身份证号</td><td></td></tr>
<tr><td>联系电话</td><td></td><td>电子邮箱/传真</td><td></td></tr>
<tr><td>备案材料</td><td colspan="4">□1. 道路货物运输站(场)经营备案表(本表);
□2. 负责人身份证明,经办人的身份证明和委托书;
□3. 经营货运站的土地、房屋的合法证明;
□4. 货运站竣工验收证明;
□5. 与业务相适应的专业人员和管理人员的身份证明、专业证书;
□6. 业务操作规程和安全生产管理制度文本。</td></tr>
</table>

货运2表第2页　共2页

<table>
<tr><td colspan="2">本经营者承诺：
1. 已知晓《中华人民共和国道路运输条例》《道路货物运输及站场管理规定》等国家有关法律法规以及货运站等相关技术要求标准，知晓从事货运站经营条件要求和备案要求；
2. 已具备从事货运站的经营条件；
3. 所提供的备案材料信息内容真实、准确，不存在虚假记载、误导性陈述或者重大遗漏，所有文件的签名、印章真实有效。如有不实之处，愿承担相应的法律责任。

负责人（签字）：
经办人（签字）：
单位（盖章）：
年　月　日</td></tr>
<tr><td>□ 备案材料齐全且符合要求；
□ 备案材料不齐全或者不符合要求，请补充：____________________

承办人（签字）：　　年　月　日</td><td>复核人（签字）：________
备案编号：________
备案机构（盖章）：

年　月　日</td></tr>
</table>

填写说明：

1. 承办人指备案机构受理备案并对备案材料依法进行审查的工作人员，复核人指备案机构对备案材料进行复核并备案编号的工作人员；

2. 办理备案变更的，仅需填写变更事项，并与原备案表一并存档；

3. 备案编号规则：由“备案机构所在行政区域代码”+“四位数字顺序编号（0001）组成”；

4. 此表一式两份，货运站和备案机构各执一份。

附件3

道路货物运输经营行政许可决定书

编号:

＿＿＿＿＿＿＿＿＿＿＿＿＿＿＿＿:

你于　　年　月　日提出＿＿＿＿＿＿＿＿＿＿＿＿＿＿＿＿＿＿＿＿申请。

经审查,你的申请符合＿＿的规定,决定予以道路货物运输经营行政许可。

经营范围:＿＿

车辆数量:＿＿＿＿＿＿＿＿辆

请于　　年　月　日去　　　　　　　　　　　　领取或换发《道路运输经营许可证》,并于　　年　月　日前落实拟投入车辆,然后办理相关手续。

(印章)

年　月　日

附件 4

道路运输车辆暂扣凭证

编号：　　字第　号

第　联

当事人姓名：________________________________联系电话：__________

业户名称：____

通信地址：______________________________邮政编码：______________

我单位在依法实施道路运输检查时，发现你驾驶的车辆在从事道路运输活动，且无法当场提供《道路运输证》和其他有效证明，依据《中华人民共和国道路运输条例》第六十二条的规定，决定暂扣你的车辆。请在 7 日内持本凭证到___________接受处理。暂扣期间，对车辆予以免费保管；逾期不接受处理的，将依法作出行政处罚决定；拒不履行的，将申请人民法院强制执行。

当事人对暂扣车辆的决定不服的，可根据《中华人民共和国行政复议法》或《中华人民共和国行政诉讼法》，在接到本凭证之日起 60 日内向_________申请行政复议，或在 6 个月内向人民法院提起诉讼。

车　辆　简　况

车号：___________车型：___________轮胎：___________门锁：__________

车灯：___________玻璃：___________后视镜：________________________

车上其它设备及物品：____

____

备注：____

执法人员签名：_______________________执法证号：____________________

当事人签名：________________________

执法机关(印章)

年　月　日

铁路危险货物运输安全监督管理规定

（2022年9月26日交通运输部令2022年第24号公布　自2022年12月1日起施行　国司备字[2022007326]）

第一章　总　　则

第一条　为了加强铁路危险货物运输安全管理，保障公众生命财产安全，保护环境，根据《中华人民共和国安全生产法》《中华人民共和国铁路法》《中华人民共和国反恐怖主义法》《铁路安全管理条例》《危险化学品安全管理条例》《放射性物品运输安全管理条例》等法律、行政法规，制定本规定。

第二条　本规定所称危险货物，是指列入铁路危险货物品名表，具有爆炸、易燃、毒害、感染、腐蚀、放射性等危险特性，在铁路运输过程中，容易造成人身伤亡、财产损毁或者环境污染而需要特别防护的物质和物品。

未列入铁路危险货物品名表，依据有关法律、行政法规、规章或者《危险货物分类和品名编号》（GB6944）等标准确定为危险货物的，按照本规定办理运输。

第三条　禁止运输下列物品：

（一）法律、行政法规禁止生产和运输的危险物品；

（二）危险性质不明、可能存在安全隐患的物品；

（三）未采取安全措施的过度敏感物品；

（四）未采取安全措施的能自发反应而产生危险的物品。

高速铁路、城际铁路等客运专线及旅客列车禁止运输危险货物，法律、行政法规等另有规定的除外。

第四条　铁路危险货物运输安全管理坚持安全第一、预防为主、综合治理的方针。铁路危险货物运输相关单位（以下统称运输单位）为运输安全责任主体，应当依据有关法律、行政法规和标准等规定，落实运输条件，加强运输管理，确保运输安全。

本规定所称运输单位，包括铁路运输企业、托运人，专用铁路、铁路专用线产权单位、管理单位和使用单位等。

第五条　国家铁路局负责全国铁路危险货物运输安全监督管理工作。地区铁路监督管理局负责辖区内的铁路危险货物运输安全监督管理工作。

国家铁路局和地区铁路监督管理局统称铁路监管部门。

第六条 鼓励采用有利于提高安全保障水平的先进技术和管理方法,鼓励规模化、集约化、专业化和发展专用车辆、专用集装箱运输危险货物。支持开展铁路危险货物运输安全技术以及对安全、环保有重大影响的项目研究。

第二章 运输条件

第七条 运输危险货物应当在符合法律、行政法规和有关标准规定,具备相应品名办理条件的车站、专用铁路、铁路专用线间发到。

铁路运输企业应当将办理危险货物的车站名称、作业地点(包括货场、专用铁路、铁路专用线名称,下同)、办理品名及铁危编号、装运方式等信息及时向社会公布,并同时报送所在地的地区铁路监督管理局。前述信息发生变化的,应当重新公布并报送。

第八条 运输危险货物应当依照法律法规和国家其他有关规定使用专用的设施设备。

运输危险货物所使用的设施设备依法应当进行产品认证、检验检测的,经认证、检验检测合格方可使用。

第九条 危险货物装卸、储存场所和设施应当符合下列要求:

(一)装卸、储存专用场地和安全设施设备封闭管理并设立明显的安全警示标志。设施设备布局、作业区域划分、安全防护距离等符合有关技术要求。

(二)设置有与办理货物危险特性相适应,经相关部门验收合格的仓库、雨棚、场地等设施,配置相应的计量、检测、监控、通信、报警、通风、防火、灭火、防爆、防雷、防静电、防腐蚀、防泄漏、防中毒等安全设施设备,并进行经常性维护、保养和定期检测,保证设施设备的正常使用。维护、保养、检测应当作好记录,并由有关人员签字。

(三)装卸设备符合安全要求,易燃、易爆的危险货物装卸设备应当采取防爆措施,罐车装运危险货物应当使用栈桥、鹤管等专用装卸设施,危险货物集装箱装卸作业应当使用集装箱专用装卸机械。

(四)法律、行政法规、有关标准和安全技术规范规定的其他要求。

第十条 运输单位应当按照《中华人民共和国安全生产法》《危险化学品安全管理条例》等国家有关法律、行政法规的规定,对本单位危险货物装卸、储存作业场所和设施等安全生产条件进行安全评价。新建、改建危险货物装卸、储存作业场所和设施;在既有作业场所增加办理危险货物品类,以及危险货物新品名、新包装和首次使用铁路罐车、集装箱、专用车辆装载危险货物,改变作业场所和设施安全生产条件的,应当及时进行安全评价。

法律、行政法规规定需要委托相关机构进行安全评价的，运输单位应当委托符合国家规定的机构进行。

第十一条 装载和运输危险货物的铁路车辆、集装箱和其他容器应当符合下列要求：

（一）制造、维修、检测、检验和使用、管理符合有关标准和规定；

（二）牢固、清晰地标明危险货物包装标志和警示标志；

（三）铁路罐车、罐式集装箱以及其他容器应当封口严密，安全附件设置准确、起闭灵活、状态完好，能够防止运输过程中因温度、湿度或者压力的变化发生渗漏、洒漏；

（四）压力容器应当符合国务院负责特种设备安全监督管理的部门关于移动式压力容器、气瓶等安全监管要求；

（五）法律、行政法规、有关标准和安全技术规范规定的其他要求。

第十二条 运输危险货物包装应当符合下列要求：

（一）包装物、容器、衬垫物的材质以及包装型式、规格、方法和单件质量（重量），应当与所包装的危险货物的性质和用途相适应；

（二）包装能够抗御运输、储存和装卸过程中正常的冲击、振动、堆码和挤压，并便于装卸和搬运；

（三）所使用的包装物、容器，须按《中华人民共和国安全生产法》《中华人民共和国工业产品生产许可证管理条例》等国家有关规定，由专业生产单位生产，并经具有专业资质的检测、检验机构检测、检验合格；

（四）包装外表面应当牢固、清晰地标明危险货物包装标志和包装储运图示标志；

（五）法律、行政法规、有关标准和安全技术规范规定的其他要求。

第十三条 运输新品名、新包装或者改变包装、尚未明确安全运输条件的危险货物时，发送货物的铁路运输企业应当组织托运人、收货人和货物运输全程涉及的其他铁路运输企业共同商定安全运输条件，签订安全协议并组织试运，试运方案应当报所在地的地区铁路监督管理局。危险货物试运应当符合法律、行政法规、规章和有关标准的规定。

第三章 运输安全管理

第十四条 托运人应当按照铁路危险货物品名表确定危险货物的类别、项别、品名、铁危编号、包装等，遵守相关特殊规定要求。

需采取添加抑制剂或者稳定剂等特殊措施的危险货物，托运人应当采取相应措施，保证货物在运输过程中稳定，并将有关情况告知铁路运输企业。

第十五条 托运人应当在铁路运输企业公布办理相应品名的危险货物办理站办理危险货物托运手续。托运时，应当向铁路运输企业如实说明所托运危险货物的品名、数量（重量）、危险特性以及发生危险情况时的应急处置措施等。对国家规定实行许可管理、需凭证运输或者采取特殊措施的危险货物，托运人应当向铁路运输企业如实提交相关证明。不得将危险货物匿报或者谎报品名进行托运；不得在托运的普通货物中夹带危险货物，或者在危险货物中夹带禁止配装的货物。

托运人托运危险化学品的，还应当提交与托运的危险化学品相符的安全技术说明书，并在货物运输包装上粘贴或者涂打安全标签。

托运人托运危险废物的，应当主动向铁路运输企业告知托运的货物属于危险废物。运输时，还应当提交生态环境主管部门发放的电子或者纸质形式的危险废物转移联单。

第十六条 危险货物的运单应当载明危险货物的托运人、收货人，发送运输企业及发送站、装车场所，到达运输企业及到达站、卸车场所，货物名称、铁危编号、包装、装载数量（重量）、车种车号、箱型箱号，应急联系人及联系电话等信息。

运输单位应当妥善保存危险货物运单，保存期限不得少于 24 个月。

第十七条 托运人应当在危险货物运输期间保持应急联系电话畅通。

第十八条 铁路运输企业应当实行安全查验制度，对托运人身份进行查验，对承运的货物进行安全检查。不得在非危险货物办理站办理危险货物承运手续，不得承运未接受安全检查的货物，不得承运不符合安全规定、可能危害铁路运输安全的货物。

有下列情形之一的，铁路运输企业应当查验托运人提供的相关证明材料，并留存不少于 24 个月：

（一）国家对生产、经营、储存、使用等实行许可管理的危险货物；

（二）国家规定需要凭证运输的危险货物；

（三）需要添加抑制剂、稳定剂和采取其他特殊措施方可运输的危险货物；

（四）运输包装、容器列入国家生产许可证制度的工业产品目录的危险货物；

（五）法律、行政法规及国家规定的其他情形。

铁路运输企业应当告知托运人有关注意事项，并在网上受理页面、营业场所或者运输有关单据上明示违规托运的法律责任。

第十九条 运输单位应当建立托运人身份和运输货物登记制度，如实记录托运经办人身份信息和运输的危险货物品名及铁危编号、装载数量(重量)、发到站、作业地点、装运方式、车(箱)号、托运人、收货人、押运人等信息,并采取必要的安全防范措施,防止危险货物丢失或者被盗;发现爆炸品、易制爆危险化学品、剧毒化学品丢失或者被盗、被抢的,应当立即采取相应的警示措施和安全措施,按照《民用爆炸物品安全管理条例》《危险化学品安全管理条例》等国家有关规定及时报告。

第二十条 运输放射性物品时,托运人应当持有生产、销售、使用或者处置放射性物品的有效证明,配置必要的辐射监测设备、防护用品和防盗、防破坏设备。运输的放射性物品及其运输容器、运输车辆、辐射监测、安全保卫、应急响应、装卸作业、押运、职业卫生、人员培训、审查批准等应当符合《放射性物品运输安全管理条例》《放射性物品安全运输规程》等法律、行政法规和有关标准的要求。

托运时,托运人应当向铁路运输企业提交运输说明书、辐射监测报告、核与辐射事故应急响应指南、装卸作业方法、安全防护指南,铁路运输企业应当查验、收存。托运人提交文件不齐全的,铁路运输企业不得承运。托运人应当在运输中采取有效的辐射防护和安全保卫措施,对运输中的核与辐射安全负责。

第二十一条 铁路运输危险货物的储存方式、方法以及储存数量、隔离等应当符合规定。专用仓库、专用场地等应当由专人负责管理。运输单位应当按照《中华人民共和国安全生产法》《危险化学品安全管理条例》及国家其他有关规定建立重大危险源管理制度。剧毒化学品以及储存数量构成重大危险源的其他危险货物,应当单独存放,并实行双人收发、双人保管制度。

第二十二条 危险货物运输装载加固以及使用的铁路车辆、集装箱、其他容器、集装化用具、装载加固材料或者装置等应当符合有关标准和安全技术规范的要求。不得使用技术状态不良、未按规定检修(验)或者达到报废年限的设施设备,禁止超设计范围装运危险货物。

货物装车(箱)不得超载、偏载、偏重、集重。货物性质相抵触、消防方法不同、易造成污染的货物不得装载在同一铁路车辆、集装箱内。禁止将危险货物与普通货物在同一铁路车辆、集装箱内混装运输。

第二十三条 危险货物装卸作业应当遵守安全作业标准、规程和制度,并在装卸管理人员的现场指挥或者监控下进行。

第二十四条 运输危险货物时,托运人应当配备必要的押运人员和应急处理器材、设备和防护用品,并使危险货物始终处于押运人员监管之下。托运人应当负责对押运人员的培训教育。押运人员应当了解所押运货物的特性,熟悉应急处置措施，携带所需安全防护、消防、通讯、检测、维护等工具。

铁路运输企业应当告知托运人有关铁路运输安全规定，检查押运人员、备品、设施及押运工作情况，并为押运人员提供必要的工作、生活条件。

押运人员应当遵守铁路运输安全规定，检查押运的货物及其装载加固状态，按操作规程使用押运备品和设施。在途中发现异常情况时，及时采取可靠的应急处置措施，并向铁路运输企业报告。

第二十五条 铁路运输企业应当与办理危险货物运输的专用铁路、铁路专用线产权单位、管理单位和使用单位共同签订危险货物运输安全协议，明确各方的安全生产管理职责、作业内容及其安全保证措施等。

运输单位间应当按照约定的交接地点、方式、内容、条件和安全责任等办理危险货物交接。

第二十六条 危险货物车辆编组、调车等技术作业应当执行有关标准和管理办法。

运输危险货物的车辆途中停留时，应当远离客运列车及停留期间有乘降作业的客运站台等人员密集场所和设施，并采取安全防范措施。装运剧毒化学品、爆炸品、放射性物品和气体等危险货物的车辆途中停留时，铁路运输企业应当派人看守，押运人员应当加强看守。

第二十七条 装运过危险货物的车辆、集装箱，卸后应当清扫洗刷干净，确保不会对其他货物和作业人员造成污染、损害。洗刷废水、废物处理应当符合环保要求。

第二十八条 铁路运输企业应当按照《中华人民共和国反恐怖主义法》等的规定，通过定位系统对运营中的危险货物运输工具实行监控，对危险货物运输全程跟踪和实时查询，按照铁路监管部门的规定预留安全监管数据接口，并按时向铁路监管部门报送。

第二十九条 运输单位应当按照《中华人民共和国安全生产法》《中华人民共和国职业病防治法》《放射性物品运输安全管理条例》等关于劳动安全、职业卫生的规定，为从业人员配备符合国家标准或者行业标准的劳动防护用品等设施设备，建立从业人员职业健康监护档案，预防人身伤害。

第三十条 运输单位应当建立健全岗位安全责任、教育培训、安全检查、安全风险分级管控、隐患排查治理、安全投入保障、劳动保护、责任追究、应急管理等危险货物运输安全管理制度，完善危险货物包装、装卸、押运、运输等操作规程和标准化作业管理办法。

第三十一条 运输单位应当对本单位危险货物运输从业人员进行经常性安全、法制教育和岗位技术培训，经考核合格后方可上岗。开展危险货物运输岗位技术培训应当制定培训大纲，设置培训课程，明确培训具体内容、学时和考试要求并及时修订和更新。危险货物运输培训课程及教材、资料应当符合国家法律、行政法规、规章和有关标准的规定。

运输单位应当建立安全生产教育和培训档案，如实记录安全生产教育和培训的时间、内容、参加人员以及考核结果等情况，安全生产教育和培训记录应当保存36个月以上。

第三十二条 危险货物运输从业人员应当具备必要的安全知识，熟悉有关的安全规章制度和安全操作规程，掌握本岗位的安全操作技能，知悉自身在安全方面的权利和义务，掌握所运输危险货物的危险特性及其运输工具、包装物、容器的使用要求和出现危险情况时的应急处置方法。

第三十三条 运输单位应当经常性开展危险货物运输安全隐患排查治理，隐患排查治理情况应当如实记录，重大事故隐患排查治理情况要向所在地的地区铁路监督管理局报告。

第三十四条 运输单位在法定假日和传统节日等运输高峰期或者恶劣气象条件下，以及国家重大活动期间，应当采取安全应急管理措施，加强铁路危险货物运输安全检查，确保运输安全。

在特定区域、特定时间，国务院有关主管部门或者省级人民政府决定对危险化学品、民用爆炸物品等危险货物铁路运输实施管制的，铁路运输企业应当予以配合。

第三十五条 运输单位应当针对本单位危险货物运输可能发生的事故特点和危害，制定铁路危险货物运输事故应急预案，并与相应层级、相关部门预案衔接。应急预案应当按照国家有关规定进行评审或者论证、公布，并至少每半年组织1次应急演练。铁路危险货物运输事故应急预案及应急演练情况应当报送所在地的地区铁路监督管理局。

运输单位应当按照《中华人民共和国安全生产法》《生产安全事故应急条例》等规定建立应急救援队伍或者配备应急救援人员；配备必要的应急救援器材、设备和物资，并进行经常性维护、保养，保证正常运转；建立应急值班制度，配备应急值班人员。

第三十六条 危险货物运输过程中发生燃烧、爆炸、环境污染、中毒或者被盗、丢失、泄漏等情况，押运人员和现场有关人员应当按照国家有关规定及时报告，并按照应急预案开展先期处置。运输单位负责人接到报告后，应当迅速采取有效措施，组织抢救，防止事故扩大，减少人员伤亡和财产损失，并报告所在地的地区铁路监督管理局及其他有关部门，不得隐瞒不报、谎报或者迟报，不得故意破坏事故现场、毁灭有关证据。

第三十七条 铁路运输企业应当实时掌握本单位危险货物运输状况，并按要求向所在地的地区铁路监督管理局报告危险货物运量、办理站点、设施设备、安全等信息。

第四章 监督检查

第三十八条 铁路监管部门依法对运输单位执行有关危险货物运输安全的法律、行政法规、规章和标准的情况进行监督检查，重点监督检查下列内容：

（一）危险货物运输安全责任制、规章制度和操作规程的建立、完善情况；

（二）危险货物运输从业人员教育、培训及考核情况；

（三）保证本单位危险货物运输安全生产投入情况；

（四）危险货物运输安全风险分级管控和安全隐患排查治理情况；

（五）危险货物运输设施设备配置、使用、管理及检测、检验和安全评价情况；

（六）危险货物办理站信息公布情况；

（七）承运危险货物安全检查情况；

（八）危险货物运输作业环节安全管理情况；

（九）重大危险源安全管理措施落实情况；

（十）危险货物运输事故应急预案制定、应急救援设备和器材配置、应急救援演练等情况；

（十一）危险货物运输事故报告情况；

（十二）依法应当监督检查的其他情况。

第三十九条 铁路监管部门进行监督检查时，可以依法采取下列措施：

（一）进入铁路危险货物运输作业场所检查，调阅有关资料，向有关单位和人员了解情况；

（二）纠正或者要求限期改正危险货物运输安全违法违规行为；对依法应当给予行政处罚的行为，依照法律、行政法规、规章的规定作出行政处罚决定；

（三）责令立即排除危险货物运输事故隐患；重大事故隐患排除前或者排除过程中无法保证安全的，应当责令撤出危险区域内的作业人员，责令暂时停运或者停止使用相关设施、设备；

（四）责令立即停止使用不符合规定的设施、设备、装置、器材、运输工具等；

（五）依法查封或者扣押有根据认为不符合有关标准的设施、设备、器材，并作出处理决定；

（六）法律、行政法规规定的其他措施。

第四十条 铁路监管部门行政执法人员应当忠于职守、秉公执法，遵守执法规范；对监督检查过程中知悉的商业秘密负有保密义务。行政执法人员依法履行监督检查职责时，应当出示有效执法证件。

被监督检查单位和个人对铁路监管部门依法进行的监督检查应当予以配合，如实提供有关情况或者资料，不得拒绝、阻挠。

第四十一条 铁路监管部门应当建立健全危险货物运输安全监督检查制度，加强行政执法人员危险货物运输安全知识培训，配备必要的安全检查装备，应用信息化手段和先进技术，不断提高监管水平。

铁路监管部门监督检查时，可以聘请熟悉铁路危险货物运输、化学化工、安全技术管理、应急救援等的专家和专业人员提供技术支撑。

第四十二条 任何单位和个人均有权向铁路监管部门举报危险货物运输违法违规行为。

铁路监管部门接到举报，应当及时依法处理；对不属于本部门职责的，应当及时移送有关部门处理。

第四十三条 铁路监管部门应当建立危险货物运输违法行为信息库，如实记录运输单位的违法行为信息，并将行政处罚信息依法纳入全国信用信息共享平台、国家企业信用信息公示系统。对无正当理由拒绝接受监督检查、故意隐瞒事实或者提供虚假材料以及受到行政处罚等违法情节严重的单位及其有关从业人员依法予以公开。

第五章 法律责任

第四十四条 违反本规定，《中华人民共和国安全生产法》《中华人民共和国反恐怖主义法》《铁路安全管理条例》《放射性物品运输安全管理条例》等法律、行政法规对其处罚有明确规定的，从其规定。

违反法律、行政法规规定运输危险货物，造成铁路交通事故或者其他事故的，依法追究相关单位及其主要负责人、工作人员的行政责任；涉嫌犯罪的，依法移送司法机关处理。

第四十五条 铁路运输企业违反本规定运输危险货物，有下列行为之一的，由所在地的地区铁路监督管理局责令限期改正，可以处 1 万元以下的罚款；逾期未改正的，处 1 万元以上 3 万元以下的罚款：

（一）违反规定在高速铁路、城际铁路等客运专线及旅客列车运输危险货物的；

（二）办理危险货物的车站名称、作业地点、办理品名及铁危编号、装运方式等信息未按规定公布，或者未向所在地的地区铁路监督管理局报送的；

（三）运输新品名、新包装或者改变包装、尚未明确安全运输条件的危险货物，未按照规定组织开展试运，或者试运方案未报所在地的地区铁路监督管理局的；

（四）未按照规定对危险货物车辆途中停留采取安全防范措施的；

（五）未告知托运人有关托运注意事项，或者未在网上受理页面、营业场所或者运输有关单据上明示违规托运的法律责任的；

（六）未按照规定向所在地的地区铁路监督管理局报告危险货物运量、办理站点、设施设备、安全等信息的。

第四十六条　托运人违反本规定运输危险货物，有下列行为之一的，由所在地的地区铁路监督管理局责令限期改正，可以处1万元以下的罚款；逾期未改正或者情节严重的，处1万元以上3万元以下的罚款：

（一）在不具备相应品名危险货物办理条件的车站、专用铁路、铁路专用线间发到危险货物的；

（二）托运危险货物未如实说明所托运的货物的危险特性、采取添加抑制剂或者稳定剂等特殊措施情况、发生危险情况时的应急处置措施，或者未按规定提交相关证明材料，或者提交虚假证明材料的；

（三）未准确确定危险货物的类别、项别、品名、铁危编号等的；

（四）押运人员未检查押运的货物及其装载加固状态，或者未按操作规程使用押运备品和设施，或者在途中发现异常情况时，未及时采取可靠的应急处置措施并向铁路运输企业报告的。

第四十七条　运输单位有下列行为之一的，由所在地的地区铁路监督管理局责令限期改正，可以处1万元以下的罚款；逾期未改正或者情节严重的，处1万元以上3万元以下的罚款：

（一）因未按规定进行安全评价导致未及时发现安全生产条件存在的问题，或者未及时对有关问题进行整改，仍进行危险货物运输的；

（二）危险货物的运单未按规定载明相关信息，或者未按规定期限保存的；

（三）未按规定签订危险货物运输安全协议，或者未按照约定的交接地点、方式、内容、条件和安全责任等办理危险货物交接的；

（四）使用技术状态不良、未按规定检修（验）或者达到报废年限的设施设备，或者超设计范围装运危险货物的；

（五）货物装车（箱）违反本规定要求的；

（六）装运过危险货物的车辆、集装箱，卸后未按规定清扫洗刷干净的。

第四十八条 铁路监管部门工作人员在铁路危险货物运输监管工作中滥用职权、玩忽职守、徇私舞弊的，依法进行处理；构成犯罪的，依法追究刑事责任。

第六章 附 则

第四十九条 具有下列情形之一的物质或者物品，不属于本规定第二条规定的危险货物：

（一）根据铁路运输设备设施有关规定，作为铁路车辆或者集装箱的组成部分；

（二）根据铁路运输有关规定，对所运输货物进行监测或者应急处置的装置和器材。

第五十条 运输的危险货物有下列情形之一的，不受本规定的限制：

（一）运输时采取保证安全的措施，数量、包装、装载等符合相应技术条件，铁路危险货物品名表特殊规定不作为危险货物运输的；

（二）在紧急情况下，为保障国家安全和公共利益的需要，国家铁路局公布应急运输的危险货物。

第五十一条 军事运输危险货物依照国家有关规定办理。

第五十二条 本规定自 2022 年 12 月 1 日起施行。

交通运输部关于修改《中华人民共和国船舶安全监督规则》的决定

（2022 年 9 月 26 日交通运输部令 2022 年第 27 号公布　自公布之日起施行　国司备字[2022007327]）

交通运输部决定对《中华人民共和国船舶安全监督规则》（交通运输部令 2020 年第 6 号）作如下修改：

一、删去第五十四条。

二、第五十五条改为第五十四条，第二款修改为“船舶进出沿海港口，未按照规定向海事管理机构报告船舶进出港信息的，对船舶所有人或者船舶经营人、管理人处 3000 元以上 3 万元以下罚款。”

条文序号作相应调整。

本决定自公布之日起施行。

《中华人民共和国船舶安全监督规则》根据本决定作相应修正，重新公布。

中华人民共和国船舶安全监督规则

（2017 年 5 月 23 日交通运输部公布　根据 2020 年 3 月 16 日《交通运输部关于修改〈中华人民共和国船舶安全监督规则〉的决定》第一次修订　根据 2022 年 9 月 26 日《交通运输部关于修改〈中华人民共和国船舶安全监督规则〉的决定》第二次修订）

第一章　总　　则

第一条　为了保障水上人命、财产安全，防止船舶造成水域污染，规范船舶安全监督工作，根据《中华人民共和国海上交通安全法》《中华人民共和国海洋环境保护法》《中华人民共和国港口法》《中华人民共和国内河交通安全管理条例》《中华人民共和国船员条例》等法律法规和我国缔结或者加入的有关国际公约的规定，制定本规则。

第二条　本规则适用于对中国籍船舶和水上设施以及航行、停泊、作业于我国管辖水域的外国籍船舶实施的安全监督工作。

本规则不适用于军事船舶、渔业船舶和体育运动船艇。

第三条　船舶安全监督管理遵循依法、公正、诚信、便民的原则。

第四条　交通运输部主管全国船舶安全监督工作。

国家海事管理机构统一负责全国船舶安全监督工作。

各级海事管理机构按照职责和授权开展船舶安全监督工作。

第五条　本规则所称船舶安全监督，是指海事管理机构依法对船舶及其从事的相关活动是否符合法律、法规、规章以及有关国际公约和港口国监督区域性合作组织的规定而实施的安全监督管理活动。船舶安全监督分为船舶现场监督和船舶安全检查。

船舶现场监督，是指海事管理机构对船舶实施的日常安全监督抽查活动。

船舶安全检查，是指海事管理机构按照一定的时间间隔对船舶的安全和防污染技术状况、船员配备及适任状况、海事劳工条件实施的安全监督检查活动，包括船旗国监督检查和港口国监督检查。

第六条　海事管理机构应当配备必要的人员、装备、资料等，以满足船舶安全监督管理工作的需要。

第七条 船舶现场监督应当由具备相应职责的海事行政执法人员实施。

第八条 从事船舶安全检查的海事行政执法人员应当取得相应等级的资格证书,并不断更新知识。

第九条 海事管理机构应当建立对船舶安全状况的社会监督机制,公布举报、投诉渠道,完善举报和投诉处理机制。

海事管理机构应当为举报人、投诉人保守秘密。

第二章 船舶进出港报告

第十条 中国籍船舶在我国管辖水域内航行应当按照规定实施船舶进出港报告。

第十一条 船舶应当在预计离港或者抵港 4 小时前向将要离泊或者抵达港口的海事管理机构报告进出港信息。航程不足 4 小时的,在驶离上一港口时报告。

船舶在固定航线航行且单次航程不超过 2 小时的,可以每天至少报告一次进出港信息。

船舶应当对报告的完整性和真实性负责。

第十二条 船舶报告的进出港信息应当包括航次动态、在船人员信息、客货载运信息、拟抵离时间和地点等。

第十三条 船舶可以通过互联网、传真、短信等方式报告船舶进出港信息,并在船舶航海或者航行日志内作相应的记载。

第十四条 海事管理机构与水路运输管理部门应当建立信息平台,共享船舶进出港信息。

第三章 船舶综合质量管理

第十五条 海事管理机构应当建立统一的船舶综合质量管理信息平台,收集、处理船舶相关信息,建立船舶综合质量档案。

第十六条 船舶综合质量管理信息平台应当包括下列信息:

(一)船舶基本信息;

(二)船舶安全与防污染管理相关规定落实情况;

(三)水上交通事故情况和污染事故情况;

(四)水上交通安全违法行为被海事管理机构行政处罚情况;

(五)船舶接受安全监督的情况;

（六）航运公司和船舶的安全诚信情况；

（七）船舶进出港报告或者办理进出港手续情况；

（八）按照相关规定缴纳相关费税情况；

（九）船舶检验技术状况。

第十七条 海事管理机构应当按照第十六条所述信息开展船舶综合质量评定，综合质量评定结果应当向社会公开。

第四章 船舶安全监督

第一节 安全监督目标船舶的选择

第十八条 海事管理机构对船舶实施安全监督，应当减少对船舶正常生产作业造成的不必要影响。

第十九条 国家海事管理机构应当制定安全监督目标船舶选择标准。

海事管理机构应当结合辖区实际情况，按照全面覆盖、重点突出、公开便利的原则，依据我国加入的港口国监督区域性合作组织和国家海事管理机构规定的目标船舶选择标准，综合考虑船舶类型、船龄、以往接受船舶安全监督的缺陷、航运公司安全管理情况等，按照规定的时间间隔，选择船舶实施船舶安全监督。

第二十条 按照目标船舶选择标准未列入选船目标的船舶，海事管理机构原则上不登轮实施船舶安全监督，但按照第二十一条规定开展专项检查的除外。

第二十一条 国家重要节假日、重大活动期间，或者针对特定水域、特定安全事项、特定船舶需要进行检查的，海事管理机构可以综合运用船舶安全检查和船舶现场监督等形式，开展专项检查。

第二节 船舶安全监督

第二十二条 船舶现场监督的内容包括：

（一）中国籍船舶自查情况；

（二）法定证书文书配备及记录情况；

（三）船员配备情况；

（四）客货载运及货物系固绑扎情况；

（五）船舶防污染措施落实情况；

（六）船舶航行、停泊、作业情况；

（七）船舶进出港报告或者办理进出港手续情况；

（八）按照相关规定缴纳相关费税情况。

第二十三条 船舶安全检查的内容包括：

（一）船舶配员情况；

（二）船舶、船员配备和持有有关法定证书文书及相关资料情况；

（三）船舶结构、设施和设备情况；

（四）客货载运及货物系固绑扎情况；

（五）船舶保安相关情况；

（六）船员履行其岗位职责的情况，包括对其岗位职责相关的设施、设备的维护保养和实际操作能力等；

（七）海事劳工条件；

（八）船舶安全管理体系运行情况；

（九）法律、法规、规章以及我国缔结、加入的有关国际公约要求的其他检查内容。

第二十四条 海事管理机构应当按照船舶安全监督的内容，制定相应的工作程序，规范船舶安全监督活动。

第二十五条 海事管理机构完成船舶安全监督后应当签发相应的《船舶现场监督报告》《船旗国监督检查报告》或者《港口国监督检查报告》，由船长或者履行船长职责的船员签名。

《船舶现场监督报告》《船旗国监督检查报告》《港口国监督检查报告》一式两份，一份由海事管理机构存档，一份留船备查。

第二十六条 船舶现场监督中发现船舶存在危及航行安全、船员健康、水域环境的缺陷或者水上交通安全违法行为的，应当按照规定进行处置。

发现存在需要进一步进行安全检查的船舶安全缺陷的，应当启动船舶安全检查程序。

第三节 船舶安全缺陷处理

第二十七条 海事行政执法人员在船舶安全监督过程中发现船舶存在缺陷的，应当按照相关法律、法规、规章和公约的规定，提出下列处理意见：

（一）警示教育；

（二）开航前纠正缺陷；

（三）在开航后限定的期限内纠正缺陷；

（四）滞留；

（五）禁止船舶进港；

（六）限制船舶操作；

（七）责令船舶驶向指定区域；

（八）责令船舶离港。

第二十八条 安全检查发现的船舶缺陷不能在检查港纠正时，海事管理机构可以允许该船驶往最近的可以修理的港口，并及时通知修理港口的海事管理机构。

修理港口超出本港海事管理机构管辖范围的，本港海事管理机构应当通知修理港口海事管理机构进行跟踪检查。

修理港口海事管理机构在收到跟踪检查通知后，应当对船舶缺陷的纠正情况进行验证，并及时将验证结果反馈至发出通知的海事管理机构。

第二十九条 海事管理机构采取本规则第二十七条第（四）（五）（八）项措施的，应当将采取措施的情况及时通知中国籍船舶的船籍港海事管理机构，或者外国籍船舶的船旗国政府。

第三十条 由于存在缺陷，被采取本规则第二十七条第（四）（五）（六）（八）项措施的船舶，应当在相应的缺陷纠正后向海事管理机构申请复查。被采取其他措施的船舶，可以在相应缺陷纠正后向海事管理机构申请复查，不申请复查的，在下次船舶安全检查时由海事管理机构进行复查。海事管理机构收到复查申请后，决定不予本港复查的，应当及时通知申请人在下次船舶安全检查时接受复查。

复查合格的，海事管理机构应当及时解除相应的处理措施。

第三十一条 船舶有权对海事行政执法人员提出的缺陷和处理意见进行陈述和申辩。船舶对于缺陷和处理意见有异议的，海事行政执法人员应当告知船舶申诉的途径和程序。

第三十二条 海事管理机构在实施船舶安全监督中，发现航运公司安全管理存在问题的，应当要求航运公司改正，并将相关情况通报航运公司注册地海事管理机构。

第三十三条 海事管理机构应当将影响安全的重大船舶缺陷以及导致船舶被滞留的缺陷，通知航运公司、相关船舶检验机构或者组织。

船舶存在缺陷或者隐患，以及船舶安全管理存在较为严重问题，可能影响其运输资质条件的，海事管理机构应当将有关情况通知相关水路运输管理部门，水路运输管理部门应当将处理情况反馈相应的海事管理机构。

水路运输管理部门在市场监管中，发现可能影响到船舶安全的问题，应当将有关情况通知相应海事管理机构，海事管理机构应当将处理情况反馈相应水路运输管理部门。

第三十四条　船舶以及相关人员，应当按照海事管理机构签发的《船舶现场监督报告》《船旗国监督检查报告》《港口国监督检查报告》等的要求，对存在的缺陷进行纠正。

航运公司应当督促船舶按时纠正缺陷，并将纠正情况及时反馈实施检查的海事管理机构。

船舶检验机构应当核实有关缺陷纠正情况，需要进行临时检验的，应当将检验报告及时反馈实施检查的海事管理机构。

第三十五条　中国籍船舶的船长应当对缺陷纠正情况进行检查，并在航行或者航海日志中进行记录。

第三十六条　船舶应当妥善保管《船舶现场监督报告》《船旗国监督检查报告》《港口国监督检查报告》，在船上保存至少 2 年。

第三十七条　除海事管理机构外，任何单位和个人不得扣留、收缴《船舶现场监督报告》《船旗国监督检查报告》《港口国监督检查报告》，或者在上述报告中进行签注。

第三十八条　任何单位和个人，不得擅自涂改、故意损毁、伪造、变造、租借、骗取和冒用《船舶现场监督报告》《船旗国监督检查报告》《港口国监督检查报告》。

第三十九条　《船舶现场监督报告》《船旗国监督检查报告》《港口国监督检查报告》的格式由国家海事管理机构统一制定。

第四十条　中国籍船舶在境外发生水上交通事故，或者被滞留、禁止进港、禁止入境、驱逐出港（境）的，航运公司应当及时将相关情况向船籍港海事管理机构报告，海事管理机构应当做好相应的沟通协调和给予必要的协助。

第五章　船舶安全责任

第四十一条　航运公司应当履行安全管理与防止污染的主体责任，建立、健全船舶安全与防污染制度，对船舶及其设备进行有效维护和保养，确保船舶处于良好状态，保障船舶安全，防止船舶污染环境，为船舶配备满足最低安全配员要求的适任船员。

第四十二条　中国籍船舶应当建立开航前自查制度。船舶在离泊前应当对船舶安全技术状况和货物装载情况进行自查，按照国家海事管理机构规定的格式填写《船舶开航前安全自查清单》，并在开航前由船长签字确认。

船舶在固定航线航行且单次航程不超过 2 小时的，无须每次开航前均进行自查，但一天内应当至少自查一次。

《船舶开航前安全自查清单》应当在船上保存至少2年。

第四十三条 船长应当妥善安排船舶值班，遵守船舶航行、停泊、作业的安全规定。

第四十四条 船舶应当遵守港口所在地有关管理机构关于恶劣天气限制开航的规定。

航行于内河水域的船舶应当遵守海事管理机构发布的关于枯水季节通航限制的通告。

第四十五条 船舶检验机构应当确保检验的全面性、客观性、准确性和有效性，保证检验合格的船舶具备安全航行、安全作业的技术条件，并对出具的检验证书负责。

第四十六条 配备自动识别系统等通信、导助航设备的船舶应当始终保持相关设备处于正常工作状态，准确完整显示本船信息，并及时更新抵、离港名称和时间等相关信息。相关设备发生故障的，应当及时向抵达港海事管理机构报告。

第四十七条 拟交付船舶国际运输的载货集装箱，其托运人应当在交付船舶运输前，采取整体称重法或者累加计算法对集装箱的重量进行验证，确保集装箱的验证重量不超过其标称的最大营运总质量，与实际重量的误差不超过5%且最大误差不超过1吨，并在运输单据上注明验证重量、验证方法和验证声明等验证信息，提供给承运人、港口经营人。

采取累加计算法的托运人，应当制定符合交通运输部规定的重量验证程序，并按照程序进行载货集装箱重量验证。

未取得验证信息或者验证重量超过最大营运总质量的集装箱，承运人不得装船。

第四十八条 海事管理机构应当加强对船舶国际运输集装箱托运人、承运人的监督检查，发现存在违反本规则情形的，应当责令改正。

第四十九条 任何单位和个人不得阻挠、妨碍海事行政执法人员对船舶进行船舶安全监督。

第五十条 海事行政执法人员在开展船舶安全监督时，船长应当指派人员配合。指派的配合人员应当如实回答询问，并按照要求测试和操纵船舶设施、设备。

第五十一条 海事管理机构通过抽查实施船舶安全监督，不能代替或者免除航运公司、船舶、船员、船舶检验机构及其他相关单位和个人在船舶安全、防污染、海事劳工条件和保安等方面应当履行的法律责任和义务。

第六章 法律责任

第五十二条 违反本规则,有下列行为之一的,由海事管理机构对违法船舶所有人或者船舶经营人处1000元以上1万元以下罚款;情节严重的,处1万元以上3万元以下罚款。对船长或者其他责任人员处100元以上1000元以下罚款;情节严重的,处1000元以上3000元以下罚款:

(一)弄虚作假欺骗海事行政执法人员的;

(二)未按照《船舶现场监督报告》《船旗国监督检查报告》《港口国监督检查报告》的处理意见纠正缺陷或者采取措施的;

(三)按照第三十条第一款规定应当申请复查而未申请的。

第五十三条 船舶未按照规定开展自查或者未随船保存船舶自查记录的,对船舶所有人或者船舶经营人处1000元以上1万元以下罚款。

第五十四条 船舶进出内河港口,未按照规定向海事管理机构报告船舶进出港信息的,对船舶所有人或者船舶经营人处5000元以上5万元以下罚款。

船舶进出沿海港口,未按照规定向海事管理机构报告船舶进出港信息的,对船舶所有人或者船舶经营人、管理人处3000元以上3万元以下罚款。

第五十五条 违反本规则,在船舶国际集装箱货物运输经营活动中,有下列情形之一的,由海事管理机构处1000元以上3万元以下罚款:

(一)托运人提供的验证重量与实际重量的误差超过5%或者1吨的;

(二)承运人载运未取得验证信息或者验证重量超过最大营运总质量的集装箱的。

第五十六条 实施船舶安全检查中发现船舶存在的缺陷与船舶检验机构有关的,海事管理机构应当按照相关规定进行处罚。

因船舶检验机构人员滥用职权、徇私舞弊、玩忽职守、严重失职,造成已签发检验证书的船舶存在严重缺陷或者发生重大事故的,海事管理机构应当撤销其检验资格。

第五十七条 海事管理机构工作人员不依法履行职责进行监督检查,有滥用职权、徇私舞弊、玩忽职守等行为的,由其所在机构或者上级机构依法给予行政处分;构成犯罪的,由司法机关依法追究刑事责任。

第七章 附 则

第五十八条 本规则所称船舶和相关设施的含义,与《中华人民共和国海上交通安全法》《中华人民共和国内河交通安全管理条例》中的船舶、水上设施含义相同。

本规则所称法定证书文书，是指船舶国籍证书、船舶配员证书、船舶检验证书、船舶营运证件、航海或者航行日志以及其他按照法律法规、技术规范及公约要求必须配备的证书文书。

本规则所称航运公司，是指船舶的所有人、经营人和管理人。

本规则所称最大营运总质量，是指在营运中允许的包括所载货物等在内的集装箱整体最大总质量，并在集装箱安全合格牌照上标注。

第五十九条 本规则自 2017 年 7 月 1 日起施行。2009 年 11 月 30 日以交通运输部令 2009 年第 15 号公布的《中华人民共和国船舶安全检查规则》同时废止。

交通运输部关于修改《海运固体散装货物安全监督管理规定》的决定

（2022 年 9 月 26 日交通运输部令 2022 年第 25 号公布　自公布之日起施行　国司备字[2022007328]）

交通运输部决定对《海运固体散装货物安全监督管理规定》（交通运输部令 2019 年第 1 号）作如下修改：

一、删去第三十五条第一项。

二、将第三十六条中的“处 5000 元以上 2 万元以下的罚款”修改为“处 3000 元以上 3 万元以下的罚款”。

条文序号作相应调整。

本决定自公布之日起施行。

《海运固体散装货物安全监督管理规定》根据本决定作相应修正，重新公布。

海运固体散装货物安全监督管理规定

（2019年1月28日交通运输部公布　根据2022年9月26日《交通运输部关于修改〈海运固体散装货物安全监督管理规定〉的决定》修订）

第一章　总　　则

第一条　为了加强海运固体散装货物监督管理，保障海上人命、财产安全，依据《中华人民共和国海上交通安全法》《中华人民共和国港口法》等法律，制定本规定。

第二条　船舶在中华人民共和国管辖海域内从事载运固体散装货物，适用本规定。

第三条　交通运输部主管全国海运固体散装货物的安全管理工作。

国家海事管理机构按照职责负责全国海运固体散装货物的安全监督管理工作。

其他各级海事管理机构按照各自职责权限具体负责海运固体散装货物的安全监督管理工作。

第四条　船舶载运B组固体散装货物的，还应当遵守《船舶载运危险货物安全监督管理规定》。

第二章　一般规定

第五条　从事固体散装货物运输的船舶所有人、经营人或者管理人，按照交通运输部有关规定建立和实施的船舶安全营运和防污染管理体系或者制度，应当包括载运固体散装货物的程序、须知或者管理制度。

第六条　载运固体散装货物的船舶，其船舶装载手册或者稳性计算书中应当列出所载货物安全适运的典型工况。

第七条　船舶载运固体散装货物，应当符合有关积载、隔离和运输的安全技术规范，并符合相应适装证书或者证明文书的要求。

第八条　船舶所有人、经营人或者管理人应当对船员进行固体散装货物专业知识培训和考核，保证船员熟悉固体散装货物的特性、操作规程及应急预案。

第九条 按照本规定办理报告手续的人员，应当熟悉相关法规、标准规范和报告程序。

第十条 拟交付船舶运输的固体散装货物如果未在《国际海运固体散装货物规则》中列出，其托运人应当提交具有相应资质的检测机构（以下简称检测机构）出具的鉴定材料，明确货物的分组、分类、危险性、污染危害性和船舶载运技术条件后，方可交付船舶运输。

第十一条 对环境有害的固体散装货物，船舶卸货完毕后，货物残余物及其洗舱水应当由港口接收设施或者船舶污染物接收单位接收，禁止排放入水，并按照规定在垃圾记录簿中如实记载。

第三章 报 告 管 理

第十二条 载运 B 组以外固体散装货物船舶进出港口，应当在进出港口 24 小时前向海事管理机构报告。航程不足 24 小时的，应当在驶离上一港口前报告。报告应当包括以下信息内容：

（一）船名、航次、国籍、始发港、卸货港、作业地点、预计进出港口和作业时间等船舶信息；

（二）货物名称、组别、类别、联合国编号、总重量和装载位置等货物信息。

第十三条 拟交付船舶运输固体散装货物的托运人，应当在交付运输前向承运人提交以下货物信息，并报告海事管理机构：

（一）固体散装货物安全适运声明书；

（二）属于易流态化固体散装货物的，应当提交检测机构出具的货物适运水分极限和货物水分含量证明；

（三）载运未在《国际海运固体散装货物规则》中列出的货物，应当提交检测机构出具的货物运输条件鉴定材料；

（四）国际航行船舶按照规定需要进出口国家的有关部门批准后方可载运的，应当提交有效的批准文件；

（五）海事管理机构根据《国际海运固体散装货物规则》规定，要求提供的其他证书或者文书。

港口作业委托人应当在固体散装货物装载前，将前款第（一）项至第（三）项的货物信息提供给港口经营人。

第十四条 需要通过检测获得货物信息的，应当由托运人与检测机构共同对货物进行采样。

第十五条 承运人应当对货物信息进行审核，对不符合船舶适装要求的，不得承运。承运期间相关材料、证书或者文书应当保存在船上。

第四章 作业管理

第十六条 载运固体散装货物船舶在装货前,应当按照船舶装载手册或者船舶稳性资料,检查货物的运输资料和适运状况,发现不符合本规定情形的不得装运。

第十七条 从事固体散装货物装卸作业的船舶和港口经营人,应当遵守安全和防污染操作规程,建立并落实船岸安全检查表制度,严格按照船岸安全检查表的要求进行检查和填写。

从事固体散装货物装卸作业的港口经营人,应当指定具有相应专业和履职能力的人员负责对船舶装卸作业进行巡查监督。

港口经营人应当加强作业人员相应专业知识和业务操作能力培训。作业人员在装卸作业期间应当遵守相关安全制度和作业规程。

第十八条 载运固体散装货物船舶和港口经营人应当在固体散装货物装卸作业前以书面形式确定装卸计划,并按照装卸计划进行作业。

发现货物装卸作业与装卸计划不符或者可能存在安全隐患的,载运固体散装货物船舶和港口经营人应当共同进行核实,并采取必要的安全措施。

第十九条 港口经营人应当根据载运固体散装货物船舶提供的配载、积载要求装载货物,进行平舱。装载完毕后,港口经营人应当进行检查并由船长书面确认。

第二十条 船舶应当根据固体散装货物性质合理装载和积载。不相容货物之间应当进行隔离。

船舶载运高密度固体散装货物时,应当在各舱及同一舱内合理分布,避免对船舶结构和强度造成不利影响。

第五章 易流态化固体散装货物的特别规定

第二十一条 易流态化固体散装货物的托运人,应当按照《国际海运固体散装货物规则》的规定,制定并实施货物取样、试验和控制水分含量的程序。

第二十二条 拟交付船舶载运的易流态化固体散装货物,水分含量不得超过其适运水分极限。但是,已经建造或者设置防止货物移动的特殊结构、设备,并持有相应检验证书的中国籍船舶,或者持有相应检验、批准证书的外国籍船舶除外。

第二十三条 拟交付船舶载运的易流态化固体散装货物，其托运人应当提交检测机构出具的含有货物适运水分极限、水分含量等技术指标的检测报告。

适运水分极限的采样和检测应当在货物计划装船前 6 个月内完成；水分含量的采样和检测应当在货物计划装船前 7 天内完成。

货物装船前或者装船期间有下列情形之一的，托运人应当重新对货物水分含量进行采样和检测：

（一）因降水等情形可能引起货物水分含量升高或者其他特性变化；

（二）船长有充分理由认为拟装载货物与其水分含量证明不相符。

第二十四条 利用船舶或者码头装卸设施直接转运易流态化固体散装货物，转运作业委托人应当提供货物原有的安全适运声明书、适运水分极限和水分含量证明等资料。

转运作业前，转运作业委托人、承运转运货物船舶应当共同对拟转运货物进行检查，确认货物形态无变化的，方可进行转运作业。

转运作业委托人应当在转运货物船舶离港前，向船舶和海事管理机构提交检测机构对转运货物水分含量的检测报告。

第二十五条 露天储存易流态化固体散装货物，所用堆场应当具备良好的排水功能，并根据天气情况和货物性质采取适当措施，防止货物水分含量增加。

港口经营人装载易流态化固体散装货物的，应当对适运水分极限、水分含量检测报告等货物信息进行核对，经核对无误后方可作业。

港口经营人在作业过程中应当做好作业情况记录，将装卸作业有关信息和单证存档，并自觉接受和配合港口行政管理部门依据职责实施监督管理。

港口经营人在装船前或者装船过程中发现货物不符合规定要求的，应当告知船舶并配合船舶不予装载或者停止装载。

第二十六条 在易流态化固体散装货物装船前，船舶应当检查货物处所舱盖风雨密状况，测试货物处所的污水系统是否工作正常，采取措施防止货物进入舱底污水阱，并做好记录。

第二十七条 易流态化固体散装货物装船期间，遇降水等可能引起货物水分含量升高或者其他特性变化的情形，船舶和港口经营人应当立即采取停止作业、关闭舱盖等安全措施。

第二十八条 载运易流态化固体散装货物船舶，应当根据所载货物的特性和航行区域特点制定货物处所定期巡查计划。

船舶在航行过程中应当按照巡查计划进行定期巡查，并记录巡查情况。

发现货物具有流态化趋势或者已经流态化的，应当立即采取应急措施，并向就近的海事管理机构报告。

第六章　人员防护与事故预防

第二十九条　船舶载运可能释放有毒气体、易燃气体或者造成货物处所缺氧的固体散装货物时，应当配备相应的气体测量仪器及其使用说明书，按照规定定期测量货物处所气体浓度，并记录测量结果。

第三十条　船舶载运可能释放有毒气体的固体散装货物时，应当对货物处所提供机械通风或者自然通风。

船舶载运可能释放易燃气体的固体散装货物时，应当对货物处所提供机械通风。

第三十一条　船舶应当制定针对人员进出封闭处所和货物熏蒸处所的安全程序及应急救援措施，在处所入口处设立警示标志。

第三十二条　装载具有毒害性、腐蚀性或者造成货物处所缺氧的固体散装货物时，相关作业人员应当事先经过训练，配备防护设备。紧急情况下需进入货物处所的，应当按照安全程序在船长或者其指定的具有管理职责的船员监督下进行。

第七章　监督管理

第三十三条　海事管理机构发现载运固体散装货物的船舶存在安全隐患的，应当责令立即或者限期消除隐患，不立即消除或者逾期不消除的，采取禁止其进港、离港或者责令其停航、改航、停止作业等措施。

第三十四条　港口行政管理部门应当依据职责对辖区内固体散装货物港口储存、装卸作业实施监督管理。发现港口经营人储存、装卸固体散装货物存在安全隐患的，应当责令立即或者限期消除隐患，不立即消除或者逾期不消除的，采取责令其停止作业等措施。

第八章　法律责任

第三十五条　违反本规定，有下列情形之一的，由海事管理机构责令改正，处1万元以上3万元以下的罚款：

（一）船舶未按照规定采取停止作业、关闭舱盖等安全措施的；

（二）船舶未配备气体测量仪器或者未对货物处所气体浓度进行测量的；

（三）船舶未建立并落实船岸安全检查表制度，或者未按照船岸安全检查表的要求进行检查和填写的。

第三十六条 违反本规定，有下列情形之一的，由海事管理机构责令改正，处 3000 元以上 3 万元以下的罚款：

（一）船舶在进出港口前未向海事管理机构报告的；

（二）固体散装货物的托运人、转运作业委托人未向承运人、海事管理机构提交货物相关信息的。

第三十七条 违反本规定，有下列情形之一的，由港口行政管理部门责令港口经营人立即纠正或者限期改正：

（一）未根据天气情况和货物性质对易流态化固体散装货物采取适当措施防止货物水分含量增加的；

（二）未根据船舶提供的配载、积载要求装载货物或者进行平舱的。

第三十八条 违反本规定，有下列情形之一的，由港口行政管理部门责令改正，处 1 万元以上 3 万元以下的罚款：

（一）港口经营人在装船前或者装船过程中发现货物不符合规定要求，未告知船舶或者停止装载的；

（二）港口经营人在装船过程中遇降水等情形无法保证作业和运输安全时，未停止作业的。

第三十九条 违反本规定，有下列情形之一的，由港口行政管理部门责令改正，处 1 万元以上 3 万元以下的罚款：

（一）港口经营人未建立并落实船岸安全检查表制度，或者未按照船岸安全检查表的要求进行检查和填写的；

（二）港口经营人未指定人员在装卸作业期间进行巡查监督的；

（三）港口经营人未对货物信息进行核对的。

第四十条 船舶载运的固体散装货物属于危险化学品并违反本规定的，按照《危险化学品安全管理条例》进行处罚。

第四十一条 海事管理机构、港口行政管理部门的工作人员有滥用职权、徇私舞弊、玩忽职守等严重失职行为的，由其所在单位或者上级机关依法处理；情节严重构成犯罪的，由司法机关依法追究刑事责任。

第九章　附　　则

第四十二条 本规定下列用语的含义是：

固体散装货物，是指除谷物以外的，不需包装可直接装入船舶的货物处所，由基本均匀的微粒、颗粒或者较大的块状固体物质组成的货物。

B组固体散装货物，是指在《国际海运固体散装货物规则》附录1“组别”栏中列为B组货物或者同时列入A和B组货物。

典型工况，是指船舶满载出港、满载到港、压载出港、压载到港的基本装载情况。

对环境有害的固体散装货物，是指符合《国际防止船舶造成污染公约》附则Ⅴ有关对海洋环境有害物质判定标准的固体散装货物。

高密度固体散装货物，是指每吨货物在货舱中正常堆积时所占空间小于或者等于0.56m^3的固体散装货物。

易流态化固体散装货物，是指含有部分细颗粒和一定量水分的，当水分含量超过适运水分极限时会流态化的固体散装货物。

适运水分极限，是指确保易流态化固体散装货物安全运输的最大水分含量。

第四十三条 本规定自2019年3月1日起施行。

交通运输部关于修改《中华人民共和国防治船舶污染内河水域环境管理规定》的决定

（2022年9月26日交通运输部令2022年第26号公布 自公布之日起施行 国司备字[2022007329]）

交通运输部决定对《中华人民共和国防治船舶污染内河水域环境管理规定》（交通运输部令2015年第25号）作如下修改：

一、删去第四十六条第二项；增加一款，作为第二款：“船舶未按规定保存《油类记录簿》《货物记录簿》和《船舶垃圾记录簿》的，由海事管理机构责令改正，并处以1000元以上5000元以下的罚款。”

二、删去第四十七条中的“第三十一条”和第五项。

三、删去第四十八条中的“及落实防污染措施”。

条文序号作相应调整。

本决定自公布之日起施行。

《中华人民共和国防治船舶污染内河水域环境管理规定》根据本决定作相应修正，重新公布。

中华人民共和国防治船舶污染内河水域环境管理规定

（2015年12月31日交通运输部公布　根据2022年9月26日《交通运输部关于修改〈中华人民共和国防治船舶污染内河水域环境管理规定〉的决定》修订）

第一章　总　　则

第一条　为防治船舶及其作业活动污染内河水域环境，保护内河水域环境，根据《中华人民共和国水污染防治法》《危险化学品安全管理条例》等法律、行政法规，制定本规定。

第二条　防治船舶及其作业活动污染中华人民共和国内河水域环境，适用本规定。

第三条　防治船舶及其作业活动污染内河水域环境，实行预防为主、防治结合、及时处置、综合治理的原则。

第四条　交通运输部主管全国防治船舶及其作业活动污染内河水域环境的管理。

国家海事管理机构统一负责全国防治船舶及其作业活动污染内河水域环境的监督管理工作。

各级海事管理机构依照各自的职责权限，具体负责管辖区域内防治船舶及其作业活动污染内河水域环境的监督管理工作。

第二章　一般规定

第五条　中国籍船舶防治污染的结构、设备、器材应当符合国家有关规范、标准，经海事管理机构或者其认可的船舶检验机构检验，并保持良好的技术状态。

外国籍船舶防治污染的结构、设备、器材应当符合中华人民共和国缔结或者加入的有关国际公约，经船旗国政府或者其认可的船舶检验机构检验，并保持良好的技术状态。

船舶经船舶检验机构检验可以免除配备相应的污染物处理装置的，应当在相应的船舶检验证书中予以注明。

第六条 船舶应当依照法律、行政法规、国务院交通运输主管部门的规定以及中华人民共和国缔结或者加入的国际条约、协定的要求，具备并随船携带相应的防治船舶污染内河水域环境的证书、文书。

第七条 船员应当具有相应的防治船舶污染内河水域环境的专业知识和技能，熟悉船舶防污染程序和要求，经过相应的专业培训，持有有效的适任证书和合格证明。

从事有关作业活动的单位应当组织本单位作业人员进行防治污染操作技能、设备使用、作业程序、安全防护和应急反应等专业培训，确保作业人员具备相关防治污染的专业知识和技能。

第八条 港口、码头、装卸站以及从事船舶水上修造、水上拆解、打捞等作业活动的单位，应当按照国家有关规范和标准，配备相应的污染防治设施、设备和器材，并保持良好的技术状态。同一港口、港区、作业区或者相邻港口的单位，可以通过建立联防机制，实现污染防治设施、设备和器材的统一调配使用。

港口、码头、装卸站应当接收靠泊船舶生产经营过程中产生的船舶污染物。从事船舶水上修造、水上拆解、打捞等作业活动的单位，应当按照规定处理船舶修造、打捞、拆解过程中产生的污染物。

第九条 150总吨及以上的油船、油驳和400总吨及以上的非油船、非油驳的拖驳船队应当制定《船上油污应急计划》。150总吨以下油船应当制定油污应急程序。

150总吨及以上载运散装有毒液体物质的船舶应当按照交通运输部的规定制定《船上有毒液体物质污染应急计划》和货物资料文书，明确应急管理程序与布置要求。

400总吨及以上载运散装有毒液体物质的船舶可以制定《船上污染应急计划》，代替《船上有毒液体物质污染应急计划》和《船上油污应急计划》。

水路运输企业应当针对所运输的危险化学品的危险特性，制定运输船舶危险化学品事故应急救援预案，并为运输船舶配备充足、有效的应急救援器材和设备。

港口、码头、装卸站的经营人以及有关作业单位应当制定防治船舶及其作业活动污染内河水域环境的应急预案，每年至少组织一次应急演练，并做好记录。

第十条 依法设立特殊保护水域涉及防治船舶污染内河水域环境的，应当事先征求海事管理机构的意见，并由海事管理机构发布航行通（警）告。设立特殊保护水域的，应当同时设置船舶污染物接收及处理设施。

在特殊保护水域内航行、停泊、作业的船舶，应当遵守特殊保护水域有关防污染的规定、标准。

第十一条 船舶或者有关作业单位造成水域环境污染损害的，应当依法承担污染损害赔偿责任。

通过内河运输危险化学品的船舶，其所有人或者经营人应当投保船舶污染损害责任保险或者取得财务担保。船舶污染损害责任保险单证或者财务担保证明的副本应当随船携带。

通过内河运输危险化学品的中国籍船舶的所有人或者经营人，应当向在我国境内依法成立的商业性保险机构和互助性保险机构投保船舶污染损害责任保险。具体办法另行制定。

第十二条 船舶污染事故引起的污染损害赔偿争议，当事人可以申请海事管理机构调解。在调解过程中，当事人申请仲裁、向人民法院提起诉讼或者一方中途退出调解的，应当及时通知海事管理机构，海事管理机构应当终止调解，并通知其他当事人。

调解成功的，由各方当事人共同签署《船舶污染事故民事纠纷调解协议书》。调解不成或者在3个月内未达成调解协议的，应当终止调解。

第三章 船舶污染物的排放和接收

第十三条 在内河水域航行、停泊和作业的船舶，不得违反法律、行政法规、规范、标准和交通运输部的规定向内河水域排放污染物。不符合排放规定的船舶污染物应当交由港口、码头、装卸站或者有资质的单位接收处理。

禁止船舶向内河水体排放有毒液体物质及其残余物或者含有此类物质的压载水、洗舱水或者其他混合物。

禁止船舶在内河水域使用焚烧炉。

禁止在内河水域使用溢油分散剂。

第十四条 150总吨及以上的油船、油驳和400总吨及以上的非油船、非油驳的拖驳船队应当将油类作业情况如实、规范地记录在经海事管理机构签注的《油类记录簿》中。

150总吨以下的油船、油驳和400总吨以下的非油船、非油驳的拖驳船队应当将油类作业情况如实、规范地记录在《轮机日志》或者《航行日志》中。

载运散装有毒液体物质的船舶应当将有关作业情况如实、规范地记录在经海事管理机构签注的《货物记录簿》中。

船舶应当将使用完毕的《油类记录簿》《货物记录簿》在船上保留3年。

第十五条　船长 12 米及以上的船舶应当设置符合格式要求的垃圾告示牌，告知船员和旅客关于垃圾管理的要求。

100 总吨及以上的船舶以及经核准载运 15 名及以上人员且单次航程超过 2 公里或者航行时间超过 15 分钟的船舶，应当持有《船舶垃圾管理计划》和海事管理机构签注的《船舶垃圾记录簿》，并将有关垃圾收集处理情况如实、规范地记录于《船舶垃圾记录簿》中。《船舶垃圾记录簿》应当随时可供检查，使用完毕后在船上保留 2 年。

本条第二款规定以外的船舶应当将有关垃圾收集处理情况记录于《航行日志》中。

第十六条　禁止向内河水域排放船舶垃圾。船舶应当配备有盖、不渗漏、不外溢的垃圾储存容器或者实行袋装，按照《船舶垃圾管理计划》对所产生的垃圾进行分类、收集、存放。

船舶将含有有毒有害物质或者其他危险成分的垃圾排入港口接收设施或者委托船舶污染物接收单位接收的，应当提前向对方提供此类垃圾所含物质的名称、性质和数量等信息。

第十七条　船舶在内河航行时，应当按照规定使用声响装置，并符合环境噪声污染防治有关要求。

第十八条　船舶使用的燃料应当符合有关法律法规和标准要求，鼓励船舶使用清洁能源。

船舶不得超过相关标准向大气排放动力装置运转产生的废气以及船上产生的挥发性有机化合物。

第十九条　来自疫区船舶的船舶垃圾、压载水、生活污水等船舶污染物，应当经检疫部门检疫合格后，方可进行接收和处理。

第二十条　船舶污染物接收单位在污染物接收作业完毕后，应当向船舶出具污染物接收处理单证，并将接收的船舶污染物交由岸上相关单位按规定处理。

船舶污染物接收单证上应当注明作业双方名称、作业开始和结束的时间、地点，以及污染物种类、数量等内容，并由船方签字确认。船舶应当将船舶污染物接收单证与相关记录簿一并保存备查。

第四章　船舶作业活动的污染防治

第二十一条　从事水上船舶清舱、洗舱、污染物接收、燃料供受、修造、打捞、拆解、污染清除作业以及利用船舶进行其他水上水下活动的，应当遵守相关操作规程，采取必要的防治污染措施。

船舶在港从事前款所列相关作业的，在开始作业时，应当通过甚高频、电话或者信息系统等向海事管理机构报告作业时间、作业内容等信息。

第二十二条　托运人交付船舶载运具有污染危害性货物的，应当采取有效的防污染措施，确保货物状况符合船舶载运要求和防污染要求，并在运输单证上注明货物的正确名称、数量、污染类别、性质、预防和应急措施等内容。

曾经载运污染危害性货物的空容器和空运输组件，在未彻底清洗或者消除危害之前，应当按照原所装货物的要求进行运输。

交付船舶载运污染危害性质不明的货物，货物所有人或者其代理人应当委托具备相应技术能力的机构进行货物污染危害性评估分类，确定安全运输条件，方可交付船舶载运。

第二十三条　船舶载运污染危害性货物应当具备与所载货物危害性质相适应的防污染条件。

船舶不得载运污染危害性质不明的货物以及超过相关标准、规范规定的单船限制性数量要求的危险化学品。

第二十四条　船舶运输散发有毒有害气体或者粉尘物质等货物的，应当采取封闭或者其他防护措施。

从事前款货物的装卸和过驳作业，作业双方应当在作业过程中采取措施回收有毒有害气体。

第二十五条　从事散装液体污染危害性货物装卸作业的，作业双方应当在作业前对相关防污染措施进行确认，按照规定填写防污染检查表，并在作业过程中严格落实防污染措施。

第二十六条　船舶从事散装液体污染危害性货物水上过驳作业时，应当遵守有关作业规程，会同作业单位确定操作方案，合理配置和使用装卸管系及设备，按照规定填写防污染检查表，针对货物特性和作业方式制定并落实防污染措施。

第二十七条　船舶进行下列作业，在长江、珠江、黑龙江水系干线作业量超过300吨和其他内河水域超过150吨的，港口、码头、装卸站应当采取包括布设围油栏在内的防污染措施，其中过驳作业由过驳作业经营人负责：

（一）散装持久性油类的装卸和过驳作业，但船舶燃油供应作业除外；

（二）比重小于1（相对于水）、溶解度小于0.1%的散装有毒液体物质的装卸和过驳作业；

（三）其他可能造成水域严重污染的作业。

因自然条件等原因，不适合布设围油栏的，应当采取有效替代措施。

第二十八条 从事船舶燃料供应作业的单位应当建立有关防治污染的管理制度和应急预案,配备足够的防污染设备、器材和合格的人员。

从事船舶燃料供受作业,作业双方应当在作业前对相关防污染措施进行确认,按照规定填写防污染检查表,并在作业过程中严格落实防污染措施。

第二十九条 从事船舶燃料供受作业的水上燃料加注站应当满足国家规定的防污染技术标准要求。

水上燃料加注站接受燃料补给作业应当按照污染危害性货物过驳作业办理相关手续。

第三十条 水上船舶修造及其相关作业过程中产生的污染物应当及时清除,不得投弃入水。

船舶燃油舱、液货舱中的污染物需要通过过驳方式交付储存的,应当遵守污染危害性货物过驳作业管理要求。

船坞内进行的修造作业结束后,作业单位应当进行坞内清理和清洁,确认不会造成水域污染后,方可沉坞或者开启坞门。

第三十一条 从事船舶水上拆解的单位在船舶拆解作业前,应当按规定落实防污染措施,彻底清除船上留有的污染物,满足作业条件后,方可进行船舶拆解作业。

从事船舶水上拆解的单位在拆解作业结束后,应当及时清理船舶拆解现场,并按照国家有关规定处理船舶拆解产生的污染物。

禁止采取冲滩方式进行船舶拆解作业。

第五章　船舶污染事故应急处置

第三十二条 海事管理机构应当配合地方人民政府制定船舶污染事故应急预案,开展应急处置工作。

第三十三条 船舶发生污染事故,应当立即就近向海事管理机构如实报告,同时启动污染事故应急计划或者程序,采取相应措施控制和消除污染。在初始报告以后,船舶还应当根据污染事故的进展情况作出补充报告。

海事管理机构接到报告后应当立即核实有关情况,按规定向上级海事管理机构和县级以上地方人民政府报告。海事管理机构和有关单位应当在地方人民政府的统一领导和指挥下,按照职责分工,开展相应的应急处置工作。

第三十四条 发生船舶污染事故的船舶,应当在事故发生后 24 小时内向事故发生地的海事管理机构提交《船舶污染事故报告书》。因特殊情况不能在规定时间内提交《船舶污染事故报告书》的,经海事管理机构同意可以适当延迟，但最长不得超过 48 小时。

《船舶污染事故报告书》应当至少包括以下内容：

（一）船舶的名称、国籍、呼号或者编号；

（二）船舶所有人、经营人或者管理人的名称、地址；

（三）发生事故的时间、地点以及相关气象和水文情况；

（四）事故原因或者事故原因的初步判断；

（五）船上污染物的种类、数量、装载位置等概况；

（六）事故污染情况；

（七）应急处置情况；

（八）船舶污染损害责任保险情况。

第三十五条 船舶有沉没危险或者船员弃船的，应当尽可能地关闭所有液货舱或者油舱（柜）管系的阀门，堵塞相关通气孔，防止溢漏，并向海事管理机构报告船舶燃油、污染危害性货物以及其他污染物的性质、数量、种类、装载位置等情况。

第三十六条 船舶发生事故，造成或者可能造成内河水域污染的，船舶所有人或者经营人应当及时消除污染影响。不能及时消除污染影响的，海事管理机构可以采取清除、打捞、拖航、引航、过驳等必要措施，发生的费用由责任者承担。

依法应当承担前款规定费用的船舶及其所有人或者经营人应当在开航前缴清相关费用或者提供相应的财务担保。

第六章 船舶污染事故调查处理

第三十七条 船舶污染事故调查处理依照下列规定组织实施：

（一）重大以上船舶污染事故由交通运输部组织调查处理；

（二）重大船舶污染事故由国家海事管理机构组织调查处理；

（三）较大船舶污染事故由直属海事管理机构或者省级地方海事管理机构负责调查处理；

（四）一般等级及以下船舶污染事故由事故发生地海事管理机构负责调查处理。

较大及以下等级的船舶污染事故发生地不明的，由事故发现地海事管理机构负责调查处理。事故发生地或者事故发现地跨管辖区域或者相关海事管理机构对管辖权有争议的，由共同的上级海事管理机构确定调查处理机构。

第三十八条 事故调查机构应当及时、客观、公正地开展事故调查，勘验事故现场,检查相关船舶,询问相关人员,收集证据,查明事故原因,认定事故责任。

船舶污染事故调查应当由至少两名调查人员实施。

第三十九条 在证据可能灭失或者以后难以取得的情况下,事故调查机构可以依法先行登记保存相应的证书、文书、资料。

第四十条 船舶污染事故调查的证据种类包括:

(一)书证、物证、视听资料、电子数据;

(二)证人证言;

(三)当事人陈述;

(四)鉴定意见;

(五)勘验笔录、调查笔录、现场笔录;

(六)其他可以证明事实的证据。

第四十一条 船舶造成内河水域污染的,应当主动配合事故调查机构的调查。船舶污染事故的当事人和其他有关人员应当如实反映情况和提供资料,不得伪造、隐匿、毁灭证据或者以其他方式妨碍调查取证。

船舶污染事故的当事人和其他有关人员提供的书证、物证、视听资料应当是原件原物,不能提供原件原物而提供抄录件、复印件、照片等非原件原物的,应当签字确认;拒绝确认的,事故调查人员应当注明有关情况。

第四十二条 有下列情形的,事故调查机构可以按照规定程序组织各级海事管理机构和相关部门开展船舶污染事故协查:

(一)污染事故肇事船舶逃逸的;

(二)污染事故嫌疑船舶已经开航离港的;

(三)辖区发生污染事故但暂时无法确认污染来源,经分析过往船舶有事故嫌疑的。

第四十三条 事故调查处理需要委托有关机构进行技术鉴定或者检验、检测的,事故调查机构应当委托具备国家规定资质要求的机构进行。

第四十四条 事故调查机构应当自事故调查结案之日起 20 个工作日内制作船舶污染事故认定书,并送达当事人。

船舶污染事故认定书应当载明事故基本情况、事故原因和事故责任。

自海事管理机构接到船舶污染事故报告或者发现船舶污染事故之日起 6 个月内无法查明污染源或者无法找到造成污染船舶的,经船舶污染事故调查处理机构负责人批准可以终止事故调查,并在船舶污染事故认定书中注明终止调查的原因。

第七章　法律责任

第四十五条　违反本规定,有下列情形之一的,由海事管理机构责令改正,并处以2万元以上3万元以下的罚款:

(一)船舶超过标准向内河水域排放生活污水、含油污水等;

(二)船舶超过标准向大气排放船舶动力装置运转产生的废气;

(三)船舶在内河水域排放有毒液体物质的残余物或者含有此类物质的压载水、洗舱水及其他混合物;

(四)船舶在内河水域使用焚烧炉;

(五)未按规定使用溢油分散剂。

第四十六条　违反本规定第十四条、第十五条、第二十一条,有下列情形之一的,由海事管理机构责令改正,并处以3000元以上1万元以下的罚款:

(一)船舶未按规定如实记录油类作业、散装有毒液体物质作业、垃圾收集处理情况的;

(二)船舶在港从事水上船舶清舱、洗舱、污染物接收、燃料供受、修造、打捞、污染清除作业活动,未按规定向海事管理机构报告的。

船舶未按规定保存《油类记录簿》《货物记录簿》和《船舶垃圾记录簿》的,由海事管理机构责令改正,并处以1000元以上5000元以下的罚款。

第四十七条　违反本规定第八条、第二十一条、第二十四条、第二十七条,有下列情形之一的,由海事管理机构责令改正,并处以1万元以上3万元以下的罚款:

(一)港口、码头、装卸站以及从事船舶修造、打捞等作业活动的单位未按规定配备污染防治设施、设备和器材的;

(二)从事水上船舶清舱、洗舱、污染物接收、燃料供受、修造、打捞、污染清除作业活动未遵守操作规程,未采取必要的防治污染措施的;

(三)运输及装卸、过驳散发有毒有害气体或者粉尘物质等货物,船舶未采取封闭或者其他防护措施,装卸和过驳作业双方未采取措施回收有毒有害气体的;

(四)未按规定采取布设围油栏或者其他防治污染替代措施的。

第四十八条　违反本规定第七条、第二十条、第二十五条、第二十六条,有下列情形之一的,由海事管理机构责令停止违法行为,并处以5000元以上1万元以下的罚款:

(一)从事有关作业活动的单位,未组织本单位相关作业人员进行专业培

训的;

(二)船舶污染物接收单位未按规定向船方出具船舶污染物接收单证的;

(三)从事散装液体污染危害性货物装卸、过驳作业的,作业双方未按规定填写防污染检查表的。

第四十九条 违反本规定第十条,船舶未遵守特殊保护水域有关防污染的规定、标准的,由海事管理机构责令停止违法行为,并处以1万元以上3万元以下的罚款。

第五十条 船舶违反本规定第二十三条规定载运污染危害性质不明的货物的,由海事管理机构责令改正,并对船舶处以5000元以上2万元以下的罚款。

第五十一条 船舶发生污染事故,未按规定报告的或者未按规定提交《船舶污染事故报告书》的,由海事管理机构对船舶处以2万元以上3万元以下的罚款;对直接负责的主管人员和其他直接责任人员处以1万元以上2万元以下的罚款。

第五十二条 海事管理机构行政执法人员滥用职权、玩忽职守、徇私舞弊、违法失职的,依法给予行政处分;构成犯罪的,依法追究刑事责任。

第八章 附 则

第五十三条 本规定中下列用语的含义是:

(一)有毒液体物质,是指排入水体将对水资源或者人类健康产生危害或者对合法利用水资源造成损害的物质。包括在《国际散装运输危险化学品船舶构造和设备规则》的第17或18章的污染种类列表中标明的或者暂时被评定为X、Y或者Z类的任何物质。

(二)污染危害性货物,是指直接或者间接地进入水体,会损害水体质量和环境质量,对生物资源、人体健康等产生有害影响的货物。

(三)特殊保护水域,是指各级人民政府按照有关规定划定并公布的自然保护区、饮用水源保护区、渔业资源保护区、旅游风景名胜区等需要特别保护的水域。

(四)水上燃料加注站,是指固定于某一水域,具有燃料储存功能,给船舶供给燃料的趸船或者船舶。

第五十四条 本规定有关界河水域防治船舶污染的规定与我国缔结或者加入的国际公约、协定不符的,适用我国缔结或者加入的国际公约、协定。

防治军事船舶、渔业船舶污染内河水域环境的监督管理工作,不适用本规定。

第五十五条 本规定自2016年5月1日起施行。2005年8月20日以交通部令2005年第11号公布的《中华人民共和国防治船舶污染内河水域环境管理规定》同时废止。

交通运输部关于修改《道路运输车辆技术管理规定》的决定

（2022年9月26日交通运输部令2022年第29号公布 自公布之日起施行 国司备字[2022007330]）

交通运输部决定对《道路运输车辆技术管理规定》（交通运输部令2019年第19号）作如下修改：

一、删去第六条第三款。

二、删去第三十一条第四、五项。

三、将"县级以上道路运输管理机构""道路运输管理机构"统一修改为"交通运输主管部门"。

四、将"《道路运输车辆综合性能要求和检验方法》（GB 18565）"修改为"《机动车安全技术检验项目和方法》（GB 38900）"，将"《道路车辆外廓尺寸、轴荷及质量限值》（GB 1589）"修改为"《汽车、挂车及汽车列车外廓尺寸、轴荷及质量限值》（GB 1589）"，删去"《道路运输车辆技术等级划分和评定要求》（JT/T 198）"。

个别文字作相应调整。

本决定自公布之日起施行。

《道路运输车辆技术管理规定》根据本决定作相应修正，重新公布。

道路运输车辆技术管理规定

（2016年1月22日交通运输部公布　根据2019年6月21日《交通运输部关于修改〈道路运输车辆技术管理规定〉的决定》第一次修订　根据2022年9月26日《交通运输部关于修改〈道路运输车辆技术管理规定〉的决定》第二次修订）

第一章　总　　则

第一条　为加强道路运输车辆技术管理，保持车辆技术状况良好，保障运输安全，发挥车辆效能，促进节能减排，根据《中华人民共和国安全生产法》《中华人民共和国节约能源法》《中华人民共和国道路运输条例》等法律、行政法规，制定本规定。

第二条　道路运输车辆技术管理适用本规定。

本规定所称道路运输车辆包括道路旅客运输车辆（以下简称客车）、道路普通货物运输车辆（以下简称货车）、道路危险货物运输车辆（以下简称危货运输车）。

本规定所称道路运输车辆技术管理，是指对道路运输车辆在保证符合规定的技术条件和按要求进行维护、修理、综合性能检测方面所做的技术性管理。

第三条　道路运输车辆技术管理应当坚持分类管理、预防为主、安全高效、节能环保的原则。

第四条　道路运输经营者是道路运输车辆技术管理的责任主体，负责对道路运输车辆实行择优选配、正确使用、周期维护、视情修理、定期检测和适时更新，保证投入道路运输经营的车辆符合技术要求。

第五条　鼓励道路运输经营者使用安全、节能、环保型车辆，促进标准化车型推广运用，加强科技应用，不断提高车辆的管理水平和技术水平。

第六条　交通运输部主管全国道路运输车辆技术管理监督。

县级以上地方人民政府交通运输主管部门（以下简称交通运输主管部门）负责本行政区域内道路运输车辆技术管理监督。

第二章　车辆基本技术条件

第七条　从事道路运输经营的车辆应当符合下列技术要求：

（一）车辆的外廓尺寸、轴荷和最大允许总质量应当符合《汽车、挂车及汽车列车外廓尺寸、轴荷及质量限值》（GB 1589）的要求；

（二）车辆的技术性能应当符合《机动车安全技术检验项目和方法》（GB 38900）的要求；

（三）车型的燃料消耗量限值应当符合《营运客车燃料消耗量限值及测量方法》（JT 711）、《营运货车燃料消耗量限值及测量方法》（JT 719）的要求；

（四）车辆技术等级应当达到二级以上。危货运输车、国际道路运输车辆、从事高速公路客运以及营运线路长度在 800 公里以上的客车，技术等级应当达到一级。技术等级评定方法应当符合国家有关道路运输车辆技术等级划分和评定的要求；

（五）从事高速公路客运、包车客运、国际道路旅客运输，以及营运线路长度在 800 公里以上客车的类型等级应当达到中级以上。其类型划分和等级评定应当符合国家有关营运客车类型划分及等级评定的要求；

（六）危货运输车应当符合《汽车运输危险货物规则》（JT 617）的要求。

第八条　交通运输主管部门应当加强从事道路运输经营车辆的管理，对不符合本规定的车辆不得配发道路运输证。

在对挂车配发道路运输证和年度审验时，应当查验挂车是否具有有效行驶证件。

第九条　禁止使用报废、擅自改装、拼装、检测不合格以及其他不符合国家规定的车辆从事道路运输经营活动。

第三章　技术管理的一般要求

第十条　道路运输经营者应当遵守有关法律法规、标准和规范，认真履行车辆技术管理的主体责任，建立健全管理制度，加强车辆技术管理。

第十一条　鼓励道路运输经营者设置相应的部门负责车辆技术管理工作，并根据车辆数量和经营类别配备车辆技术管理人员，对车辆实施有效的技术管理。

第十二条　道路运输经营者应当加强车辆维护、使用、安全和节能等方面的业务培训，提升从业人员的业务素质和技能，确保车辆处于良好的技术状况。

第十三条 道路运输经营者应当根据有关道路运输企业车辆技术管理标准,结合车辆技术状况和运行条件,正确使用车辆。

鼓励道路运输经营者依据相关标准要求,制定车辆使用技术管理规范,科学设置车辆经济、技术定额指标并定期考核,提升车辆技术管理水平。

第十四条 道路运输经营者应当建立车辆技术档案制度,实行一车一档。档案内容应当主要包括:车辆基本信息,车辆技术等级评定、客车类型等级评定或者年度类型等级评定复核、车辆维护和修理(含《机动车维修竣工出厂合格证》)、车辆主要零部件更换、车辆变更、行驶里程、对车辆造成损伤的交通事故等记录。档案内容应当准确、详实。

车辆所有权转移、转籍时,车辆技术档案应当随车移交。

道路运输经营者应当运用信息化技术做好道路运输车辆技术档案管理工作。

第四章 车辆维护与修理

第十五条 道路运输经营者应当建立车辆维护制度。

车辆维护分为日常维护、一级维护和二级维护。日常维护由驾驶员实施,一级维护和二级维护由道路运输经营者组织实施,并做好记录。

第十六条 道路运输经营者应当依据国家有关标准和车辆维修手册、使用说明书等,结合车辆类别、车辆运行状况、行驶里程、道路条件、使用年限等因素,自行确定车辆维护周期,确保车辆正常维护。

车辆维护作业项目应当按照国家关于汽车维护的技术规范要求确定。

道路运输经营者可以对自有车辆进行二级维护作业,保证投入运营的车辆符合技术管理要求,无需进行二级维护竣工质量检测。

道路运输经营者不具备二级维护作业能力的,可以委托二类以上机动车维修经营者进行二级维护作业。机动车维修经营者完成二级维护作业后,应当向委托方出具二级维护出厂合格证。

第十七条 道路运输经营者应当遵循视情修理的原则,根据实际情况对车辆进行及时修理。

第十八条 道路运输经营者用于运输剧毒化学品、爆炸品的专用车辆及罐式专用车辆(含罐式挂车),应当到具备道路危险货物运输车辆维修条件的企业进行维修。

前款规定专用车辆的牵引车和其他运输危险货物的车辆由道路运输经营

者消除危险货物的危害后，可以到具备一般车辆维修条件的企业进行维修。

第五章　车辆检测管理

第十九条　道路运输经营者应当定期到机动车综合性能检测机构，对道路运输车辆进行综合性能检测。

第二十条　道路运输经营者应当自道路运输车辆首次取得道路运输证当月起，按照下列周期和频次，委托汽车综合性能检测机构进行综合性能检测和技术等级评定：

（一）客车、危货运输车自首次经国家机动车辆注册登记主管部门登记注册不满60个月的，每12个月进行1次检测和评定；超过60个月的，每6个月进行1次检测和评定。

（二）其它运输车辆自首次经国家机动车辆注册登记主管部门登记注册的，每12个月进行1次检测和评定。

第二十一条　客车、危货运输车的综合性能检测应当委托车籍所在地汽车综合性能检测机构进行。

货车的综合性能检测可以委托运输驻在地汽车综合性能检测机构进行。

第二十二条　道路运输经营者应当选择通过市场监督管理部门的计量认证、取得计量认证证书并符合《汽车综合性能检测站能力的通用要求》（GB 17993）等国家相关标准的检测机构进行车辆的综合性能检测。

第二十三条　汽车综合性能检测机构对新进入道路运输市场车辆应当按照《道路运输车辆燃料消耗量达标车型表》进行比对。对达标的新车和在用车辆，应当按照《机动车安全技术检验项目和方法》（GB 38900）实施检测和评定，出具全国统一式样的道路运输车辆综合性能检测报告，评定车辆技术等级，并在报告单上标注。车籍所在地交通运输主管部门应当将车辆技术等级在道路运输证上标明。

汽车综合性能检测机构应当确保检测和评定结果客观、公正、准确，对检测和评定结果承担法律责任。

第二十四条　交通运输主管部门和受其委托承担客车类型等级评定工作的汽车综合性能检测机构，应当按照《营运客车类型划分及等级评定》（JT/T 325）进行营运客车类型等级评定或者年度类型等级评定复核，出具统一式样的客车类型等级评定报告。

第二十五条　汽车综合性能检测机构应当建立车辆检测档案，档案内容主要包括：车辆综合性能检测报告（含车辆基本信息、车辆技术等级）、客车类型等级评定记录。

车辆检测档案保存期不少于两年。

第六章 监督检查

第二十六条 交通运输主管部门应当按照职责权限对道路运输车辆的技术管理进行监督检查。

道路运输经营者应当对交通运输主管部门的监督检查予以配合，如实反映情况，提供有关资料。

第二十七条 交通运输主管部门应当将车辆技术状况纳入道路运输车辆年度审验内容，查验以下相应证明材料：

（一）车辆技术等级评定结论；

（二）客车类型等级评定证明。

第二十八条 交通运输主管部门应当建立车辆管理档案制度。档案内容主要包括：车辆基本情况，车辆技术等级评定、客车类型等级评定或年度类型等级评定复核、车辆变更等记录。

第二十九条 交通运输主管部门应当将运输车辆的技术管理情况纳入道路运输企业质量信誉考核和诚信管理体系。

第三十条 交通运输主管部门应当积极推广使用现代信息技术，逐步实现道路运输车辆技术管理信息资源共享。

第七章 法律责任

第三十一条 违反本规定，道路运输经营者有下列行为之一的，交通运输主管部门应当责令改正，给予警告；情节严重的，处以1000元以上5000元以下罚款：

（一）道路运输车辆技术状况未达到《机动车安全技术检验项目和方法》（GB 38900）的；

（二）使用报废、擅自改装、拼装、检测不合格以及其他不符合国家规定的车辆从事道路运输经营活动的；

（三）未按照规定的周期和频次进行车辆综合性能检测和技术等级评定的。

第三十二条 违反本规定，道路运输车辆综合性能检测机构有下列行为之一的，交通运输主管部门不予采信其检测报告，并抄报同级市场监督管理部门处理。

（一）不按技术规范对道路运输车辆进行检测的；

（二）未经检测出具道路运输车辆检测结果的；

（三）不如实出具检测结果的。

第三十三条 交通运输主管部门工作人员在监督管理工作中滥用职权、玩忽职守、徇私舞弊的，依法给予行政处分；构成犯罪的，由司法机关依法处理。

第八章 附 则

第三十四条 从事普通货运经营的总质量4500千克及以下普通货运车辆，不适用本规定。

第三十五条 本规定自2016年3月1日起施行。原交通部发布的《汽车运输业车辆技术管理规定》（交通部令1990年第13号）、《道路运输车辆维护管理规定》（交通部令2001年第4号）同时废止。

交通运输部关于修改《中华人民共和国内河海事行政处罚规定》的决定

（2022年9月26日交通运输部令2022年第28号公布 自公布之日起施行 国司备字[2022007331]）

交通运输部决定对《中华人民共和国内河海事行政处罚规定》（交通运输部令2021年第20号）作如下修改：

一、将第六条中的“对船长处以2000元以上2万元以下的罚款；情节严重的，并给予扣留船员适任证书6个月至24个月直至吊销船员适任证书的处罚”修改为“对船长处以2000元以上1万元以下的罚款，情节严重的，处以1万元以上2万元以下的罚款，并给予扣留船员适任证书6个月至24个月直至吊销船员适任证书的处罚”。

二、删去第三十六条。

条文序号作相应调整。

本决定自公布之日起施行。

《中华人民共和国内河海事行政处罚规定》根据本决定作相应修正，重新公布。

中华人民共和国内河海事行政处罚规定

（2015 年 5 月 29 日交通运输部公布　根据 2017 年 5 月 23 日《交通运输部关于修改〈中华人民共和国内河海事行政处罚规定〉的决定》第一次修订　根据 2019 年 4 月 12 日《交通运输部关于修改〈中华人民共和国内河海事行政处罚规定〉的决定》第二次修订　根据 2021 年 8 月 11 日《交通运输部关于修改〈中华人民共和国内河海事行政处罚规定〉的决定》第三次修订　根据 2022 年 9 月 26 日《交通运输部关于修改〈中华人民共和国内河海事行政处罚规定〉的决定》第四次修订）

第一章　总　　则

第一条　为规范海事行政处罚行为，保护当事人的合法权益，保障和监督水上海事行政管理，维护水上交通秩序，防止船舶污染水域，根据《内河交通安全管理条例》《行政处罚法》及其他有关法律、行政法规，制定本规定。

第二条　对在中华人民共和国（简称中国）内河水域及相关陆域发生的违反海事行政管理秩序的行为实施海事行政处罚，适用本规定。

第三条　实施海事行政处罚，应当遵循合法、公开、公正，处罚与教育相结合的原则。

第四条　海事行政处罚，由海事管理机构依法实施。

第二章　内河海事违法行为和行政处罚

第一节　违反船舶、浮动设施所有人、经营人安全管理秩序

第五条　违反船舶所有人、经营人安全营运管理秩序，有下列行为之一的，对船舶所有人或者船舶经营人处以 5000 元以上 3 万元以下罚款：

（一）未按规定取得安全营运与防污染管理体系符合证明或者临时符合证明从事航行或者其他有关活动；

（二）隐瞒事实真相或者提供虚假材料或者以其他不正当手段骗取安全营运与防污染管理体系符合证明或者临时符合证明；

（三）伪造、变造安全营运与防污染管理体系审核的符合证明或者临时符

合证明；

（四）转让、买卖、租借、冒用安全营运与防污染管理体系审核的符合证明或者临时符合证明。

第六条 违反船舶安全营运管理秩序，有下列行为之一的，对船舶所有人或者船舶经营人处以5000元以上3万元以下罚款；对船长处以2000元以上1万元以下的罚款，情节严重的，处以1万元以上2万元以下的罚款，并给予扣留船员适任证书6个月至24个月直至吊销船员适任证书的处罚：

（一）未按规定取得船舶安全管理证书或者临时船舶安全管理证书从事航行或者其他有关活动；

（二）隐瞒事实真相或者提供虚假材料或以其他不正当手段骗取船舶安全管理证书或者临时船舶安全管理证书；

（三）伪造、变造船舶安全管理证书或者临时船舶安全管理证书；

（四）转让、买卖、租借、冒用船舶安全管理证书或者临时船舶安全管理证书。

第七条 违反安全营运管理秩序，有下列情形之一，造成严重后果的，按以欺骗手段取得安全营运与防污染管理体系符合证明或者临时符合证明，对船舶所有人或者船舶经营人取得的安全营运与防污染管理体系符合证明或者临时符合证明予以撤销：

（一）不掌控船舶安全配员；

（二）不掌握船舶动态；

（三）不掌握船舶装载情况；

（四）船舶管理人不实际履行安全管理义务；

（五）安全管理体系运行存在其他重大问题。

第二节 违反船舶、浮动设施检验和登记管理秩序

第八条 违反《内河交通安全管理条例》第六条第（一）项、第七条第（一）项的规定，船舶、浮动设施未持有合格的检验证书擅自航行或者作业的，依照《内河交通安全管理条例》第六十四条的规定，责令停止航行或者作业；拒不停止航行或者作业的，暂扣船舶、浮动设施；情节严重的，予以没收。

本条前款所称未持有合格的检验证书，包括下列情形：

（一）没有取得相应的检验证书；

（二）持有的检验证书属于伪造、变造、转让、买卖或者租借的；

（三）持失效的检验证书；

（四）检验证书损毁、遗失但不按照规定补办；

（五）其他不符合法律、行政法规和规章规定情形的检验证书。

第九条 船舶检验机构的检验人员违反《船舶和海上设施检验条例》的规定，滥用职权、徇私舞弊、玩忽职守、严重失职，有下列行为之一的，依照《船舶和海上设施检验条例》第二十八条的规定，按其情节给予警告、暂停检验资格或者注销验船人员注册证书的处罚：

（一）超越职权范围进行船舶、设施检验；

（二）擅自降低规范要求进行船舶、设施检验；

（三）未按照规定的检验项目进行船舶、设施检验；

（四）未按照规定的检验程序进行船舶、设施检验；

（五）所签发的船舶检验证书或者检验报告与船舶、设施的实际情况不符。

第三节 违反内河船员管理秩序

第十条 违反《内河交通安全管理条例》第九条的规定，未经考试合格并取得适任证书或者其他适任证件的人员擅自从事船舶航行或者操作的，依照《内河交通安全管理条例》第六十六条和《船员条例》第五十五条的规定，责令其立即离岗，对直接责任人员处以 2000 元以上 2 万元以下罚款，并对聘用单位处以 3 万元以上 15 万元以下罚款。

本条前款所称未经考试合格并取得适任证书或者其他适任证件，包括下列情形：

（一）未经水上交通安全培训并取得相应合格证明；

（二）未持有船员适任证书或者其他适任证件；

（三）持采取弄虚作假的方式取得的船员职务证书；

（四）持伪造、变造的船员职务证书；

（五）持转让、买卖或租借的船员职务证书；

（六）所服务的船舶的航区、种类和等级或者所任职务超越所持船员职务证书限定的范围；

（七）持已经超过有效期限的船员职务证书。

第十一条 违反《船员条例》第十六条的规定，船员有下列情形之一的，依照《船员条例》第五十二条的规定，处以 1000 元以上 1 万元以下罚款；情节严重的，并给予扣留船员适任证书 6 个月至 24 个月直至吊销船员适任证书的处罚：

（一）在船在岗期间饮酒，体内酒精含量超过规定标准；

（二）在船在岗期间，服用国家管制的麻醉药品或者精神药品。

第十二条 违反《船员条例》第十五条的规定，船员用人单位、船舶所有人有下列未按照规定招用外国籍船员在中国籍船舶上任职情形的，依照《船员条例》第五十五条的规定，责令改正，处以3万元以上15万元以下罚款：

（一）未依照法律、行政法规和国家其他规定取得就业许可；

（二）未持有合格的且签发国与我国签订了船员证书认可协议的船员证书。

第十三条 船员服务机构和船员用人单位未将其招用或者管理的船员的有关情况定期向海事管理机构备案的，按照《船员条例》第五十八条的规定，对责任单位处以5000元以上2万元以下罚款。

本条第一款所称船员服务机构和船员用人单位未定期向海事管理机构备案，包括下列情形：

（一）未按规定进行备案，或者备案内容不全面、不真实；

（二）未按照规定时间备案；

（三）未按照规定的形式备案。

第四节 违反航行、停泊和作业管理秩序

第十四条 船舶、浮动设施的所有人或者经营人违反《内河交通安全管理条例》第六条第（三）项、第七条第（三）项的规定，船舶未按照国务院交通运输主管部门的规定配备船员擅自航行的，或者浮动设施未按照国务院交通运输主管部门的规定配备掌握水上交通安全技能的船员擅自作业的，依照《内河交通安全管理条例》第六十五条的规定，责令限期改正，并处以1万元以上10万元以下罚款；逾期不改正的，责令停航或者停止作业。

本条前款所称船舶未按照国务院交通运输主管部门的规定配备船员擅自航行，包括下列情形：

（一）船舶所配船员的数量低于船舶最低安全配员证书规定的定额要求；

（二）船舶未持有有效的船舶最低安全配员证书。

第十五条 违反《内河交通安全管理条例》第十四条的规定，应当报废的船舶、浮动设施在内河航行或者作业的，依照《内河交通安全管理条例》第六十三条的规定，责令停航或者停止作业，并予以没收。

本条前款所称应当报废的船舶，是指达到国家强制报废年限或者以废钢船名义购买的船舶。

第十六条 违反《内河交通安全管理条例》第十四条、第十八条、第十九条、第二十条、第二十二条的规定，船舶在内河航行有下列行为之一的，依照《内河交通安全管理条例》第六十八条的规定，责令改正，处以5000元以上5万元以下罚款；情节严重的，禁止船舶进出港口或者责令停航，并可以对责任

船员给予扣留船员适任证书或者其他适任证件3个月至6个月的处罚:

(一)未按照规定悬挂国旗;

(二)未按照规定标明船名、船籍港、载重线,或者遮挡船名、船籍港、载重线;

(三)国内航行船舶进出港口未按照规定向海事管理机构报告船舶的航次计划、适航状态、船员配备和载货载客等情况,国际航行船舶未按照规定办理进出口岸手续;

(四)未按照规定申请引航;

(五)船舶进出港口和通过交通管制区、通航密集区、航行条件受到限制区域,未遵守海事管理机构发布的特别规定;

(六)船舶无正当理由进入或者穿越禁航区;

(七)载运或者拖带超重、超长、超高、超宽、半潜的物体,未申请核定航路、航行时间或者未按照核定的航路、时间航行。

第十七条 违反《内河交通安全管理条例》的有关规定,船舶在内河航行、停泊或者作业,不遵守航行、避让和信号显示规则,依照《内河交通安全管理条例》第八十一条的规定,处以1000元以上1万元以下罚款;情节严重的,还应当对责任船员给予扣留船员适任证书或者其他适任证件3个月至6个月直至吊销船员适任证书或者其他适任证件的处罚。

本条前款所称不遵守航行、避让和信号显示规则,包括以下情形:

(一)未采用安全航速航行;

(二)未按照要求保持正规了望;

(三)未按照规定的航路或者航行规则航行;

(四)未按照规定倒车、调头、追越;

(五)未按照规定显示号灯、号型或者鸣放声号;

(六)未按照规定擅自夜航;

(七)在规定必须报告船位的地点,未报告船位;

(八)在禁止横穿航道的航段,穿越航道;

(九)在限制航速的区域和汛期高水位期间未按照海事管理机构规定的航速航行;

(十)不遵守海事管理机构发布的在能见度不良时的航行规定;

(十一)不遵守海事管理机构发布的有关航行、避让和信号规则规定;

(十二)不遵守海事管理机构发布的航行通告、航行警告规定;

(十三)船舶装卸、载运危险货物或者空舱内有可燃气体时,未按照规定悬挂或者显示信号;

（十四）不按照规定保持船舶自动识别系统处于正常工作状态，或者不按照规定在船舶自动识别设备中输入准确信息，或者船舶自动识别系统发生故障未及时向海事管理机构报告；

（十五）未在规定的甚高频通信频道上守听；

（十六）未按照规定进行无线电遇险设备测试；

（十七）船舶停泊未按照规定留足值班人员；

（十八）未按照规定采取保障人员上、下船舶、设施安全的措施；

（十九）不遵守航行、避让和信号显示规则的其他情形。

第十八条 违反《内河交通安全管理条例》第八条、第二十一条的规定，船舶不具备安全技术条件从事货物、旅客运输，或者超载运输货物、超定额运输旅客，依照《内河交通安全管理条例》第八十二条的规定，责令改正，处以 2 万元以上 10 万元以下罚款，并可以对责任船员给予扣留船员适任证书或者其他适任证件 6 个月以上直至吊销船员适任证书或者其他适任证件的处罚，并对超载运输的船舶强制卸载，因卸载而发生的卸货费、存货费、旅客安置费和船舶监管费由船舶所有人或者经营人承担。

本条前款所称船舶不具备安全技术条件从事货物、旅客运输，包括以下情形：

（一）不遵守船舶、设施的配载和系固安全技术规范；

（二）不按照规定载运易流态化货物，或者不按照规定向海事管理机构备案；

（三）遇有不符合安全开航条件的情况而冒险开航；

（四）超过核定航区航行；

（五）船舶违规使用低闪点燃油；

（六）未按照规定拖带或者非拖船从事拖带作业；

（七）未经核准从事大型设施或者移动式平台的水上拖带；

（八）未持有《乘客定额证书》；

（九）未按照规定配备救生设施；

（十）船舶不具备安全技术条件从事货物、旅客运输的其他情形。

本条第一款所称超载运输货物、超定额运输旅客，包括以下情形：

（一）超核定载重线载运货物；

（二）集装箱船装载超过核定箱数；

（三）集装箱载运货物超过集装箱装载限额；

（四）滚装船装载超出检验证书核定的车辆数量；

（五）未经核准乘客定额载客航行；

（六）超乘客定额载运旅客。

第十九条 违反《内河交通安全管理条例》第二十八条的规定，在内河通航水域进行有关作业，不按照规定备案的，依照《内河交通安全管理条例》第七十条的规定，责令改正，处以5000元以上5万元以下罚款。

本条前款所称有关作业，包括以下作业：

（一）气象观测、测量、地质调查；

（二）大面积清除水面垃圾；

（三）可能影响内河通航水域交通安全的其他行为。

本条第二款第（三）项所称可能影响内河通航水域交通安全的其他行为，包括下列行为：

（一）检修影响船舶适航性能设备；

（二）检修通信设备和消防、救生设备；

（三）船舶烧焊或者明火作业；

（四）在非锚地、非停泊区进行编、解队作业；

（五）船舶试航、试车；

（六）船舶悬挂彩灯；

（七）船舶放艇（筏）进行救生演习。

第五节 违反危险货物载运安全监督管理秩序

第二十条 违反《内河交通安全管理条例》第三十条第二款和《危险化学品安全管理条例》第五十四条的规定，有下列情形之一的，依照《危险化学品安全管理条例》第八十七条规定，责令改正，对船舶所有人或者经营人处以10万元以上20万元以下的罚款，有违法所得的，没收违法所得；拒不改正的，责令停航整顿：

（一）通过内河封闭水域运输剧毒化学品以及国家规定禁止通过内河运输的其他危险化学品的；

（二）通过内河运输国家规定禁止通过内河运输的剧毒化学品以及其他危险化学品的。

第二十一条 违反《内河交通安全管理条例》第三十二条、第三十四条的规定，从事危险货物作业，有下列情形之一的，依照《内河交通安全管理条例》第七十一条的规定，责令停止作业或者航行，对负有责任的主管人员或者其他直接责任人员处以2万元以上10万元以下的罚款；属于船员的，并给予扣留船员适任证书或者其他适任证件6个月以上直至吊销船员适任证书或者其他适任证件的处罚：

（一）从事危险货物运输的船舶，未编制危险货物事故应急预案或者未配备相应的应急救援设备和器材的；

（二）船舶载运危险货物进出港或者在港口外装卸、过驳危险货物未经海事管理机构同意的。

第二十二条 违反《危险化学品安全管理条例》第四十四条的规定，有下列情形之一的，依照《危险化学品安全管理条例》第八十六条的规定，由海事管理机构责令改正，处以 5 万元以上 10 万元以下的罚款；拒不改正的，责令停航、停业整顿。

（一）从事危险化学品运输的船员未取得相应的船员适任证书和培训合格证明；

（二）危险化学品运输申报人员、集装箱装箱现场检查员未取得从业资格。

第二十三条 违反《内河交通安全管理条例》第三十一条、《危险化学品安全管理条例》第十八条的规定，运输危险化学品的船舶及其配载的容器未经检验合格而投入使用的，依照《危险化学品安全管理条例》第七十九条的规定，责令改正，对船舶所有人或者经营人处以 10 万元以上 20 万元以下的罚款，有违法所得的，没收违法所得；拒不改正的，责令停航整顿。

第二十四条 违反《内河交通安全管理条例》和《危险化学品安全管理条例》第四十五条的规定，船舶配载和运输危险货物不符合国家有关法律、法规、规章的规定和国家标准，或者未按照危险化学品的特性采取必要安全防护措施的，依照《危险化学品安全管理条例》第八十六条的规定，责令改正，对船舶所有人或者经营人处以 5 万元以上 10 万元以下的罚款；拒不改正的，责令停航整顿。

本条前款所称不符合国家有关法律、法规、规章的规定和国家标准，并按照危险化学品的特性采取必要安全防护措施的，包括下列情形：

（一）船舶未按照规定进行积载和隔离；

（二）船舶载运不符合规定的集装箱危险货物；

（三）装载危险货物的集装箱进出口或者中转未持有《集装箱装箱证明书》或者等效的证明文件；

（四）船舶装载危险货物违反限量、衬垫、紧固规定；

（五）船舶擅自装运未经评估核定危害性的新化学品；

（六）使用不符合要求的船舶装卸设备、机具装卸危险货物，或者违反安全操作规程进行作业，或者影响装卸作业安全的设备出现故障、存在缺陷，不及时纠正而继续进行装卸作业；

（七）船舶装卸危险货物时，未经批准，在装卸作业现场进行明火作业；

（八）船舶在装卸爆炸品、闪点23°C以下的易燃液体，或者散化、液化气体船在装卸易燃易爆货物过程中，检修或者使用雷达、无线电发射机和易产生火花的工（机）具拷铲，或者进行加油、允许他船并靠加水作业；

（九）装载易燃液体、挥发性易燃易爆散装化学品和液化气体的船舶在修理前不按照规定通风测爆；

（十）液货船未按照规定进行驱气或者洗舱作业；

（十一）液货船在装卸作业时不按照规定采取安全措施；

（十二）在液货船上随身携带易燃物品或者在甲板上放置、使用聚焦物品；

（十三）在禁止吸烟、明火的船舶处所吸烟或者使用明火；

（十四）在装卸、载运易燃易爆货物或者空舱内仍有可燃气体的船舶作业现场穿带钉的鞋靴或者穿着、更换化纤服装；

（十五）在海事管理机构公布的水域以外擅自从事过驳作业；

（十六）在进行液货船水上过驳作业时违反安全与防污染管理规定，或者违反安全操作规程；

（十七）船舶进行供油作业时，不按照规定填写《供受油作业安全检查表》，或者不按照《供受油作业安全检查表》采取安全和防污染措施；

（十八）船舶载运危险货物，向海事管理机构申报时隐瞒、谎报危险货物性质或者提交涂改、伪造、变造的危险货物单证；

（十九）在航行、装卸或者停泊时，未按照规定显示信号。

第二十五条　违反《危险化学品安全管理条例》第六十三条的规定，通过船舶载运危险化学品，托运人不向承运人说明所托运的危险化学品的种类、数量、危险特性以及发生危险情况的应急处置措施，或者未按照国家有关规定对所托运的危险化学品妥善包装并在外包装上设置相应标志的，依照《危险化学品安全管理条例》第八十六条的规定，由海事管理机构责令改正，对托运人处以5万元以上10万元以下的罚款；拒不改正的，责令停航整顿。

第二十六条　违反《危险化学品安全管理条例》第六十四条的规定，通过船舶载运危险化学品，在托运的普通货物中夹带危险化学品，或者将危险化学品谎报或者匿报为普通货物托运的，依照《危险化学品安全管理条例》第八十七条的规定，由海事管理机构责令改正，对托运人处以10万元以上20万元以下的罚款，有违法所得的，没收违法所得；拒不改正的，责令停航整顿。

第六节　违反通航安全保障管理秩序

第二十七条　违反《内河交通安全管理条例》第四十五条，有下列行为或者情形之一的，责令改正，并可以处以2000元以下的罚款；拒不改正的，责令施工作业单位、施工作业的船舶和设施停止作业：

（一）未按照有关规定申请发布航行警告、航行通告即行实施水上水下活动的；

（二）水上水下活动与航行警告、航行通告中公告的内容不符的。

第二十八条 违反《内河交通安全管理条例》第二十九条的规定，在内河通航水域进行可能影响通航安全的作业或者活动，未按照规定设置标志、显示信号的，依照《内河交通安全管理条例》第七十条的规定，处以5000元以上5万元以下罚款。

本条前款所称可能影响通航安全的作业或者活动，包括《内河交通安全管理条例》第二十五条、第二十八条规定的作业或者活动。

第七节 违反船舶、浮动设施遇险救助管理秩序

第二十九条 违反《内河交通安全管理条例》第四十六条、第四十七条的规定，遇险后未履行报告义务，或者不积极施救的，依照《内河交通安全管理条例》第七十六条的规定，对船舶、浮动设施或者责任人员给予警告，并对责任船员给予扣留船员适任证书或者其他适任证件3个月至6个月直至吊销船员适任证书或者其他适任证件的处罚。

本条前款所称遇险后未履行报告义务，包括下列情形：

（一）船舶、浮动设施遇险后，未按照规定迅速向遇险地海事管理机构以及船舶、浮动设施所有人、经营人报告；

（二）船舶、浮动设施遇险后，未按照规定报告遇险的时间、地点、遇险状况、遇险原因、救助要求；

（三）发现其他船舶、浮动设施遇险，或者收到求救信号，船舶、浮动设施上的船员或者其他人员未将有关情况及时向遇险地海事管理机构报告。

本条第一款所称不积极施救，包括下列情形：

（一）船舶、浮动设施遇险后，不积极采取有效措施进行自救；

（二）船舶、浮动设施发生碰撞等事故后，在不严重危及自身安全的情况下，不积极救助遇险他方；

（三）附近船舶、浮动设施遇险，或者收到求救信号后，船舶、浮动设施上的船员或者其他人员未尽力救助遇险人员。

第三十条 违反《内河交通安全管理条例》第四十九条第二款的规定，遇险现场和附近的船舶、船员不服从海事管理机构的统一调度和指挥的，依照《内河交通安全管理条例》第七十八条的规定，对船舶、浮动设施或者责任人员给予警告，并对责任船员给予扣留船员适任证书或者其他适任证件3个月至6

个月直至吊销船员适任证书或者其他适任证件的处罚。

第八节　违反内河交通事故调查处理秩序

第三十一条　违反《内河交通安全管理条例》第五十条、第五十二条的规定，船舶、浮动设施发生水上交通事故，阻碍、妨碍内河交通事故调查取证，或者谎报、匿报、毁灭证据的，依照《内河交通安全管理条例》第八十四条的规定，给予警告，并对直接责任人员处以1000元以上1万元以下的罚款；属于船员的，并给予扣留船员适任证书或者其他适任证件12个月以上直至吊销船员适任证书或者其他适任证件的处罚。

本条前款所称阻碍、妨碍内河交通事故调查取证，包括下列情形：

（一）未按照规定立即报告事故；

（二）事故报告内容不真实，不符合规定要求；

（三）事故发生后，未做好现场保护，影响事故调查进行；

（四）在未出现危及船舶安全的情况下，未经海事管理机构的同意擅自驶离指定地点；

（五）未按照海事管理机构的要求驶往指定地点影响事故调查工作；

（六）拒绝接受事故调查或者阻碍、妨碍进行事故调查取证；

（七）因水上交通事故致使船舶、设施发生损害，未按照规定进行检验或者鉴定，或者不向海事管理机构提交检验或者鉴定报告副本，影响事故调查；

（八）其他阻碍、妨碍内河交通事故调查取证的情形。

本条第一款所称谎报、匿报、毁灭证据，包括下列情形：

（一）隐瞒事实或者提供虚假证明、证词；

（二）故意涂改航海日志等法定文书、文件；

（三）其他谎报、匿报、毁灭证据的情形。

第三十二条　违反《内河交通安全管理条例》的有关规定，船舶、浮动设施造成内河交通事故的，除依法承担相应的法律责任外，依照《内河交通安全管理条例》第七十七条的规定，对责任船员给予下列处罚：

（一）造成特别重大事故的，对负有全部责任、主要责任的船员吊销船员适任证书或者其他适任证件，对负有次要责任的船员扣留船员适任证书或者其他适任证件12个月直至吊销船员适任证书或者其他适任证件；责任相当的，对责任船员扣留船员适任证书或者其他适任证件24个月或者吊销船员适任证书或者其他适任证件。

（二）造成重大事故的，对负有全部责任、主要责任的船员吊销船员适任证书或者其他适任证件；对负有次要责任的船员扣留船员适任证书或者其他适任证件 12 个月至 24 个月；责任相当的，对责任船员扣留船员适任证书或者其他适任证件 18 个月或者吊销船员适任证书或者其他适任证件。

（三）造成较大事故的，对负有全部责任、主要责任的船员扣留船员适任证书或者其他适任证件 12 个月至 24 个月或者吊销船员适任证书或者其他适任证件，对负有次要责任的船员扣留船员适任证书或者其他适任证件 6 个月；责任相当的，对责任船员扣留船员适任证书或者其他适任证件 12 个月。

（四）造成一般事故的，对负有全部责任、主要责任的船员扣留船员适任证书或者其他适任证件 9 个月至 12 个月，对负有次要责任的船员扣留船员适任证书或者其他适任证件 6 个月至 9 个月；责任相当的，对责任船员扣留船员适任证书或者其他适任证件 9 个月。

第九节　违反防治船舶污染水域监督管理秩序

第三十三条　本节中所称水污染、污染物与《水污染防治法》中的同一用语的含义相同。

第三十四条　违反《水污染防治法》规定，有下列行为之一的，依照《水污染防治法》第九十条的规定进行处罚：

（一）向水体倾倒船舶垃圾或者排放船舶的残油、废油的；

（二）未经作业地海事管理机构批准，船舶进行散装液体污染危害性货物的过驳作业的；

（三）船舶及有关作业单位从事有污染风险的作业活动，未按照规定采取污染防治措施的；

（四）以冲滩方式进行船舶拆解的；

（五）进入中华人民共和国内河的国际航线船舶，排放不符合规定的船舶压载水的。

违反《水污染防治法》的规定，船舶造成水污染事故的，依照《水污染防治法》第九十四条的规定，造成一般或者较大水污染事故的，处以直接损失的 20%的罚款；造成重大或者特大水污染事故的，处以直接损失的 30%的罚款。

第三十五条　违反《水污染防治法》第三十条的规定，拒绝海事管理机构现场检查，或者弄虚作假的，依照《水污染防治法》第八十一条的规定进行处罚。

第三十六条　拆船单位违反《防止拆船污染环境管理条例》的规定，有下列情形之一的，依照《防止拆船污染环境管理条例》第十七条的规定，除责令限期纠正外，还可以根据不同情节，处以 1 万元以上 10 万元以下的罚款：

（一）未持有经批准的环境影响报告书（表），擅自设置拆船厂进行拆船的；

（二）发生污染损害事故，不向监督拆船污染的海事管理机构报告，也不采取消除或者控制污染措施的；

（三）废油船未经洗舱、排污、清舱和测爆即进行拆解的；

（四）任意排放或者丢弃污染物造成严重污染的。

第三十七条 拆船单位违反《防止拆船污染环境管理条例》第七条、第十条、第十五条、第十六条的规定，有下列行为之一的，依照《防止拆船污染环境管理条例》第十八条的规定，除责令其限期纠正外，还可以根据不同情节，处以警告或者处以1万元以下的罚款：

（一）拒绝或者阻挠海事管理机构进行拆船现场检查或者在被检查时弄虚作假的；

（二）未按照规定要求配备和使用防污设施、设备和器材，造成水域污染的；

（三）发生污染事故，虽采取消除或者控制污染措施，但不向海事管理机构报告的；

（四）拆船单位关闭、搬迁后，原厂址的现场清理不合格的。

第三章　附　　则

第三十八条 内河海事行政处罚程序适用《交通运输行政执法程序规定》。

第三十九条 海事管理机构办理海事行政处罚案件，应当使用交通运输部制订的统一格式的海事行政处罚文书。

第四十条 本规定自2015年7月1日起施行。2004年12月7日以交通部令2004年第13号公布的《中华人民共和国内河海事行政处罚规定》同时废止。

机动车驾驶员培训管理规定

（2022年9月26日交通运输部令2022年第32号公布　自2022年11月1日起施行　国司备字［2022007332］）

第一章　总　　则

第一条 为规范机动车驾驶员培训经营活动，维护机动车驾驶员培训市场秩序，保护各方当事人的合法权益，根据《中华人民共和国道路交通安全法》

《中华人民共和国道路运输条例》等有关法律、行政法规，制定本规定。

第二条 从事机动车驾驶员培训业务的，应当遵守本规定。

机动车驾驶员培训业务是指以培训学员的机动车驾驶能力或者以培训道路运输驾驶人员的从业能力为教学任务，为社会公众有偿提供驾驶培训服务的活动。包括对初学机动车驾驶人员、增加准驾车型的驾驶人员和道路运输驾驶人员所进行的驾驶培训、继续教育以及机动车驾驶员培训教练场经营等业务。

第三条 机动车驾驶员培训实行社会化，从事机动车驾驶员培训业务应当依法经营，诚实信用，公平竞争。

第四条 机动车驾驶员培训管理应当公平、公正、公开和便民。

第五条 交通运输部主管全国机动车驾驶员培训管理工作。

县级以上地方人民政府交通运输主管部门（以下简称交通运输主管部门）负责本行政区域内的机动车驾驶员培训管理工作。

第二章 经营备案

第六条 机动车驾驶员培训依据经营项目、培训能力和培训内容实行分类备案。

机动车驾驶员培训业务根据经营项目分为普通机动车驾驶员培训、道路运输驾驶员从业资格培训和机动车驾驶员培训教练场经营三类。

普通机动车驾驶员培训根据培训能力分为一级普通机动车驾驶员培训、二级普通机动车驾驶员培训和三级普通机动车驾驶员培训三类。

道路运输驾驶员从业资格培训根据培训内容分为道路客货运输驾驶员从业资格培训和危险货物运输驾驶员从业资格培训两类。

第七条 从事三类（含三类）以上车型普通机动车驾驶员培训业务的，备案为一级普通机动车驾驶员培训；从事两类车型普通机动车驾驶员培训业务的，备案为二级普通机动车驾驶员培训；只从事一类车型普通机动车驾驶员培训业务的，备案为三级普通机动车驾驶员培训。

第八条 从事经营性道路旅客运输驾驶员、经营性道路货物运输驾驶员从业资格培训业务的，备案为道路客货运输驾驶员从业资格培训；从事道路危险货物运输驾驶员从业资格培训业务的，备案为危险货物运输驾驶员从业资格培训。

第九条 从事机动车驾驶员培训教练场经营业务的，备案为机动车驾驶员培训教练场经营。

第十条　从事普通机动车驾驶员培训业务的，应当具备下列条件：

（一）取得企业法人资格。

（二）有健全的组织机构。

包括教学、教练员、学员、质量、安全、结业考核和设施设备管理等组织机构，并明确负责人、管理人员、教练员和其他人员的岗位职责。具体要求按照有关国家标准执行。

（三）有健全的管理制度。

包括安全管理制度、教练员管理制度、学员管理制度、培训质量管理制度、结业考核制度、教学车辆管理制度、教学设施设备管理制度、教练场地管理制度、档案管理制度等。具体要求按照有关国家标准执行。

（四）有与培训业务相适应的教学人员。

1. 有与培训业务相适应的理论教练员。机动车驾驶员培训机构聘用的理论教练员应当具备以下条件：

持有机动车驾驶证，具有汽车及相关专业中专以上学历或者汽车及相关专业中级以上技术职称，具有 2 年以上安全驾驶经历，掌握道路交通安全法规、驾驶理论、机动车构造、交通安全心理学、常用伤员急救等安全驾驶知识，了解车辆环保和节约能源的有关知识，了解教育学、教育心理学的基本教学知识，具备编写教案、规范讲解的授课能力。

2. 有与培训业务相适应的驾驶操作教练员。机动车驾驶员培训机构聘用的驾驶操作教练员应当具备以下条件：

持有相应的机动车驾驶证，年龄不超过 60 周岁，符合一定的安全驾驶经历和相应车型驾驶经历，熟悉道路交通安全法规、驾驶理论、机动车构造、交通安全心理学和应急驾驶的基本知识，了解车辆维护和常见故障诊断等有关知识，具备驾驶要领讲解、驾驶动作示范、指导驾驶的教学能力。

3. 所配备的理论教练员数量要求及每种车型所配备的驾驶操作教练员数量要求应当按照有关国家标准执行。

（五）有与培训业务相适应的管理人员。

管理人员包括理论教学负责人、驾驶操作训练负责人、教学车辆管理人员、结业考核人员和计算机管理人员等。具体要求按照有关国家标准执行。

（六）有必要的教学车辆。

1. 所配备的教学车辆应当符合国家有关技术标准要求，并装有副后视镜、副制动踏板、灭火器及其他安全防护装置。具体要求按照有关国家标准执行。

2. 从事一级普通机动车驾驶员培训的，所配备的教学车辆不少于 80 辆；从事二级普通机动车驾驶员培训的，所配备的教学车辆不少于 40 辆；从事三级普通机动车驾驶员培训的，所配备的教学车辆不少于20辆。具体要求按照有关国家标准执行。

（七）有必要的教学设施、设备和场地。

具体要求按照有关国家标准执行。租用教练场地的，还应当持有书面租赁合同和出租方土地使用证明，租赁期限不得少于3年。

第十一条 从事道路运输驾驶员从业资格培训业务的，应当具备下列条件：

（一）取得企业法人资格。

（二）有健全的组织机构。

包括教学、教练员、学员、质量、安全和设施设备管理等组织机构，并明确负责人、管理人员、教练员和其他人员的岗位职责。具体要求按照有关国家标准执行。

（三）有健全的管理制度。

包括安全管理制度、教练员管理制度、学员管理制度、培训质量管理制度、教学车辆管理制度、教学设施设备管理制度、教练场地管理制度、档案管理制度等。具体要求按照有关国家标准执行。

（四）有与培训业务相适应的教学车辆。

1. 从事道路客货运输驾驶员从业资格培训业务的，应当同时具备大型客车、城市公交车、中型客车、小型汽车、小型自动挡汽车等五种车型中至少一种车型的教学车辆和重型牵引挂车、大型货车等两种车型中至少一种车型的教学车辆。

2. 从事危险货物运输驾驶员从业资格培训业务的，应当具备重型牵引挂车、大型货车等两种车型中至少一种车型的教学车辆。

3. 所配备的教学车辆不少于5辆，且每种车型教学车辆不少于2辆。教学车辆具体要求按照有关国家标准执行。

（五）有与培训业务相适应的教学人员。

1. 从事道路客货运输驾驶员从业资格理论知识培训的，教练员应当持有机动车驾驶证，具有汽车及相关专业大专以上学历或者汽车及相关专业高级以上技术职称，具有2年以上安全驾驶经历，熟悉道路交通安全法规、驾驶理论、旅客运输法规、货物运输法规以及机动车维修、货物装卸保管和旅客急救等相关知识，了解教育学、教育心理学的基本教学知识，具备编写教案、规范讲解的授课能力，具有2年以上从事普通机动车驾驶员培训的教学经历，且近2年无不良的教学记录。从事应用能力教学的，还应当具有相应车型的驾驶经历，熟悉机动车安全检视、伤员急救、危险源辨识与防御性驾驶以及节能驾驶的相关知识，具备相应的教学能力。

2. 从事危险货物运输驾驶员从业资格理论知识培训的，教练员应当持有机动车驾驶证，具有化工及相关专业大专以上学历或者化工及相关专业高级以上技术职称，具有2年以上安全驾驶经历，熟悉道路交通安全法规、驾驶理论、危险货物运输法规、危险化学品特性、包装容器使用方法、职业安全防护和应急救援等知识，具备相应的授课能力，具有2年以上化工及相关专业的教学经历，且近2年无不良的教学记录。从事应用能力教学的，还应当具有相应车型的驾驶经历，熟悉机动车安全检视、伤员急救、危险源辨识与防御性驾驶以及节能驾驶的相关知识，具备相应的教学能力。

3. 所配备教练员的数量应不低于教学车辆的数量。

（六）有必要的教学设施、设备和场地。

1. 配备相应车型的教练场地，机动车构造、机动车维护、常见故障诊断和排除、货物装卸保管、医学救护、消防器材等教学设施、设备和专用场地。教练场地要求按照有关国家标准执行。

2. 从事危险货物运输驾驶员从业资格培训业务的，还应当同时配备常见危险化学品样本、包装容器、教学挂图、危险化学品实验室等设施、设备和专用场地。

第十二条 从事机动车驾驶员培训教练场经营业务的，应当具备下列条件：

（一）取得企业法人资格。

（二）有与经营业务相适应的教练场地。具体要求按照有关国家标准执行。

（三）有与经营业务相适应的场地设施、设备，办公、教学、生活设施以及维护服务设施。具体要求按照有关国家标准执行。

（四）具备相应的安全条件。包括场地封闭设施、训练区隔离设施、安全通道以及消防设施、设备等。具体要求按照有关国家标准执行。

（五）有相应的管理人员。包括教练场安全负责人、档案管理人员以及场地设施、设备管理人员。

（六）有健全的安全管理制度。包括安全检查制度、安全责任制度、教学车辆安全管理制度以及突发事件应急预案等。

第十三条 从事机动车驾驶员培训业务的，应当依法向市场监督管理部门办理有关登记手续后，最迟不晚于开始经营活动的15日内，向所在地县级交通运输主管部门办理备案，并提交以下材料，保证材料真实、完整、有效：

（一）《机动车驾驶员培训备案表》（式样见附件1）；

（二）企业法定代表人身份证明；
（三）经营场所使用权证明或者产权证明；
（四）教练场地使用权证明或者产权证明；
（五）教练场地技术条件说明；
（六）教学车辆技术条件、车型及数量证明（从事机动车驾驶员培训教练场经营的无需提交）；
（七）教学车辆购置证明（从事机动车驾驶员培训教练场经营的无需提交）；
（八）机构设置、岗位职责和管理制度材料；
（九）各类设施、设备清单；
（十）拟聘用人员名册、职称证明；
（十一）营业执照；
（十二）学时收费标准。

从事普通机动车驾驶员培训业务的，在提交备案材料时，应当同时提供由公安机关交通管理部门出具的相关人员安全驾驶经历证明，安全驾驶经历的起算时间自备案材料提交之日起倒计。

第十四条 县级交通运输主管部门收到备案材料后，对材料齐全且符合要求的，应当予以备案并编号归档；对材料不齐全或者不符合要求的，应当当场或者自收到备案材料之日起 5 日内一次性书面通知备案人需要补充的全部内容。

第十五条 机动车驾驶员培训机构变更培训能力、培训车型及数量、培训内容、教练场地等备案事项的，应当符合法定条件、标准，并在变更之日起 15 日内向原备案部门办理备案变更。

机动车驾驶员培训机构名称、法定代表人、经营场所等营业执照登记事项发生变化的，应当在完成营业执照变更登记后 15 日内向原备案部门办理变更手续。

第十六条 机动车驾驶员培训机构需要终止经营的，应当在终止经营前 30 日内书面告知原备案部门。

第十七条 县级交通运输主管部门应当向社会公布已备案的机动车驾驶员培训机构名称、法定代表人、经营场所、培训车型、教练场地等信息，并及时更新，供社会查询和监督。

第三章 教练员管理

第十八条 机动车驾驶培训教练员实行职业技能等级制度。鼓励机动车驾驶员培训机构优先聘用取得职业技能等级证书的人员担任教练员。鼓励教练员同时具备理论教练员和驾驶操作教练员的教学水平。

第十九条 机动车驾驶员培训机构应当建立健全教练员聘用管理制度，不得聘用最近连续3个记分周期内有交通违法记分满分记录或者发生交通死亡责任事故、组织或者参与考试舞弊、收受或者索取学员财物的人员担任教练员。

第二十条 教练员应当按照统一的教学大纲规范施教，并如实填写《教学日志》和《机动车驾驶员培训记录》(以下简称《培训记录》，式样见附件2)。

在教学过程中，教练员不得将教学车辆交给与教学无关人员驾驶。

第二十一条 机动车驾驶员培训机构应当对教练员进行道路交通安全法律法规、教学技能、应急处置等相关内容的岗前培训，加强对教练员职业道德教育和驾驶新知识、新技术的再教育，对教练员每年进行至少一周的培训，提高教练员的职业素质。

第二十二条 机动车驾驶员培训机构应当加强对教练员教学情况的监督检查，定期开展教练员教学质量信誉考核，公布考核结果，督促教练员提高教学质量。

第二十三条 省级交通运输主管部门应当制定教练员教学质量信誉考核办法，考核内容应当包括教练员的教学业绩、教学质量排行情况、参加再教育情况、不良记录等。

第二十四条 机动车驾驶员培训机构应当建立教练员档案，并将教练员档案主要信息按要求报送县级交通运输主管部门。

教练员档案包括教练员的基本情况、职业技能等级证书取得情况、参加岗前培训和再教育情况、教学质量信誉考核情况等。

县级交通运输主管部门应当建立教练员信息档案，并通过信息化手段对教练员信息档案进行动态管理。

第四章 经营管理

第二十五条 机动车驾驶员培训机构开展培训业务，应当与备案事项保持一致，并保持备案经营项目需具备的业务条件。

第二十六条 机动车驾驶员培训机构应当在经营场所的醒目位置公示其经营项目、培训能力、培训车型、培训内容、收费项目、收费标准、教练员、教学场地、投诉方式、学员满意度评价参与方式等情况。

第二十七条 机动车驾驶员培训机构应当与学员签订培训合同，明确双方权利义务,按照合同约定提供培训服务,保障学员自主选择教练员等合法权益。

第二十八条 机动车驾驶员培训机构应当在备案地开展培训业务,不得采取异地培训、恶意压价、欺骗学员等不正当手段开展经营活动,不得允许社会车辆以其名义开展机动车驾驶员培训经营活动。

第二十九条 机动车驾驶员培训实行学时制,按照学时合理收取费用。鼓励机动车驾驶员培训机构提供计时培训计时收费、先培训后付费服务模式。

对每个学员理论培训时间每天不得超过6个学时,实际操作培训时间每天不得超过4个学时。

第三十条 机动车驾驶员培训机构应当建立学时预约制度,并向社会公布联系电话和预约方式。

第三十一条 参加机动车驾驶员培训的人员,在报名时应当填写《机动车驾驶员培训学员登记表》(以下简称《学员登记表》,式样见附件3),并提供身份证明。参加道路运输驾驶员从业资格培训的人员,还应当同时提供相应的驾驶证。报名人员应当对所提供材料的真实性负责。

第三十二条 机动车驾驶员培训机构应当按照全国统一的教学大纲内容和学时要求,制定教学计划,开展培训教学活动。

培训教学活动结束后,机动车驾驶员培训机构应当组织学员结业考核,向考核合格的学员颁发《机动车驾驶员培训结业证书》(以下简称《结业证书》,式样见附件4)。

《结业证书》由省级交通运输主管部门按照全国统一式样监制并编号。

第三十三条 机动车驾驶员培训机构应当建立学员档案。学员档案主要包括:《学员登记表》、《教学日志》、《培训记录》、《结业证书》复印件等。

学员档案保存期不少于4年。

第三十四条 机动车驾驶员培训机构应当使用符合标准并取得牌证、具有统一标识的教学车辆。

教学车辆的统一标识由省级交通运输主管部门负责制定,并组织实施。

第三十五条 机动车驾驶员培训机构应当按照国家有关规定对教学车辆进行定期维护和检测,保持教学车辆性能完好,满足教学和安全行车的要求,并按照国家有关规定及时更新。

禁止使用报废、检测不合格和其他不符合国家规定的车辆从事机动车驾驶员培训业务。不得随意改变教学车辆的用途。

第三十六条 机动车驾驶员培训机构应当建立教学车辆档案。教学车辆档案主要内容包括:车辆基本情况、维护和检测情况、技术等级记录、行驶里程记录等。

教学车辆档案应当保存至车辆报废后1年。

第三十七条 机动车驾驶员培训机构应当在其备案的教练场地开展基础和场地驾驶培训。

机动车驾驶员培训机构在道路上进行培训活动，应当遵守公安机关交通管理部门指定的路线和时间，并在教练员随车指导下进行，与教学无关的人员不得乘坐教学车辆。

第三十八条 机动车驾驶员培训机构应当保持教学设施、设备的完好，充分利用先进的科技手段，提高培训质量。

第三十九条 机动车驾驶员培训机构应当按照有关规定，向交通运输主管部门报送《培训记录》以及有关统计资料等信息。

《培训记录》应当经教练员签字、机动车驾驶员培训机构审核确认。

第四十条 交通运输主管部门应当根据机动车驾驶员培训机构执行教学大纲、颁发《结业证书》等情况，对《培训记录》及有关资料进行严格审查。

第四十一条 省级交通运输主管部门应当建立机动车驾驶员培训机构质量信誉考评体系，制定机动车驾驶员培训监督管理的量化考核标准，并定期向社会公布对机动车驾驶员培训机构的考核结果。

机动车驾驶员培训机构质量信誉考评应当包括培训机构的基本情况、学员满意度评价情况、教学大纲执行情况、《结业证书》发放情况、《培训记录》填写情况、培训业绩、考试情况、不良记录、教练员教学质量信誉考核开展情况等内容。

机动车驾驶员培训机构的学员满意度评价应当包括教学质量、服务质量、教学环境、教学方式、教练员评价等内容，具体实施细则由省级交通运输主管部门确定。

第五章 监督检查

第四十二条 交通运输主管部门应当依法对机动车驾驶员培训经营活动进行监督检查，督促机动车驾驶员培训机构及时办理备案手续，加强对机动车驾驶员培训机构是否备案、是否保持备案经营项目需具备的业务条件、备案事项与实际从事业务是否一致等情况的检查。

监督检查活动原则上随机抽取检查对象、检查人员，严格遵守《交通运输行政执法程序规定》等相关规定，检查结果向社会公布。

第四十三条 机动车驾驶员培训机构、管理人员、教练员、学员以及其他相关人员应当积极配合执法检查人员的监督检查工作，如实反映情况，提供有关资料。

第四十四条 已经备案的机动车驾驶员培训机构未保持备案经营项目需具备的业务条件的，交通运输主管部门应当责令其限期整改，并将整改要求、整改结果等相关情况向社会公布。

第四十五条 交通运输主管部门应当健全信用管理制度，加强机动车驾驶员培训机构质量信誉考核结果的运用，强化对机动车驾驶员培训机构和教练员的信用监管。

第四十六条 交通运输主管部门应当与相关部门建立健全协同监管机制，及时向公安机关、市场监督管理等部门通报机动车驾驶员培训机构备案、停业、终止经营等信息，加强部门间信息共享和跨部门联合监管。

第四十七条 鼓励机动车驾驶员培训相关行业协会健全完善行业规范，加强行业自律，促进行业持续健康发展。

第六章 法律责任

第四十八条 违反本规定，从事机动车驾驶员培训业务，有下列情形之一的，由交通运输主管部门责令改正；拒不改正的，处 5000 元以上 2 万元以下的罚款：

（一）从事机动车驾驶员培训业务未按规定办理备案的；

（二）未按规定办理备案变更的；

（三）提交虚假备案材料的。

有前款第三项行为且情节严重的，其直接负责的主管人员和其他直接责任人员 5 年内不得从事原备案的机动车驾驶员培训业务。

第四十九条 违反本规定，机动车驾驶员培训机构不严格按照规定进行培训或者在培训结业证书发放时弄虚作假，有下列情形之一的，由交通运输主管部门责令改正；拒不改正的，责令停业整顿：

（一）未按全国统一的教学大纲进行培训的；

（二）未在备案的教练场地开展基础和场地驾驶培训的；

（三）未按规定组织学员结业考核或者未向培训结业的人员颁发《结业证书》的；

（四）向未参加培训、未完成培训、未参加结业考核或者结业考核不合格的人员颁发《结业证书》的。

第五十条 违反本规定，机动车驾驶员培训机构有下列情形之一的，由交通运输主管部门责令限期整改，逾期整改不合格的，予以通报批评：

（一）未在经营场所的醒目位置公示其经营项目、培训能力、培训车型、培训内容、收费项目、收费标准、教练员、教学场地、投诉方式、学员满意度评价参与方式等情况的；

（二）未按规定聘用教学人员的；

（三）未按规定建立教练员档案、学员档案、教学车辆档案的；

（四）未按规定报送《培训记录》、教练员档案主要信息和有关统计资料等信息的；

（五）使用不符合规定的车辆及设施、设备从事教学活动的；

（六）存在索取、收受学员财物或者谋取其他利益等不良行为的；

（七）未按规定与学员签订培训合同的；

（八）未按规定开展教练员岗前培训或者再教育的；

（九）未定期开展教练员教学质量信誉考核或者未公布考核结果的。

第五十一条 违反本规定，教练员有下列情形之一的，由交通运输主管部门责令限期整改；逾期整改不合格的，予以通报批评：

（一）未按全国统一的教学大纲进行教学的；

（二）填写《教学日志》《培训记录》弄虚作假的；

（三）教学过程中有道路交通安全违法行为或者造成交通事故的；

（四）存在索取、收受学员财物或者谋取其他利益等不良行为的；

（五）未按规定参加岗前培训或者再教育的；

（六）在教学过程中将教学车辆交给与教学无关人员驾驶的。

第五十二条 违反本规定，交通运输主管部门的工作人员有下列情形之一的，依法给予处分；构成犯罪的，依法追究刑事责任：

（一）不按规定为机动车驾驶员培训机构办理备案的；

（二）参与或者变相参与机动车驾驶员培训业务的；

（三）发现违法行为不及时查处的；

（四）索取、收受他人财物或者谋取其他利益的；

（五）有其他违法违纪行为的。

第七章 附 则

第五十三条 本规定自2022年11月1日起施行。2006年1月12日以交通部令2006年第2号公布的《机动车驾驶员培训管理规定》、2016年4月21日以交通运输部令2016年第51号公布的《关于修改〈机动车驾驶员培训管理规定〉的决定》同时废止。

附件 1

机动车驾驶员培训备案表

（□备案　□备案变更）

<table>
<tr><td colspan="2">培训机构名称</td><td colspan="7">（与营业执照名称一致）</td></tr>
<tr><td colspan="2">统一社会信用代码</td><td colspan="4"></td><td>开始经营活动时间</td><td colspan="2"></td></tr>
<tr><td colspan="2">经营场所地址</td><td colspan="7">××省（区、市）××市（州）××县（市、区）××街（镇、乡）××号</td></tr>
<tr><td>教练场地址</td><td colspan="5">××省（区、市）××市（州）××县（市、区）××街（镇、乡）××号</td><td>教练场地面积</td><td colspan="2"></td></tr>
<tr><td rowspan="4">企业主要负责人</td><td rowspan="2">法定代表人</td><td colspan="2">姓名</td><td colspan="2"></td><td>身份证号（有效证件号码）</td><td colspan="2"></td></tr>
<tr><td colspan="2">联系电话</td><td colspan="2"></td><td>电子邮箱/传真</td><td colspan="2"></td></tr>
<tr><td rowspan="2">主要负责人</td><td colspan="2">姓名</td><td colspan="2"></td><td>身份证号（有效证件号码）</td><td colspan="2"></td></tr>
<tr><td colspan="2">联系电话</td><td colspan="2"></td><td>电子邮箱/传真</td><td colspan="2"></td></tr>
<tr><td>经办人</td><td></td><td colspan="2">联系电话</td><td colspan="2"></td><td>身份证号（有效证件号码）</td><td colspan="2"></td></tr>
<tr><td>企业类型</td><td colspan="8">（与营业执照类型一致）</td></tr>
<tr><td colspan="9">经营项目</td></tr>
<tr><td colspan="3">□普通机动车驾驶员培训</td><td colspan="5">□道路运输驾驶员从业资格培训</td><td>□机动车驾驶员培训教练场经营</td></tr>
<tr><td>培训能力</td><td colspan="3">□一级　□二级　□三级</td><td>培训内容</td><td colspan="3">□道路客货运输驾驶员　□危险货物运输驾驶员</td><td rowspan="7">——</td></tr>
<tr><td rowspan="5">培训车型及数量（辆）</td><td colspan="3">□1. 大中型客车</td><td colspan="4">A1（　）A3（　）B1（　）</td></tr>
<tr><td colspan="3">□2. 大型货车及牵引车</td><td colspan="4">A2（　）B2（　）C6（　）</td></tr>
<tr><td colspan="3">□3. 小型客货车</td><td colspan="4">C1（　）C2（　）C3（　）C5（　）</td></tr>
<tr><td colspan="3">□4. 三轮汽车及摩托车</td><td colspan="4">C4（　）D（　）E（　）F（　）</td></tr>
<tr><td colspan="3">□5. 其他</td><td colspan="4">M（　）N（　）P（　）</td></tr>
<tr><td>教学车辆</td><td colspan="7">合计（辆）：</td></tr>
</table>

续表

<table>
<tr><td>备案材料</td><td colspan="2">□ 1. 营业执照
□ 2. 企业法定代表人身份证明
□ 3. 从事普通机动车驾驶员培训业务的,请提供具备相关培训业务条件材料
□ 4. 从事道路运输驾驶员从业资格培训业务的,请提供具备相关培训业务条件材料
□ 5. 从事机动车驾驶员培训教练场经营业务的,请提供具备相关培训业务条件材料</td></tr>
<tr><td colspan="3">本经营者承诺:
1. 已知晓《中华人民共和国道路运输条例》《机动车驾驶员培训管理规定》等国家有关法律法规及机动车驾驶员培训机构、教练场技术要求等相关标准,知晓从事机动车驾驶员培训业务条件要求和备案要求;
2. 已具备从事机动车驾驶员培训业务条件,在完成备案后严格按照备案事项开展培训业务;
3. 在备案事项发生变化时,能按照规定及时办理备案变更;
4. 所提供的备案材料信息内容真实、准确,不存在虚假记载、误导性陈述或者重大遗漏,所有文件的签名、印章真实有效。如有不实之处,愿承担相应的法律责任。
法定代表人(签字): 单位(盖章): 年 月 日</td></tr>
<tr><td colspan="2">□ 备案材料齐全且符合要求;
□ 备案材料不齐全或者不符合要求,请补充:______
承办人(签字):
年 月 日</td><td>复核人(签字):
备案编号:
备案部门(盖章):
年 月 日</td></tr>
</table>

填写说明:

1. 经营场所地址指主要办公场所地址,承办人是指备案部门受理备案并对备案材料依法进行审查的工作人员,复核人是指备案部门对备案材料进行复核并备案编号的工作人员;
2. 培训机构可依据培训能力勾选培训车型种类,并填写对应车辆数量。培训车型分为大中型客车(含大型客车、城市公交车、中型客车)、大型货车及牵引车(含重型牵引挂车、大型货车、轻型牵引挂车)、小型客货车(含小型汽车、小型自动挡汽车、低速载货汽车、残疾人专用小型自动挡载客汽车)、三轮汽车及摩托车(含三轮汽车、普通三轮摩托车、普通二轮摩托车、轻便摩托车)、其他(含轮式专用机械车、无轨电车、有轨电车)等五类;
3. 办理备案变更的,仅需填写变更事项,并与原备案表一并存档;
4. 备案编号规则:由“备案部门所在行政区域代码”+“四位数字顺序编号(0001)”组成;
5. 此表中所列要素为备案必备内容,各省可根据此表式样,结合管理需求,自行设计使用;
6. 此表一式两份,机动车驾驶员培训机构和备案部门各执一份。

附件 2

机动车驾驶员培训记录

NO.

<table>
<tr><td>姓　名</td><td></td><td>性别</td><td></td><td>身份证号</td><td colspan="2"></td><td>入学时间</td><td colspan="2"></td><td rowspan="3">（照片）</td></tr>
<tr><td>家庭住址</td><td colspan="5"></td><td>联系方式</td><td colspan="3"></td></tr>
<tr><td>申请车型</td><td colspan="9">A1□　A2□　A3□　B1□　B2□　C1□　C2□　C3□　C4□　C5□　C6□　D□　E□　F□　M□　N□　P□</td></tr>
<tr><td>培训项目</td><td>培训学时</td><td colspan="2">学员签名</td><td colspan="2">教练员签名</td><td colspan="3">培训机构意见</td><td colspan="2">交通运输主管部门审核</td></tr>
<tr><td>第一部分</td><td></td><td colspan="2">年　月　日</td><td colspan="2">年　月　日</td><td colspan="3">签名：　（盖章）
年　月　日</td><td colspan="2">签名：　（盖章）
年　月　日</td></tr>
<tr><td>第二部分</td><td></td><td colspan="2">年　月　日</td><td colspan="2">年　月　日</td><td colspan="3">签名：　（盖章）
年　月　日</td><td colspan="2">签名：　（盖章）
年　月　日</td></tr>
<tr><td>第三部分</td><td></td><td colspan="2">年　月　日</td><td colspan="2">年　月　日</td><td colspan="3">签名：　（盖章）
年　月　日</td><td colspan="2">签名：　（盖章）
年　月　日</td></tr>
<tr><td>第四部分</td><td></td><td colspan="2">年　月　日</td><td colspan="2">年　月　日</td><td colspan="3">签名：　（盖章）
年　月　日</td><td colspan="2">签名：　（盖章）
年　月　日</td></tr>
</table>

注：1. 培训记录一式三份，在完成培训和考试所有程序后，培训机构、交通运输主管部门、公安机关交通管理部门车辆管理所各存一份；

2. 在预约科目一、二和科目三道路驾驶技能考试时，公安机关交通管理部门车辆管理所查验培训记录相应培训项目后，应将培训记录退还培训机构，在预约科目三安全文明驾驶常识考试时，公安机关交通管理部门车辆管理所查验培训记录第四部分培训项目后，应收存归档；

3. 纸张规格为 A4（210×297mm），表格尺寸为 180×267mm。

附件 3

机动车驾驶员培训学员登记表

培训机构名称：　　　　　　　　　　　　　　　　　　　　　NO.

<table>
<tr><td>姓　　名</td><td></td><td>性别</td><td></td><td>出生年月</td><td colspan="2">年　月</td><td rowspan="4">（照片）</td></tr>
<tr><td>身份证号</td><td colspan="6"></td></tr>
<tr><td>住　　址</td><td colspan="6"></td></tr>
<tr><td>联系电话</td><td colspan="2"></td><td colspan="2">原准驾车型</td><td colspan="2"></td></tr>
<tr><td rowspan="3">培训车型
或者类别</td><td colspan="2">普通机动车
驾驶员培训□</td><td colspan="5">A1□　A2□　A3□　B1□　B2□
C1□　C2□　C3□　C4□　C5□
C6□　D □　E □　F □
M □　N □　P □</td></tr>
<tr><td colspan="2">道路运输驾驶员
从业资格培训□</td><td colspan="5">道路旅客运输□
道路货物运输□
道路危险货物运输□</td></tr>
<tr><td colspan="2">其他培训□</td><td colspan="5"></td></tr>
<tr><td>入学时间</td><td colspan="2">年　月　日</td><td colspan="2">结业时间</td><td colspan="3">年　月　日</td></tr>
<tr><td rowspan="2">结业考核</td><td>结业证书编号</td><td colspan="2"></td><td>发证日期</td><td colspan="3"></td></tr>
<tr><td colspan="7">审核意见：

培训机构：（盖章）
年　月　日</td></tr>
</table>

注：1. 标注有“□”的为选择项，选择后在“□”中划“√”；
　　2. 纸张规格为 A4（210×297㎜），表格尺寸为 225×156㎜。

附件 4

机动车驾驶员培训结业证书(正面)

机动车驾驶员培训结业证书

证书编号：

(一寸免冠照片)

(姓名)________,(性别)____,身份证号：________________________________,
于______年____月____日至______年____月____日参加________________的培训,已经完成教学大纲规定的培训内容,经考核合格,准予结业。

法定代表人(签字)：

培训机构:(盖章)

______年____月____日

________省(自治区、直辖市)交通运输厅(局、委)监制

机动车驾驶员培训结业证书(背面)

说　明

1. 本证书为机动车驾驶员培训合格的证明。
2. 本证书只供本人使用,不得转借、涂改。

注:1. 尺寸为 125×95㎜;

2. 外封皮为白色透明塑封,版心为粉红色;

3. “机动车驾驶员培训结业证书”字号为三号楷体,加黑,“省(自治区、直辖市)交通运输厅(局、委)监制”为小四楷体,其他字体为四号楷体;

4. 外籍人员的身份证号可填写护照号码。

交通运输部关于修改《道路旅客运输及客运站管理规定》的决定

（2022 年 9 月 26 日交通运输部令 2022 年第 33 号公布　自公布之日起施行　国司备字[2022007333]）

交通运输部决定对《道路旅客运输及客运站管理规定》（交通运输部令 2020 年第 17 号）作如下修改：

一、将第六条第二款修改为："县级以上地方人民政府交通运输主管部门（以下简称交通运输主管部门）负责本行政区域的道路客运及客运站管理工作"；删去第三款。

二、删去第九十八条、第一百零九条。

三、将"县级以上道路运输管理机构""道路运输管理机构"统一修改为"交通运输主管部门"。

条文序号和个别文字作相应调整。

本决定自公布之日起施行。

《道路旅客运输及客运站管理规定》根据本决定作相应修正，重新公布。

道路旅客运输及客运站管理规定

（2020 年 7 月 6 日交通运输部公布　根据 2022 年 9 月 26 日《交通运输部关于修改〈道路旅客运输及客运站管理规定〉的决定》修订）

第一章　总　　则

第一条　为规范道路旅客运输及道路旅客运输站经营活动，维护道路旅客运输市场秩序，保障道路旅客运输安全，保护旅客和经营者的合法权益，依据《中华人民共和国道路运输条例》及有关法律、行政法规的规定，制定本规定。

第二条　从事道路旅客运输（以下简称道路客运）经营以及道路旅客运输站（以下简称客运站）经营的，应当遵守本规定。

第三条 本规定所称道路客运经营，是指使用客车运送旅客、为社会公众提供服务、具有商业性质的道路客运活动，包括班车（加班车）客运、包车客运、旅游客运。

（一）班车客运是指客车在城乡道路上按照固定的线路、时间、站点、班次运行的一种客运方式。加班车客运是班车客运的一种补充形式，是在客运班车不能满足需要或者无法正常运营时，临时增加或者调配客车按客运班车的线路、站点运行的方式。

（二）包车客运是指以运送团体旅客为目的，将客车包租给用户安排使用，提供驾驶劳务，按照约定的起始地、目的地和路线行驶，由包车用户统一支付费用的一种客运方式。

（三）旅游客运是指以运送旅游观光的旅客为目的，在旅游景区内运营或者其线路至少有一端在旅游景区（点）的一种客运方式。

本规定所称客运站经营，是指以站场设施为依托，为道路客运经营者和旅客提供有关运输服务的经营活动。

第四条 道路客运和客运站管理应当坚持以人为本、安全第一的宗旨，遵循公平、公正、公开、便民的原则，打破地区封锁和垄断，促进道路运输市场的统一、开放、竞争、有序，满足广大人民群众的美好出行需求。

道路客运及客运站经营者应当依法经营，诚实信用，公平竞争，优质服务。

鼓励道路客运和客运站相关行业协会加强行业自律。

第五条 国家实行道路客运企业质量信誉考核制度，鼓励道路客运经营者实行规模化、集约化、公司化经营，禁止挂靠经营。

第六条 交通运输部主管全国道路客运及客运站管理工作。

县级以上地方人民政府交通运输主管部门（以下简称交通运输主管部门）负责本行政区域的道路客运及客运站管理工作。

第七条 道路客运应当与铁路、水路、民航等其他运输方式协调发展、有效衔接，与信息技术、旅游、邮政等关联产业融合发展。

农村道路客运具有公益属性。国家推进城乡道路客运服务一体化，提升公共服务均等化水平。

第二章 经营许可

第八条 班车客运的线路按照经营区域分为以下四种类型：

一类客运班线：跨省级行政区域（毗邻县之间除外）的客运班线。

二类客运班线：在省级行政区域内，跨设区的市级行政区域（毗邻县之间除外）的客运班线。

三类客运班线：在设区的市级行政区域内，跨县级行政区域（毗邻县之间除外）的客运班线。

四类客运班线：县级行政区域内的客运班线或者毗邻县之间的客运班线。

本规定所称毗邻县，包括相互毗邻的县、旗、县级市、下辖乡镇的区。

第九条 包车客运按照经营区域分为省际包车客运和省内包车客运。

省级人民政府交通运输主管部门可以根据实际需要，将省内包车客运分为市际包车客运、县际包车客运和县内包车客运并实行分类管理。

包车客运经营者可以向下兼容包车客运业务。

第十条 旅游客运按照营运方式分为定线旅游客运和非定线旅游客运。

定线旅游客运按照班车客运管理，非定线旅游客运按照包车客运管理。

第十一条 申请从事道路客运经营的，应当具备下列条件：

（一）有与其经营业务相适应并经检测合格的客车：

1. 客车技术要求应当符合《道路运输车辆技术管理规定》有关规定。

2. 客车类型等级要求：

从事一类、二类客运班线和包车客运的客车，其类型等级应当达到中级以上。

3. 客车数量要求：

（1）经营一类客运班线的班车客运经营者应当自有营运客车100辆以上，其中高级客车30辆以上；或者自有高级营运客车40辆以上；

（2）经营二类客运班线的班车客运经营者应当自有营运客车50辆以上，其中中高级客车15辆以上；或者自有高级营运客车20辆以上；

（3）经营三类客运班线的班车客运经营者应当自有营运客车10辆以上；

（4）经营四类客运班线的班车客运经营者应当自有营运客车1辆以上；

（5）经营省际包车客运的经营者，应当自有中高级营运客车20辆以上；

（6）经营省内包车客运的经营者，应当自有营运客车10辆以上。

（二）从事客运经营的驾驶员，应当符合《道路运输从业人员管理规定》有关规定。

（三）有健全的安全生产管理制度，包括安全生产操作规程、安全生产责任制、安全生产监督检查、驾驶员和车辆安全生产管理的制度。

申请从事道路客运班线经营，还应当有明确的线路和站点方案。

第十二条 申请从事道路客运经营的，应当依法向市场监督管理部门办理有关登记手续后，按照下列规定提出申请：

（一）从事一类、二类、三类客运班线经营或者包车客运经营的，向所在地设区的市级交通运输主管部门提出申请；

（二）从事四类客运班线经营的，向所在地县级交通运输主管部门提出申请。

在直辖市申请从事道路客运经营的，应当向直辖市人民政府确定的交通运输主管部门提出申请。

省级人民政府交通运输主管部门对省内包车客运实行分类管理的，对从事市际包车客运、县际包车客运经营的，向所在地设区的市级交通运输主管部门提出申请；对从事县内包车客运经营的，向所在地县级交通运输主管部门提出申请。

第十三条 申请从事道路客运经营的，应当提供下列材料：

（一）《道路旅客运输经营申请表》（见附件1）；

（二）企业法定代表人或者个体经营者身份证件，经办人的身份证件和委托书；

（三）安全生产管理制度文本；

（四）拟投入车辆和聘用驾驶员承诺，包括客车数量、类型等级、技术等级，聘用的驾驶员具备从业资格。

申请道路客运班线经营的，还应当提供下列材料：

（一）《道路旅客运输班线经营申请表》（见附件2）；

（二）承诺在投入运营前，与起讫地客运站和中途停靠地客运站签订进站协议（农村道路客运班线在乡村一端无客运站的，不作此端的进站承诺）；

（三）运输服务质量承诺书。

第十四条 已获得相应道路客运班线经营许可的经营者，申请新增客运班线时，应当按照本规定第十二条的规定进行申请，并提供第十三条第一款第（四）项、第二款规定的材料以及经办人的身份证件和委托书。

第十五条 申请从事客运站经营的，应当具备下列条件：

（一）客运站经验收合格；

（二）有与业务量相适应的专业人员和管理人员；

（三）有相应的设备、设施；

（四）有健全的业务操作规程和安全管理制度，包括服务规范、安全生产操作规程、车辆发车前例检、安全生产责任制，以及国家规定的危险物品及其他禁止携带的物品（以下统称违禁物品）查堵、人员和车辆进出站安全管理等安全生产监督检查的制度。

第十六条 申请从事客运站经营的，应当依法向市场监督管理部门办理有关登记手续后，向所在地县级交通运输主管部门提出申请。

第十七条 申请从事客运站经营的,应当提供下列材料:

(一)《道路旅客运输站经营申请表》(见附件3);

(二)企业法定代表人或者个体经营者身份证件,经办人的身份证件和委托书;

(三)承诺已具备本规定第十五条规定的条件。

第十八条 交通运输主管部门应当定期向社会公布本行政区域内的客运运力投放、客运线路布局、主要客流流向和流量等情况。

交通运输主管部门在审查客运申请时,应当考虑客运市场的供求状况、普遍服务和方便群众等因素;在审查营运线路长度在800公里以上的客运班线申请时,还应当进行安全风险评估。

第十九条 交通运输主管部门应当按照《中华人民共和国道路运输条例》和《交通行政许可实施程序规定》以及本规定规范的程序实施道路客运经营、道路客运班线经营和客运站经营的行政许可。

第二十条 交通运输主管部门对道路客运经营申请、道路客运班线经营申请予以受理的,应当通过部门间信息共享、内部核查等方式获取营业执照、申请人已取得的其他道路客运经营许可、现有车辆等信息,并自受理之日起20日内作出许可或者不予许可的决定。

交通运输主管部门对符合法定条件的道路客运经营申请作出准予行政许可决定的,应当出具《道路客运经营行政许可决定书》(见附件4),明确经营主体、经营范围、车辆数量及要求等许可事项,在作出准予行政许可决定之日起10日内向被许可人发放《道路运输经营许可证》,并告知被许可人所在地交通运输主管部门。

交通运输主管部门对符合法定条件的道路客运班线经营申请作出准予行政许可决定的,还应当出具《道路客运班线经营行政许可决定书》(见附件5),明确起讫地、中途停靠地客运站点、日发班次下限、车辆数量及要求、经营期限等许可事项,并告知班线起讫地同级交通运输主管部门;对成立线路公司的道路客运班线或者农村道路客运班线,中途停靠地客运站点可以由其经营者自行决定,并告知原许可机关。

属于一类、二类客运班线的,许可机关应当将《道路客运班线经营行政许可决定书》抄告中途停靠地同级交通运输主管部门。

第二十一条 客运站经营许可实行告知承诺制。申请人承诺具备经营许可条件并提交本规定第十七条规定的相关材料的,交通运输主管部门应当经形式审查后当场作出许可或者不予许可的决定。作出准予行政许可决定的,应当出具《道路旅客运输站经营行政许可决定书》(见附件6),明确经营主体、客运站名称、站场地址、站场级别和经营范围等许可事项，并在10日内向被许可人发放《道路运输经营许可证》。

第二十二条 交通运输主管部门对不符合法定条件的申请作出不予行政许可决定的，应当向申请人出具《不予交通行政许可决定书》，并说明理由。

第二十三条 受理一类、二类客运班线和四类中的毗邻县间客运班线经营申请的，交通运输主管部门应当在受理申请后7日内征求中途停靠地和目的地同级交通运输主管部门意见；同级交通运输主管部门应当在收到之日起10日内反馈，不予同意的，应当依法注明理由，逾期不予答复的，视为同意。

相关交通运输主管部门对设区的市内毗邻县间客运班线经营申请持不同意见且协商不成的，由受理申请的交通运输主管部门报设区的市级交通运输主管部门决定，并书面通知申请人。相关交通运输主管部门对省际、市际毗邻县间客运班线经营申请持不同意见且协商不成的，由受理申请的交通运输主管部门报设区的市级交通运输主管部门协商，仍协商不成的，报省级交通运输主管部门（协商）决定，并书面通知申请人。相关交通运输主管部门对一类、二类客运班线经营申请持不同意见且协商不成的，由受理申请的交通运输主管部门报省级交通运输主管部门（协商）决定，并书面通知申请人。

上级交通运输主管部门作出的决定应当书面通知受理申请的交通运输主管部门，由受理申请的交通运输主管部门为申请人办理有关手续。

因客运班线经营期限届满，班车客运经营者重新提出申请的，受理申请的交通运输主管部门不需向中途停靠地和目的地交通运输主管部门再次征求意见。

第二十四条 班车客运经营者应当持进站协议向原许可机关备案起讫地客运站点、途经路线。营运线路长度在800公里以上的客运班线还应当备案车辆号牌。交通运输主管部门应当按照该客运班线车辆数量同时配发班车客运标志牌（见附件7）和《道路客运班线经营信息表》（见附件8）。

第二十五条 客运经营者应当按照确定的时间落实拟投入车辆和聘用驾驶员等承诺。交通运输主管部门核实后，应当为投入运输的客车配发《道路运输证》，注明经营范围。营运线路长度在800公里以上的客运班线还应当注明客运班线和班车客运标志牌编号等信息。

第二十六条 因拟从事不同类型客运经营需向不同层级交通运输主管部门申请的，应当由相应层级的交通运输主管部门许可，由最高一级交通运输主管部门核发《道路运输经营许可证》，并注明各级交通运输主管部门许可的经营范围，下级交通运输主管部门不再核发。下级交通运输主管部门已向被许可人发放《道路运输经营许可证》的，上级交通运输主管部门应当予以换发。

第二十七条 道路客运经营者设立子公司的，应当按照规定向设立地交通运输主管部门申请经营许可；设立分公司的，应当向设立地交通运输主管部门备案。

第二十八条 客运班线经营许可可以通过服务质量招投标的方式实施，并签订经营服务协议。申请人数量达不到招投标要求的，交通运输主管部门应当按照许可条件择优确定客运经营者。

相关交通运输主管部门协商确定通过服务质量招投标方式，实施跨省客运班线经营许可的，可以采取联合招标、各自分别招标等方式进行。一方不实行招投标的，不影响另外一方进行招投标。

道路客运班线经营服务质量招投标管理办法另行制定。

第二十九条 在道路客运班线经营许可过程中，任何单位和个人不得以对等投放运力等不正当理由拒绝、阻挠实施客运班线经营许可。

第三十条 客运经营者、客运站经营者需要变更许可事项，应当向原许可机关提出申请，按本章有关规定办理。班车客运经营者变更起讫地客运站点、途经路线的，应当重新备案。

客运班线的经营主体、起讫地和日发班次下限变更和客运站经营主体、站址变更应当按照重新许可办理。

客运班线许可事项或者备案事项发生变更的，交通运输主管部门应当换发《道路客运班线经营信息表》。

客运经营者和客运站经营者在取得全部经营许可证件后无正当理由超过180日不投入运营，或者运营后连续180日以上停运的，视为自动终止经营。

第三十一条 客运班线的经营期限由其许可机关按照《中华人民共和国道路运输条例》的有关规定确定。

第三十二条 客运班线经营者在经营期限内暂停、终止班线经营的，应当提前30日告知原许可机关。经营期限届满，客运班线经营者应当按照本规定第十二条重新提出申请。许可机关应当依据本章有关规定作出许可或者不予许可的决定。予以许可的，重新办理有关手续。

客运经营者终止经营，应当在终止经营后10日内，将相关的《道路运输经营许可证》和《道路运输证》、客运标志牌交回原发放机关。

第三十三条 客运站经营者终止经营的，应当提前30日告知原许可机关和进站经营者。原许可机关发现关闭客运站可能对社会公众利益造成重大影响的，应当采取措施对进站车辆进行分流，并在终止经营前15日向社会公告。客运站经营者应当在终止经营后10日内将《道路运输经营许可证》交回原发放机关。

第三章　客运经营管理

第三十四条　客运经营者应当按照交通运输主管部门决定的许可事项从事客运经营活动，不得转让、出租道路运输经营许可证件。

第三十五条　道路客运班线属于国家所有的公共资源。班车客运经营者取得经营许可后，应当向公众提供连续运输服务，不得擅自暂停、终止或者转让班线运输。

第三十六条　在重大活动、节假日、春运期间、旅游旺季等特殊时段或者发生突发事件，客运经营者不能满足运力需求的，交通运输主管部门可以临时调用车辆技术等级不低于二级的营运客车和社会非营运客车开行包车或者加班车。非营运客车凭交通运输主管部门开具的证明运行。

第三十七条　客运班车应当按照许可的起讫地、日发班次下限和备案的途经路线运行，在起讫地客运站点和中途停靠地客运站点（以下统称配客站点）上下旅客。

客运班车不得在规定的配客站点外上客或者沿途揽客，无正当理由不得改变途经路线。客运班车在遵守道路交通安全、城市管理相关法规的前提下，可以在起讫地、中途停靠地所在的城市市区、县城城区沿途下客。

重大活动期间，客运班车应当按照相关交通运输主管部门指定的配客站点上下旅客。

第三十八条　一类、二类客运班线的经营者或者其委托的售票单位、配客站点，应当实行实名售票和实名查验（以下统称实名制管理），免票儿童除外。其他客运班线及客运站实行实名制管理的范围，由省级人民政府交通运输主管部门确定。

实行实名制管理的，购票人购票时应当提供有效身份证件原件（有效身份证件类别见附件9），并由售票人在客票上记载旅客的身份信息。通过网络、电话等方式实名购票的，购票人应当提供有效的身份证件信息，并在取票时提供有效身份证件原件。

旅客遗失客票的，经核实其身份信息后，售票人应当免费为其补办客票。

第三十九条　客运经营者不得强迫旅客乘车，不得将旅客交给他人运输，不得甩客，不得敲诈旅客，不得使用低于规定的类型等级营运客车承运，不得阻碍其他经营者的正常经营活动。

第四十条　严禁营运客车超载运行，在载客人数已满的情况下，允许再搭乘不超过核定载客人数10%的免票儿童。

第四十一条 客车不得违反规定载货。客运站经营者受理客运班车行李舱载货运输业务的,应当对托运人有效身份信息进行登记,并对托运物品进行安全检查或者开封验视,不得受理有关法律法规禁止运送、可能危及运输安全和托运人拒绝安全检查的托运物品。

客运班车行李舱装载托运物品时,应当不超过行李舱内径尺寸、不大于客车允许最大总质量与整备质量和核定载客质量之差,并合理均衡配重;对于容易在舱内滚动、滑动的物品应当采取有效的固定措施。

第四十二条 客运经营者应当遵守有关运价规定,使用规定的票证,不得乱涨价、恶意压价、乱收费。

第四十三条 客运经营者应当在客运车辆外部的适当位置喷印企业名称或者标识,在车厢内醒目位置公示驾驶员姓名和从业资格证号、交通运输服务监督电话、票价和里程表。

第四十四条 客运经营者应当为旅客提供良好的乘车环境,确保车辆设备、设施齐全有效,保持车辆清洁、卫生,并采取必要的措施防止在运输过程中发生侵害旅客人身、财产安全的违法行为。

客运经营者应当按照有关规定在发车前进行旅客系固安全带等安全事项告知,运输过程中发生侵害旅客人身、财产安全的治安违法行为时,应当及时向公安机关报告并配合公安机关处理治安违法行为。

客运经营者不得在客运车辆上从事播放淫秽录像等不健康的活动,不得传播、使用破坏社会安定、危害国家安全、煽动民族分裂等非法出版物。

第四十五条 鼓励客运经营者使用配置下置行李舱的客车从事道路客运。没有下置行李舱或者行李舱容积不能满足需要的客车,可以在车厢内设立专门的行李堆放区,但行李堆放区和座位区必须隔离,并采取相应的安全措施。严禁行李堆放区载客。

第四十六条 客运经营者应当为旅客投保承运人责任险。

第四十七条 客运经营者应当加强车辆技术管理,建立客运车辆技术状况检查制度,加强对从业人员的安全、职业道德教育和业务知识、操作规程培训,并采取有效措施,防止驾驶员连续驾驶时间超过 4 个小时。

客运车辆驾驶员应当遵守道路运输法规和道路运输驾驶员操作规程,安全驾驶,文明服务。

第四十八条 客运经营者应当制定突发事件应急预案。应急预案应当包括报告程序、应急指挥、应急车辆和设备的储备以及处置措施等内容。

发生突发事件时,客运经营者应当服从县级以上人民政府或者有关部门的统一调度、指挥。

第四十九条 客运经营者应当建立和完善各类台账和档案，并按照要求及时报送有关资料和信息。

第五十条 旅客应当持有效客票乘车，配合行李物品安全检查，按照规定使用安全带，遵守乘车秩序，文明礼貌；不得携带违禁物品乘车，不得干扰驾驶员安全驾驶。

实行实名制管理的客运班线及客运站，旅客还应当持有本人有效身份证件原件，配合工作人员查验。旅客乘车前，客运站经营者应当对客票记载的身份信息与旅客及其有效身份证件原件（以下简称票、人、证）进行一致性核对并记录有关信息。

对旅客拒不配合行李物品安全检查或者坚持携带违禁物品、乘坐实名制管理的客运班线拒不提供本人有效身份证件原件或者票、人、证不一致的，班车客运经营者和客运站经营者不得允许其乘车。

第五十一条 实行实名制管理的班车客运经营者及客运站经营者应当配备必要的设施设备，并加强实名制管理相关人员的培训和相关系统及设施设备的管理，确保符合国家相关法律法规规定。

第五十二条 班车客运经营者及客运站经营者对实行实名制管理所登记采集的旅客身份信息及乘车信息，除应当依公安机关的要求向其如实提供外，应当予以保密。对旅客身份信息及乘车信息自采集之日起保存期限不得少于1年，涉及视频图像信息的，自采集之日起保存期限不得少于90日。

第五十三条 班车客运经营者或者其委托的售票单位、配客站点应当针对客流高峰、恶劣天气及设备系统故障、重大活动等特殊情况下实名制管理的特点，制定有效的应急预案。

第五十四条 客运车辆驾驶员应当随车携带《道路运输证》、从业资格证等有关证件，在规定位置放置客运标志牌。

第五十五条 有下列情形之一的，客运车辆可以凭临时班车客运标志牌运行：

（一）在特殊时段或者发生突发事件，客运经营者不能满足运力需求，使用其他客运经营者的客车开行加班车的；

（二）因车辆故障、维护等原因，需要调用其他客运经营者的客车接驳或者顶班的；

（三）班车客运标志牌正在制作或者不慎灭失，等待领取的。

第五十六条 凭临时班车客运标志牌运营的客车应当按正班车的线路和站点运行。属于加班或者顶班的，还应当持有始发站签章并注明事由的当班行车路单；班车客运标志牌正在制作或者灭失的，还应当持有该条班线的《道路客运班线经营信息表》或者《道路客运班线经营行政许可决定书》的复印件。

第五十七条 客运包车应当凭车籍所在地交通运输主管部门配发的包车客运标志牌，按照约定的时间、起始地、目的地和线路运行，并持有包车合同，不得招揽包车合同外的旅客乘车。

客运包车除执行交通运输主管部门下达的紧急包车任务外，其线路一端应当在车籍所在的设区的市，单个运次不超过15日。

第五十八条 省际临时班车客运标志牌（见附件10）、省际包车客运标志牌（见附件11）由设区的市级交通运输主管部门按照交通运输部的统一式样印制，交由当地交通运输主管部门向客运经营者配发。省际临时班车客运标志牌和省际包车客运标志牌在一个运次所需的时间内有效。因班车客运标志牌正在制作或者灭失而使用的省际临时班车客运标志牌，有效期不得超过30日。

从事省际包车客运的企业应当按照交通运输部的统一要求，通过运政管理信息系统向车籍地交通运输主管部门备案。

省内临时班车客运标志牌、省内包车客运标志牌式样及管理要求由各省级人民政府交通运输主管部门自行规定。

第四章　班车客运定制服务

第五十九条 国家鼓励开展班车客运定制服务（以下简称定制客运）。

前款所称定制客运，是指已经取得道路客运班线经营许可的经营者依托电子商务平台发布道路客运班线起讫地等信息、开展线上售票，按照旅客需求灵活确定发车时间、上下旅客地点并提供运输服务的班车客运运营方式。

第六十条 开展定制客运的营运客车（以下简称定制客运车辆）核定载客人数应当在7人及以上。

第六十一条 提供定制客运网络信息服务的电子商务平台（以下简称网络平台），应当依照国家有关法规办理市场主体登记、互联网信息服务许可或者备案等有关手续。

第六十二条 网络平台应当建立班车客运经营者、驾驶员、车辆档案，并确保班车客运经营者已取得相应的道路客运班线经营许可，驾驶员具备相应的机动车驾驶证和从业资格并受班车客运经营者合法聘用，车辆具备有效的《道路运输证》、按规定投保承运人责任险。

第六十三条 班车客运经营者开展定制客运的，应当向原许可机关备案，并提供以下材料：

（一）《班车客运定制服务信息表》（见附件12）；

（二）与网络平台签订的合作协议或者相关证明。

网络平台由班车客运经营者自营的，免于提交前款第（二）项材料。

《班车客运定制服务信息表》记载信息发生变更的，班车客运经营者应当重新备案。

第六十四条 班车客运经营者应当在定制客运车辆随车携带的班车客运标志牌显著位置粘贴“定制客运”标识（见附件7）。

第六十五条 班车客运经营者可以自行决定定制客运日发班次。

定制客运车辆在遵守道路交通安全、城市管理相关法规的前提下，可以在道路客运班线起讫地、中途停靠地的城市市区、县城城区按乘客需求停靠。

网络平台不得超出班车客运经营者的许可范围开展定制客运服务。

第六十六条 班车客运经营者应当为定制客运车辆随车配备便携式安检设备，并由驾驶员或者其他工作人员对旅客行李物品进行安全检查。

第六十七条 网络平台应当提前向旅客提供班车客运经营者、联系方式、车辆品牌、号牌等车辆信息以及乘车地点、时间，并确保发布的提供服务的经营者、车辆和驾驶员与实际提供服务的经营者、车辆和驾驶员一致。

实行实名制管理的客运班线开展定制客运的，班车客运经营者和网络平台应当落实实名制管理相关要求。网络平台应当采取安全保护措施，妥善保存采集的个人信息和生成的业务数据，保存期限应当不少于3年，并不得用于定制客运以外的业务。

网络平台应当按照交通运输主管部门的要求，如实提供其接入的经营者、车辆、驾驶员信息和相关业务数据。

第六十八条 网络平台发现车辆存在超速、驾驶员疲劳驾驶、未按照规定的线路行驶等违法违规行为的，应当及时通报班车客运经营者。班车客运经营者应当及时纠正。

网络平台使用不符合规定的经营者、车辆或者驾驶员开展定制客运，造成旅客合法权益受到侵害的，应当依法承担相应的责任。

第五章　客运站经营

第六十九条 客运站经营者应当按照交通运输主管部门决定的许可事项从事客运站经营活动，不得转让、出租客运站经营许可证件，不得改变客运站基本用途和服务功能。

客运站经营者应当维护好各种设施、设备，保持其正常使用。

第七十条 客运站经营者和进站发车的客运经营者应当依法自愿签订服

务合同,双方按照合同的规定履行各自的权利和义务。

第七十一条 客运站经营者应当依法加强安全管理,完善安全生产条件,健全和落实安全生产责任制。

客运站经营者应当对出站客车进行安全检查,采取措施防止违禁物品进站上车,按照车辆核定载客限额售票,严禁超载车辆或者未经安全检查的车辆出站,保证安全生产。

第七十二条 客运站经营者应当将客运线路、班次等基础信息接入省域道路客运联网售票系统。

鼓励客运站经营者为旅客提供网络售票、自助终端售票等多元化售票服务。鼓励电子客票在道路客运行业的推广应用。

第七十三条 鼓励客运站经营者在客运站所在城市市区、县城城区的客运班线主要途经地点设立停靠点,提供售检票、行李物品安全检查和营运客车停靠服务。

客运站经营者设立停靠点的,应当向原许可机关备案,并在停靠点显著位置公示客运站《道路运输经营许可证》等信息。

第七十四条 客运站经营者应当禁止无证经营的车辆进站从事经营活动,无正当理由不得拒绝合法客运车辆进站经营。

客运站经营者应当坚持公平、公正原则,合理安排发车时间,公平售票。

客运经营者在发车时间安排上发生纠纷,客运站经营者协调无效时,由当地交通运输主管部门裁定。

第七十五条 客运站经营者应当公布进站客车的类型等级、运输线路、配客站点、班次、发车时间、票价等信息,调度车辆进站发车,疏导旅客,维持秩序。

第七十六条 进站客运经营者应当在发车 30 分钟前备齐相关证件进站并按时发车;进站客运经营者因故不能发班的,应当提前 1 日告知客运站经营者,双方要协商调度车辆顶班。

对无故停班达 7 日以上的进站班车,客运站经营者应当报告当地交通运输主管部门。

第七十七条 客运站经营者应当设置旅客购票、候车、乘车指示、行李寄存和托运、公共卫生等服务设施,按照有关规定为军人、消防救援人员等提供优先购票乘车服务,并建立老幼病残孕等特殊旅客服务保障制度,向旅客提供安全、便捷、优质的服务,加强宣传,保持站场卫生、清洁。

客运站经营者在不改变客运站基本服务功能的前提下,可以根据客流变化和市场需要,拓展旅游集散、邮政、物流等服务功能。

客运站经营者从事前款经营活动的,应当遵守相应的法律、行政法规的规定。

第七十八条　客运站经营者应当严格执行价格管理规定，在经营场所公示收费项目和标准，严禁乱收费。

第七十九条　客运站经营者应当按照规定的业务操作规程装卸、储存、保管行包。

第八十条　客运站经营者应当制定突发事件应急预案。应急预案应当包括报告程序、应急指挥、应急设备的储备以及处置措施等内容。

第八十一条　客运站经营者应当建立和完善各类台账和档案，并按照要求报送有关信息。

第六章　监督检查

第八十二条　交通运输主管部门应当加强对道路客运和客运站经营活动的监督检查。

交通运输主管部门工作人员应当严格按照法定职责权限和程序，原则上采取随机抽取检查对象、随机选派执法检查人员的方式进行监督检查，监督检查结果应当及时向社会公布。

第八十三条　交通运输主管部门应当每年对客运车辆进行一次审验。审验内容包括：

（一）车辆违法违章记录；

（二）车辆技术等级评定情况；

（三）车辆类型等级评定情况；

（四）按照规定安装、使用符合标准的具有行驶记录功能的卫星定位装置情况；

（五）客运经营者为客运车辆投保承运人责任险情况。

审验符合要求的，交通运输主管部门在《道路运输证》中注明；不符合要求的，应当责令限期改正或者办理变更手续。

第八十四条　交通运输主管部门及其工作人员应当重点在客运站、旅客集散地对道路客运、客运站经营活动实施监督检查。此外，根据管理需要，可以在公路路口实施监督检查，但不得随意拦截正常行驶的道路运输车辆，不得双向拦截车辆进行检查。

第八十五条　交通运输主管部门的工作人员实施监督检查时，应当有2名以上人员参加，并向当事人出示合法有效的交通运输行政执法证件。

第八十六条　交通运输主管部门的工作人员可以向被检查单位和个人了解情况，查阅和复制有关材料，但应当保守被调查单位和个人的商业秘密。

被监督检查的单位和个人应当接受交通运输主管部门及其工作人员依法实施的监督检查,如实提供有关资料或者说明情况。

第八十七条 交通运输主管部门的工作人员在实施道路运输监督检查过程中,发现客运车辆有超载行为的,应当立即予以制止,移交相关部门处理,并采取相应措施安排旅客改乘。

第八十八条 交通运输主管部门应当对客运经营者拟投入车辆和聘用驾驶员承诺、进站承诺履行情况开展检查。

客运经营者未按照许可要求落实拟投入车辆承诺或者聘用驾驶员承诺的,原许可机关可以依法撤销相应的行政许可决定;班车客运经营者未按照许可要求提供进站协议的,原许可机关应当责令限期整改,拒不整改的,可以依法撤销相应的行政许可决定。

原许可机关应当在客运站经营者获得经营许可 60 日内,对其告知承诺情况进行核查。客运站经营者应当按照要求提供相关证明材料。客运站经营者承诺内容与实际情况不符的,原许可机关应当责令限期整改;拒不整改或者整改后仍达不到要求的,原许可机关可以依法撤销相应的行政许可决定。

第八十九条 客运经营者在许可的交通运输主管部门管辖区域外违法从事经营活动的,违法行为发生地的交通运输主管部门应当依法将当事人的违法事实、处罚结果记录到《道路运输证》上,并抄告作出道路客运经营许可的交通运输主管部门。

第九十条 交通运输主管部门作出行政处罚决定后,客运经营者拒不履行的,作出行政处罚决定的交通运输主管部门可以将其拒不履行行政处罚决定的事实抄告违法车辆车籍所在地交通运输主管部门,作为能否通过车辆年度审验和决定质量信誉考核结果的重要依据。

第九十一条 交通运输主管部门的工作人员在实施道路运输监督检查过程中,对没有合法有效《道路运输证》又无法当场提供其他有效证明的客运车辆可以予以暂扣,并出具《道路运输车辆暂扣凭证》(见附件 14),对暂扣车辆应当妥善保管,不得使用,不得收取或者变相收取保管费用。

违法当事人应当在暂扣凭证规定的时间内到指定地点接受处理。逾期不接受处理的,交通运输主管部门可以依法作出处罚决定,并将处罚决定书送达当事人。当事人无正当理由逾期不履行处罚决定的,交通运输主管部门可以申请人民法院强制执行。

第九十二条 交通运输主管部门应当在道路运政管理信息系统中如实记录道路客运经营者、客运站经营者、网络平台、从业人员的违法行为信息,并按照有关规定将违法行为纳入有关信用信息共享平台。

第七章　法律责任

第九十三条　违反本规定，有下列行为之一的，由交通运输主管部门责令停止经营；有违法所得的，没收违法所得，处违法所得 2 倍以上 10 倍以下的罚款；没有违法所得或者违法所得不足 2 万元的，处 3 万元以上 10 万元以下的罚款；构成犯罪的，依法追究刑事责任：

（一）未取得道路客运经营许可，擅自从事道路客运经营的；

（二）未取得道路客运班线经营许可，擅自从事班车客运经营的；

（三）使用失效、伪造、变造、被注销等无效的道路客运许可证件从事道路客运经营的；

（四）超越许可事项，从事道路客运经营的。

第九十四条　违反本规定，有下列行为之一的，由交通运输主管部门责令停止经营；有违法所得的，没收违法所得，处违法所得 2 倍以上 10 倍以下的罚款；没有违法所得或者违法所得不足 1 万元的，处 2 万元以上 5 万元以下的罚款；构成犯罪的，依法追究刑事责任：

（一）未取得客运站经营许可，擅自从事客运站经营的；

（二）使用失效、伪造、变造、被注销等无效的客运站许可证件从事客运站经营的；

（三）超越许可事项，从事客运站经营的。

第九十五条　违反本规定，客运经营者、客运站经营者非法转让、出租道路运输经营许可证件的，由交通运输主管部门责令停止违法行为，收缴有关证件，处 2000 元以上 1 万元以下的罚款；有违法所得的，没收违法所得。

第九十六条　违反本规定，客运经营者有下列行为之一的，由交通运输主管部门责令限期投保；拒不投保的，由原许可机关吊销相应许可：

（一）未为旅客投保承运人责任险的；

（二）未按照最低投保限额投保的；

（三）投保的承运人责任险已过期，未继续投保的。

第九十七条　违反本规定，客运经营者使用未持合法有效《道路运输证》的车辆参加客运经营的，或者聘用不具备从业资格的驾驶员参加客运经营的，由交通运输主管部门责令改正，处 3000 元以上 1 万元以下的罚款。

违反本规定，客运经营者不按照规定随车携带《道路运输证》的，由交通运输主管部门责令改正，处警告或者 20 元以上 200 元以下的罚款。

第九十八条　一类、二类客运班线的经营者或者其委托的售票单位、客运站经营者未按照规定对旅客身份进行查验，或者对身份不明、拒绝提供身份信息的旅客提供服务的，由交通运输主管部门处10万元以上50万元以下的罚款，并对其直接负责的主管人员和其他直接责任人员处10万元以下的罚款；情节严重的，由交通运输主管部门责令其停止从事相关道路旅客运输或者客运站经营业务；造成严重后果的，由原许可机关吊销有关道路旅客运输或者客运站经营许可证件。

第九十九条 违反本规定，客运经营者有下列情形之一的，由交通运输主管部门责令改正，处1000元以上3000元以下的罚款：

（一）客运班车不按照批准的配客站点停靠或者不按照规定的线路、日发班次下限行驶的；

（二）加班车、顶班车、接驳车无正当理由不按照规定的线路、站点运行的；

（三）以欺骗、暴力等手段招揽旅客的；

（四）擅自将旅客移交他人运输的；

（五）在旅客运输途中擅自变更运输车辆的；

（六）未报告原许可机关，擅自终止道路客运经营的；

（七）客运包车未持有效的包车客运标志牌进行经营的，不按照包车客运标志牌载明的事项运行的，线路两端均不在车籍所在地的，招揽包车合同以外的旅客乘车的；

（八）开展定制客运未按照规定备案的；

（九）未按照规定在发车前对旅客进行安全事项告知的。

违反前款第（一）至（六）项规定，情节严重的，由原许可机关吊销相应许可。

第一百条 违反本规定，客运经营者、客运站经营者存在重大运输安全隐患等情形，导致不具备安全生产条件，经停产停业整顿仍不具备安全生产条件的，由交通运输主管部门依法吊销相应许可。

第一百零一条 违反本规定，客运站经营者有下列情形之一的，由交通运输主管部门责令改正，处1万元以上3万元以下的罚款：

（一）允许无经营证件的车辆进站从事经营活动的；

（二）允许超载车辆出站的；

（三）允许未经安全检查或者安全检查不合格的车辆发车的；

（四）无正当理由拒绝客运车辆进站从事经营活动的；

（五）设立的停靠点未按照规定备案的。

第一百零二条 违反本规定，客运站经营者有下列情形之一的，由交通运输主管部门责令改正；拒不改正的，处3000元的罚款；有违法所得的，没收违法所得：

（一）擅自改变客运站的用途和服务功能的；

（二）不公布运输线路、配客站点、班次、发车时间、票价的。

第一百零三条 违反本规定，网络平台有下列情形之一的，由交通运输主管部门责令改正，处 3000 元以上 1 万元以下的罚款：

（一）发布的提供服务班车客运经营者与实际提供服务班车客运经营者不一致的；

（二）发布的提供服务车辆与实际提供服务车辆不一致的；

（三）发布的提供服务驾驶员与实际提供服务驾驶员不一致的；

（四）超出班车客运经营者许可范围开展定制客运的。

网络平台接入或者使用不符合规定的班车客运经营者、车辆或者驾驶员开展定制客运的，由交通运输主管部门责令改正，处 1 万元以上 3 万元以下的罚款。

第八章 附　　则

第一百零四条 本规定所称农村道路客运，是指县级行政区域内或者毗邻县间，起讫地至少有一端在乡村且主要服务于农村居民的旅客运输。

第一百零五条 出租汽车客运、城市公共汽车客运管理根据国家有关规定执行。

第一百零六条 客运经营者从事国际道路旅客运输经营活动，除遵守本规定外，有关从业条件等特殊要求还应当适用交通运输部制定的《国际道路运输管理规定》。

第一百零七条 交通运输主管部门依照本规定发放的道路运输经营许可证件和《道路运输证》，可以收取工本费。工本费的具体收费标准由省、自治区、直辖市人民政府财政、价格主管部门会同同级交通运输主管部门核定。

第一百零八条 本规定自 2020 年 9 月 1 日起施行。2005 年 7 月 12 日以交通部令 2005 年第 10 号公布的《道路旅客运输及客运站管理规定》、2008 年 7 月 23 日以交通运输部令 2008 年第 10 号公布的《关于修改〈道路旅客运输及客运站管理规定〉的决定》、2009 年 4 月 20 日以交通运输部令 2009 年第 4 号公布的《关于修改〈道路旅客运输及客运站管理规定〉的决定》、2012 年 3 月 14 日以交通运输部令 2012 年第 2 号公布的《关于修改〈道路旅客运输及客运站管理规定〉的决定》、2012 年 12 月 11 日以交通运输部令 2012 年第 8 号公布的《关于修改〈道路旅客运输及客运站管理规定〉的决定》、2016 年 4 月 11 日以交通运输部令 2016 年第 34 号公布的《关于修改〈道路旅客运输及客运站管理规定〉的决定》、2016 年 12 月 6 日以交通运输部令 2016 年第 82 号公布的《关于修改〈道路旅客运输及客运站管理规定〉的决定》同时废止。

附件 1

客运 1 表第 1 页　共 3 页

道路旅客运输经营申请表	受理申请机关专用

说明

1. 本表根据《道路旅客运输及客运站管理规定》制作，申请从事道路旅客运输经营应当按照《道路旅客运输及客运站管理规定》第二章的有关规定向相应交通运输主管部门提出申请，填写本表，并同时提交其他相关材料（材料要求见第 3 页）。

2. 本表可向设区的市级、县级交通运输主管部门免费索取，也可自行从交通运输部网站（www. mot. gov. cn）下载打印。

3. 本表需用钢笔填写或计算机打印，使用钢笔填写的请用正楷，要求字迹工整。

申请人基本信息

申请人名称________________________________

要求填写企业（公司）全称、个体经营者姓名

法定代表人姓名______________　经办人姓名______________

如系个人申请，不必填写“法定代表人姓名”及“经办人姓名”项

通 信 地 址________________________________

邮　　编______________　联 系 电 话______________

手　　机______________　电 子 邮 箱______________

申请许可内容　　　　请在□内划√

首次申请道路旅客运输经营许可或申请扩大道路旅客运输经营范围，请选择拟申请的道路旅客运输经营范围

	一类	二类	三类	四类（县内）	四类（毗邻县间）
班车客运	□	□	□	□	□
	省际	省内			
包车客运	□	□			

如申请扩大道路旅客运输经营范围，请选择现有的道路旅客运输经营范围

	一类	二类	三类	四类（县内）	四类（毗邻县间）
班车客运	□	□	□	□	□
	省际	省内			
包车客运	□	□			

备注：省级人民政府交通运输主管部门对省内包车客运实行分类管理的，“包车客运”经营范围可相应增设市际、县际、县内选项。

营运客车信息

已购置客车情况

序号	厂牌型号	数量	车辆类型及等级	车辆技术等级	车辆外廓长宽高	购置时间	备注
1							
2							
3							
4							
5							
合计							

表格不够,可另附表填写。

拟购置客车情况

序号	数量	车辆类型及等级	车辆技术等级	备注
1				
2				
3				
4				
5				
合计				

表格不够,可另附表填写。

如申请扩大经营范围,请填写“现有营运客车情况”表

现有营运客车情况

营运客车总数(辆)	高级营运客车数量(辆)	中级营运客车数量(辆)

申请材料核对表　　　　请在□内划√

1.《道路旅客运输经营申请表》(本表) □
2. 法定代表人/个体经营者身份证件,经办人的身份证件和委托书 □
3. 安全生产管理制度文本 □
4. 经法定代表人/个体经营者签章的拟投入车辆和聘用驾驶员承诺,包括客车数量、类型等级、技术等级,承诺聘用的驾驶员具备从业资格 □

只有上述材料齐全有效后,你的申请才能受理

同时申请道路客运班线经营的,还应填写《道路旅客运输班线经营申请表》并提供相应材料

声明

我声明本表及其他相关材料中提供的信息均真实可靠。

我知悉如此表中有故意填写的虚假信息,或者未按规定履行拟投入车辆和聘用驾驶员承诺,我取得的道路客运经营许可将被撤销。

我承诺将遵守《中华人民共和国道路运输条例》及其他有关道路运输法规、规章的规定。

法定代表人(个体经营者)签名____________________ 日　期________________

附件 2

客运 2 表第 1 页　共 3 页

道路旅客运输班线经营申请表	受理申请机关专用

说明

1. 本表根据《道路旅客运输及客运站管理规定》制作，申请从事道路旅客运输班线经营应当按照《道路旅客运输及客运站管理规定》第二章的有关规定向相应交通运输主管部门提出申请，填写本表，并同时提交其他相关材料（材料要求见第 3 页）。

2. 本表可向设区的市级、县级交通运输主管部门免费索取，也可自行从交通运输部网站（www. mot. gov. cn）下载打印。

3. 本表需用钢笔填写或计算机打印，使用钢笔填写的请用正楷，要求字迹工整。

申请人基本信息

申请人名称________________________________

要求填写企业（公司）全称、个体经营者姓名

法定代表人姓名________________　经办人姓名________________

如系个人申请，不必填写“法定代表人姓名”及“经办人姓名”项

通信地址________________________________

邮　　编________________　联系电话________________

手　　机________________　电子邮箱________________

经营许可证编号________________

如系申请开业同时申请道路客运班线经营，不必填写“经营许可证编号”项

已获得道路客运班线经营许可的经营者，申请新增客运班线的，需填写下列内容

已获许可经营范围　　　　　　　　　　请在□内划√

县内班车客运□　县际班车客运□　市际班车客运□　省际班车客运□

已获许可客运班线类型　　　　　　　　请在□内划√

一类客运班线□　二类客运班线□　三类客运班线□

四类客运班线（县内）□　四类客运班线（毗邻县间）□

现有营运客车情况

营运客车总数（辆）	高级营运客车数量（辆）	中级营运客车数量（辆）

申请许可客运班线情况　　请在□内划√

起讫地＿＿＿＿＿（起点地）　至　（讫点地）＿＿＿＿＿

拟起讫地客运站点（届时以进站协议为准）＿＿＿＿＿

中途停靠地客运站点＿＿＿＿＿

营运里程＿＿＿＿＿公里

日发班次下限＿＿＿＿＿班

申请经营期限＿＿＿＿＿年

客运班线类型　一类客运班线□　二类客运班线□　三类客运班线□

四类客运班线（县内）□　四类客运班线（毗邻县间）□

特殊情况签注[1]　线路公司□　农村道路客运□

营运线路长度在800公里以上的客运班线□

拟投入营运客车情况

序号	数量	车辆类型及等级	车辆技术等级	拟购/现有
1				
2				
3				
4				
5				
合计				

表格不够，可另附表填写。

[1] 特殊情况签注栏勾选“线路公司”或者“农村道路客运”的，“中途停靠地客运站点”填写“自定”；勾选“营运线路长度在800公里以上的客运班线”的，“日发班次下限”调整为“日发班次”。

客运 2 表第 3 页　共 3 页

申请材料核对表　　　　　　　　　　　　　请在□内划√

1.《道路旅客运输班线经营申请表》(本表) □

2. 经法定代表人/个体经营者签章的进站承诺,承诺在投入运营前,与起讫地客运站和中途停靠地客运站签订进站协议 □

3. 经法定代表人/个体经营者签章的运输服务质量承诺 □

已获得道路客运班线经营许可的经营者,申请新增客运班线时,除提供上述 3 项材料外,还应提供下列材料:

1. 经法定代表人/个体经营者签章的拟投入车辆和聘用驾驶员承诺,包括客车数量、类型等级、技术等级,承诺聘用的驾驶员具备从业资格 □

2. 经办人的身份证件和委托书 □

只有上述材料齐全有效后,你的申请才能受理

声明

我声明本表及其他相关材料中提供的信息均真实可靠。

我知悉如此表中有故意填写的虚假信息,或者未按规定履行拟投入车辆和聘用驾驶员承诺、进站承诺的,我取得的道路客运班线经营许可将被撤销。

我承诺将遵守《中华人民共和国道路运输条例》及其他有关道路运输法规、规章的规定。

法定代表人(个体经营者)签名____________________　日　期____________

附件 3

道路旅客运输站经营申请表

受理申请机关专用

说明

1. 本表根据《道路旅客运输及客运站管理规定》制作，申请从事道路旅客运输站经营应当按照《道路旅客运输及客运站管理规定》第二章的有关规定向县级交通运输主管部门提出申请，填写本表，并同时提交其他相关材料（材料要求见第 4 页）。

2. 本表可向设区的市级、县级交通运输主管部门免费索取，也可自行从交通运输部网站（www. mot. gov. cn）下载打印。

3. 本表需用钢笔填写或计算机打印，使用钢笔填写的请用正楷，要求字迹工整。

申请人基本信息

申请人名称________________________________

要求填写企业（公司）全称、个体经营者姓名

法定代表人姓名________________　经办人姓名________________

如系个人申请，不必填写“法定代表人姓名”及“经办人姓名”项

通信地址________________________________

邮　　编________________　联系电话________________

手　　机________________　电子邮箱________________

客运站基本信息

客运站名称________________________________

所 在 地 址________________________________

占 地 面 积________________　客运站建筑面积________________

设计年度旅客日发送量________________　竣　工　时　间________________

经验收符合的站场级别________________　验　收　时　间________________

拟投入运营时间________________

客运站设施设备情况

场地设施

站前广场________平方米　停车场(库)________平方米　发车位________个

建筑设施

一、站房

1. 站务用房

候车厅(室)	________平方米	母婴候车室(区)	________平方米
售票处(厅)	________平方米	小件(行包)服务处	________平方米
综合服务处	________平方米	站务员室	________平方米
驾乘休息室	________平方米	调度室	________平方米
治安室	________平方米	无障碍设施	________件
智能化系统用房	________平方米	盥洗室和旅客厕所	________平方米
饮水处	________处	进、出站检查室	________平方米
旅游服务处	________平方米		

2. 办公用房________平方米

二、生产辅助用房

车辆安全例检台________个　　车辆清洁、清洗处________处

相关设备

请在□内划√

售票检票设备	□	候车服务设备	□	安全检查设备	□
安全应急设备	□	车辆清洁清洗设备	□	广播通信设备	□
小件(行包)搬运与便民设备	□	采暖/制冷设备	□	宣传告示设备	□
网络售、取票设备	□	安全监控设备	□	车辆调度与管理设备	□
验票检票信息设备	□				

拟聘用专业人员、管理人员情况

序号	姓名	性别	年龄	工作岗位	身份证号码	职称	专业证书号码
1							
2							
3							
4							
5							
6							
7							
8							
9							
10							
11							
12							
13							
14							
15							
16							
17							
18							
19							
20							

表格不够,可另附表填写。

申请材料核对表　　请在□内划√

1.《道路旅客运输站经营申请表》(本表)　□

2. 法定代表人/个体经营者身份证件,经办人身份证件和委托书　□

只有上述材料齐全有效并作出如下承诺后,你的申请才能受理

申请人承诺

申请人____________________按照《道路旅客运输及客运站管理规定》有关规定办理道路旅客运输站经营许可,现作出下列承诺:

(一)本表及其他相关材料中提供的信息均真实可靠。

(二)已具备《道路旅客运输及客运站管理规定》第十五条规定的条件。

(三)获得经营许可后,能够根据许可机关的要求,随时提供等级客运站竣工验收证明、业务操作规程和安全管理制度文本等相关证明材料。

(四)知悉若违反承诺或者作出不实承诺,原许可机关可以依法撤销相应的行政许可决定。

(五)若违反承诺或者作出不实承诺的,愿意承担相应的法律责任。

法定代表人(个体经营者)签名____________________　日　　期____________

附件4

道路客运经营行政许可决定书

编号：

______________________：

你于　　年　月　日提出__________________________________申请。

经审查，你的申请符合____

______________________________________的规定，决定准予道路客运经营行政许可。请按下列要求从事道路客运经营活动：

经营范围：____

____

车辆数量及要求：____

____

请于　　　年　　月　　日去　　　　　　　　　　领取（换发）《道路运输经营许可证》，并于　　　年　　月　　日前按上述要求落实拟投入车辆承诺，然后办理相关手续。在车辆运营前，应当落实聘用驾驶员承诺。未按照要求落实拟投入车辆承诺或者聘用驾驶员承诺的，将撤销本经营许可。

（印章）

年　月　日

附件 5

道路客运班线经营行政许可决定书

编号：

________________________：

你于　　年　月　日提出________________________________申请。

经审查，你的申请符合____

的规定，决定准予道路客运班线经营行政许可。请按下列要求从事道路客运班线经营活动：

起　　讫　　地：____________________至____________________

中途停靠地客运站点：____

日 发 班 次 下 限：____

车 辆 数 量 及 要 求：____

经营期限：自　　年　　月　　日起至　　年　　月　　日止。

特殊情况签注：线路公司□　　　　　农村道路客运□

营运线路长度在 800 公里以上的客运班线□

请于　　年　　月　　日前按上述要求落实拟投入车辆承诺，然后办理相关手续。在车辆运营前，应当落实聘用驾驶员承诺和进站承诺。未按照要求落实拟投入车辆承诺、聘用驾驶员或者进站承诺的，将撤销本经营许可。

（印章）

年　月　日

道路客运班线经营行政许可决定书背面

填写说明	1. 未在特殊事项签注栏勾选任何项的,所列许可事项应当完整填写。
	2. 除营运线路长度在800公里以上的客运班线外,“车辆数量及要求”中的“车辆数量”为区间范围。
	3. 在特殊事项签注栏勾选“线路公司”或者“农村道路客运”的,中途停靠地客运站点填写“自定”。
	4. 在特殊事项签注栏勾选“营运线路长度在800公里以上的客运班线”的,“日发班次下限”调整为“日发班次”,“车辆数量及要求”中的“车辆数量”为固定数值。

附件 6

道路旅客运输站经营行政许可决定书

编号：

______________________________：

你于　　　年　　月　　日提出______________________________申请。

经审查，你的申请符合______________________________的规定，决定准予道路客运站经营行政许可。请按下列要求从事道路客运站经营活动：

客运站名称：______________________________

站 场 地 址：______________________________

站 场 级 别：______________________________

经 营 范 围：______________________________

请于　　　年　　月　　日去　　　　　　　　　　领取(换发)《道路运输经营许可证》，然后办理相关手续。

（印章）

年　月　日

附件 7

班车客运标志牌正面

×际（县内/毗邻县）班　　车

套印许可机关
专用章

（起点）——（迄点）

（地域简称）运班字××××号　经营期限：×年×月×日至×年×月×日

“定制客运”标识粘贴位置式样

定制
客运

×际（县内/毗邻县）班　　车

套印许可机关
专用章

（起点）——（讫点）

（地域简称）运班字××××号　经营期限：×年×月×日至×年×月×日

班车客运标志牌背面

粘贴道路客运班线经营信息表

遵章守法

安全优质

附件 8

道路客运班线经营信息表

经营许可证号			班车客运标志牌编号		许可机关(盖章) 年 月 日
许可事项	经营主体		客运班线类型		
	日发班次下限		车辆类型等级		
	起 讫 地	(起点地)至(讫点地)			
	中途停靠地客运站点				
	客运班线经营期限	自 年 月 日至 年 月 日			
备案事项	起点地客运站点				
	讫点地客运站点				
	途经路线				
	车牌号码				
特殊事项签注	线路公司□ 农村道路客运□ 营运线路长度在 800 公里以上的客运班线□ 班车客运定制服务□				
说 明	1. 本表贴在班车客运标志牌背面,缺一无效。2. 本表不得转让、涂改或者伪造,过期作废。3. 途经路线可填写 1 条常用路线、1 条备用路线。4. 特殊事项签注栏:勾选“线路公司”或者“农村道路客运”的,中途停靠地客运站点注明“站点自定”;勾选“班车客运定制服务”的,“起点地客运站点”、“讫点地客运站点”栏注明“站点自定”,“中途停靠地客运站点”注明“中途停靠地”和“站点自定”;勾选“营运线路长度在 800 公里以上的客运班线”的,“日发班次下限”调整为“日发班次”,“车牌号码”栏填写具体车牌号码;其他客运班线的“车牌号码”栏不予体现。				

附件 9

实名制有效身份证件类别

一、人工售票有效身份证件类型

中华人民共和国居民身份证,中华人民共和国临时居民身份证,港澳台居民居住证,港澳居民来往内地通行证,台湾居民来往大陆通行证,护照,外国人永久居留身份证,中国人民解放军、中国人民武装警察部队制发的军官证、警官证、文职干部证、义务兵证、士官证、文职人员证,国家综合性消防救援队伍干部证、消防员证,海员证,公安部门出具的临时乘车身份证明。

二、网络、电话、终端等方式售票有效身份证件类型

中华人民共和国居民身份证、港澳台居民居住证、港澳居民来往内地通行证、台湾居民来往大陆通行证、护照、外国人永久居留身份证。

附件 10

省际临时班车客运标志牌

省 际 临 时 班 车

套印设区的市级道路运输
管理机构专用章

（起点）——（讫点）

（省简称）运班临字××××××号

省际临时班车客运标志牌背面

<table>
<tr><td>经营主体</td><td colspan="3"></td></tr>
<tr><td>经营许可证号</td><td></td><td>车牌号码</td><td></td></tr>
<tr><td>起讫地及客运站点</td><td colspan="3">（起点地　客运站点）至（讫点地　客运站点）</td></tr>
<tr><td>中途停靠地客运站点</td><td></td><td>途经路线</td><td></td></tr>
<tr><td>使用原因</td><td colspan="3"></td></tr>
<tr><td>有效期</td><td colspan="3">自　年　月　日起至　年　月　日止</td></tr>
<tr><td colspan="3">说　明
一、此牌适用范围：1. 在特殊时段或者发生突发事件，班车客运经营者不能满足运力需求，需要调用其他客运经营者的营运客车的；2. 因车辆故障、维护等原因，需要调用其他客运经营者的营运客车接驳或者顶班的；3. 正式班车客运标志牌正在制作或者不慎灭失，等待领取的。
二、属于上述第 1、2 种原因使用此牌的，有效期为一个运次所需时间；属于上述第 3 种原因使用此牌的，有效期不得超过 30 日。</td><td>经办人签字：

具体发证交通运输主管部门（盖章）
年　月　日</td></tr>
</table>

附件 11

省际包车客运标志牌

省　际　包　车（二维码）

（起点）——（迄点）

	车牌号码：	运输企业（章）：
某运包字　　　　号	驾驶员：	企业签发人：
	主要途经地：	有效期：

附件 12

班车客运定制服务信息表

基本信息

经营者名称(印章)______________________________

与《道路运输经营许可证》一致

法定代表人姓名______________ 经办人姓名______________

如系个人申请,不必填写"法定代表人姓名"及"经办人姓名"项

通信地址______________________________

邮　　编______________ 联系电话______________

手　　机______________ 电子邮箱______________

经营许可证编号______________________________

开展定制客运的道路客运班线及其经营行政许可决定书编号

____

提供定制客运网络信息服务的电子商务平台

网络平台运营方式:班车客运经营者自营 □

由班车客运经营者以外的机构运营 □

网络平台名称______________________________

法定代表人姓名______________ 联系电话______________

手　　机______________ 电子邮箱______________

ICP 许可证号______________

粘贴"定制客运"标识的班车客运标志牌编号______________

拟投入定制客运车辆情况

序号	数量	车辆类型及等级	车辆技术等级	拟购/现有	备注
1					
2					
3					
合计					

表格不够,可另附表填写。

附件 13

道路客运标志牌制式规范

一、班车客运标志牌制式规范

（一）尺寸：1. 600mm×300mm，用于大型客车；2. 480mm×220mm，用于中小型客车。

（二）材质和工艺：底版为银白色铝质材料，正面底贴白色环保反光膜，背面底色为磨砂铝本色。

（三）“X 际（县内/毗邻县）”视情确定为“省际”、“市际”、“县际”、“县内”、“毗邻县”，分别对应一类客运班线、二类客运班线、三类客运班线、四类客运班线中县级行政区域内的客运班线、四类客运班线中毗邻县之间的客运班线。

（四）其他规范：

1. 大型客车使用的班车客运标志牌。

第一行字为黑色宋体，字高 35mm×字宽 35mm。

第二行字为红色黑体，字高 130mm×字宽 100mm—110mm，随字数多少而改变。横线为黑色，宽度 20mm，长度随字数多少而改变。横线中间上方套印红色的许可机关专用章。

第三行字为黑色宋体，字高 25mm×字宽 18mm，号码为红色阿拉伯数字。

2. 中小型客车使用的班车客运标志牌。

第一行字为黑色宋体，字高 28mm×字宽 28mm。

第二行字为红色黑体，字高 110mm×字宽 80mm，随字数多少而改变。横线为黑色，宽度 15mm，长度随字数多少而改变。横线中间上方套印红色的许可机关专用章。

第三行字为黑色宋体，字高 20mm×字宽 15mm，号码为红色阿拉伯数字。

3. 班车客运标志牌背面。

左侧粘贴《道路客运班线经营信息表》。

右侧在磨砂铝底板上直接印制“遵章守法”和“安全优质”，分两行排列，黑色宋体，在大型客车使用的班车客运标志牌上字高 25mm×字宽 25mm，在中小型客车使用的班车客运标志牌上字高 20mm×字宽 20mm。

二、道路客运班线经营信息表制式规范

（一）尺寸：215mm×160mm。

（二）底色：白色。

（三）材质：白纸质，背后贴不干胶，正面填写后覆盖透明不干胶薄膜。

（四）字体："道路客运班线经营信息表"为黑色二号黑体字；框内其他字均为四号宋体字。

三、省际临时班车客运标志牌制式规范

（一）尺寸：480mm×220mm。

（二）底色：白色。

（三）材质：不少于250克铜版纸。

（四）其他规范：

第一行字为红色宋体，字高35mm×字宽35mm。

第二行横线为黑色，宽度为12mm，长度为60mm。横线中间上方套印设区的市级交通运输主管部门专用章。起讫点为人工填写或者计算机打印，应当字体粗大，便于辨认。

第三行字为黑色宋体，字高20mm×字宽20mm，号码为红色阿拉伯数字。

背面为黑色小初号黑体字，签章栏和省际临时班车客运标志牌背面说明栏内文字为黑色二号宋体字。

四、省际包车客运标志牌制式规范

（一）尺寸：480mm×220mm。

（二）底色：淡蓝色暗花纹，花纹内容为省份名称首字母。

（三）材质：不少于150克白卡纸。

（四）其他规范：

第一行字为红色宋体，字高35mm×字宽35mm。右边的二维码为黑色，计算机打印。

第二行横线为黑色，宽度为12mm，长度为60mm。起讫点字为黑色黑体，字高90mm×字宽90mm—110mm，随字数多少而改变，为计算机打印。

左边第三行字为黑色宋体，字高20mm×字宽20mm。号码为红色阿拉伯数字，字高20mm×字宽20mm。"某运包字"中的"某"为省、自治区、直辖市简称。

右边第三、四、五行字为黑色宋体，字高7mm×字宽7mm。冒号后面的字为计算机打印。

五、"定制客运"标识制式规范

（一）尺寸：50mm×50mm。

（二）底色：白色。

（三）材质：白纸质，背后贴不干胶，正面填写后覆盖透明不干胶薄膜。

（四）字体：第一行字为"定制"，字体为红色黑体，字高15mm×字宽10mm；第二行字为"客运"，字体为红色黑体，字高15mm×字宽10mm。

附件 14

道路运输车辆暂扣凭证

编号：　　　　字第　号

第　联

当事人姓名：________________联系电话：__________

业户名称：______________________________

通信地址：________________邮政编码：__________

我单位在依法实施道路运输检查时，发现你驾驶的车辆在从事道路运输活动，且无法当场提供《道路运输证》和其他有效证明，依据《中华人民共和国道路运输条例》第六十二条的规定，决定暂扣你的车辆。请在七日内持本凭证到__________接受处理。暂扣期间，对车辆予以免费保管；逾期不接受处理的，将依法作出行政处罚决定；拒不履行的，将申请人民法院强制执行。

当事人对暂扣车辆的决定不服的，可根据《中华人民共和国行政复议法》或《中华人民共和国行政诉讼法》，在接到本凭证之日起六十日内向______申请行政复议，或在六个月内向人民法院提起诉讼。

车 辆 简 况

车号：________车型：________轮胎：________门锁：________

车灯：________玻璃：________后视镜：________

车上其他设备及物品：______________________________

____

备注：______________________________

执法人员签名：________________执法证号：__________

当事人签名：________________

执法机关（印章）

年　月　日

广播电视节目传送业务管理办法

（2022年9月26日国家广播电视总局令第12号公布　自公布之日起施行　国司备字[2022007298]）

第一章　总　　则

第一条　为了加强广播电视节目传送业务管理，规范广播电视节目传送秩序，制定本办法。

第二条　本办法所称广播电视节目传送业务，是指利用有线方式从事广播电视节目传输和接入服务的活动。

第三条　国家广播电视总局（以下简称广电总局）负责全国广播电视节目传送业务的管理。

县级以上人民政府广播电视主管部门负责本行政区域内广播电视节目传送业务的管理。

第四条　国家对广播电视节目传送业务实行许可制度。

第二章　业务许可

第五条　利用有线方式从事广播电视节目传送业务，应当按本办法规定领取《广播电视节目传送业务经营许可证》。

利用无线、微波、卫星等其他方式从事广播电视节目传送业务，应当按照国家有关规定办理相关审批手续。

第六条　下列机构可以申请《广播电视节目传送业务经营许可证》：

（一）经批准设立的广播电视播出机构；

（二）有线广播电视网络运营服务机构。

第七条　禁止外商投资的机构从事广播电视节目传送业务。

第八条　申请《广播电视节目传送业务经营许可证》，应当具备下列条件：

（一）符合国家广播电视节目传送业务总体规划和业务要求；

（二）具有确保广播电视节目安全传送所需的设备、技术、人员及相关管理制度；

（三）资费标准符合国家有关规定；

（四）有从事经营活动的场所及相应网络资源；

（五）有长期提供传送服务的信誉和能力；

（六）有合法的广播电视节目信号来源；

（七）其他法律、行政法规规定的条件。

第九条 申请《广播电视节目传送业务经营许可证》，应当提交下列材料：

（一）有线电视网络建设及覆盖情况、传送内容（应写明具体频道、节目名称）、传送范围、技术手段、传送方式等内容的说明；

（二）申办机构基本情况。申办机构为企业单位的，应当提供股东背景情况的说明；

（三）《广播电视节目传送业务经营许可证》申请表；

（四）从事广播电视节目传送业务的技术方案、运营方案、管理制度；

（五）广播电视节目安全传送方案；

（六）广播电视节目信号来源相关材料。

第十条 申请利用有线方式跨省级行政区域从事广播电视节目传送业务的，应当向广电总局提出申请，并提交符合本办法第九条规定的申报材料，由广电总局审批。

申请利用有线方式在省级行政区域内从事广播电视节目传送业务的，应当向省级人民政府广播电视主管部门提出申请，并提交符合本办法第九条规定的申报材料，由省级人民政府广播电视主管部门审批。

第十一条 负责受理的广播电视主管部门应当按照行政许可法规定的期限和权限，履行受理、审核职责。广播电视主管部门应当自受理之日起二十日内，作出许可或者不予许可的决定。二十日内不能作出决定的，经本机关负责人批准，可以延长十日，并应当将延长期限的理由告知申请机构。需要组织专家评审的，评审期限为三十日。

广播电视主管部门对符合法定条件的，予以许可，颁发《广播电视节目传送业务经营许可证》；对依法作出不予许可决定的，应当书面通知申请机构并说明理由。

第十二条 《广播电视节目传送业务经营许可证》包含传送内容、传送范围、技术手段、传送方式等事项，有效期为三年，自颁发之日起计算。有效期满需继续从事广播电视节目传送业务的，应当在许可证有效期届满六十日前，按照本办法第六条、第八条、第九条、第十条规定提出延续申请，经广播电视主管部门审核同意后换发许可证。经审核不符合延续条件的，不予换证。

持证机构应当按照许可证载明的事项从事广播电视节目传送业务。

第十三条 持证机构变更股东、持股比例，许可证载明的传送内容、传送范围、传送载体、技术手段，以及停止从事广播电视节目传送业务，应当按照本办法规定提前六十日报广播电视主管部门批准。国家对停止从事传送业务有其他规定的,还应当按照有关规定执行。

持证机构营业场所、法定代表人发生变更的,应当自变更之日起三十日内向原发证机关备案。

第三章 传送管理

第十四条 从事广播电视节目传送业务的机构应当在《广播电视频道播出许可证》规定的传输覆盖范围内传送频道节目。

第十五条 广播电视播出机构不得通过未获得广播电视节目传送业务许可的机构传送其节目信号。

第十六条 从事广播电视节目传送业务的机构不得利用所拥有的网络或者频率资源擅自开办广播电视节目,不得为非法开办的节目以及来源非法的广播电视节目信号提供传送服务,不得擅自传送境外卫星电视节目。

第十七条 禁止传送含有下列内容的广播电视节目信号:

(一)违反宪法确定的基本原则,煽动抗拒或者破坏宪法、法律、法规实施;

(二)危害国家统一、主权和领土完整;

(三)泄露国家秘密、危害国家安全或者损害国家尊严、荣誉和利益;

(四)诋毁优秀民族文化传统,煽动民族仇恨、民族歧视,侵害民族风俗习惯,歪曲民族历史或者民族历史人物,伤害民族感情,破坏民族团结;

(五)违背国家宗教政策,宣扬邪教、迷信;

(六)危害社会公德,扰乱社会秩序,破坏社会稳定,宣扬淫秽、赌博、吸毒,渲染暴力、恐怖,教唆犯罪或者传授犯罪方法;

(七)侵害未成年人合法权益或者损害未成年人身心健康;

(八)侮辱、诽谤他人或者散布他人隐私,侵害他人合法权益;

(九)法律、行政法规禁止的其他内容。

第十八条 从事广播电视节目传送业务的机构不得擅自在所传送的节目中插播其他节目、资料、图像、文字及其他信息。

第十九条 从事广播电视节目传送业务的机构应当完整传送广电总局规定必须传送的广播电视节目。

第二十条 从事广播电视节目传送业务的机构应当提供长期、稳定的服务。

第二十一条 从事广播电视节目传送业务的机构应当向广播电视主管部门设立的监测机构提供所传送节目的完整信号,不得干扰、阻碍监测活动。

第四章　罚　　则

第二十二条　违反本办法规定，擅自从事广播电视节目传送业务的，由县级以上人民政府广播电视主管部门没收其从事违法活动的设备，并处投资总额1倍以上2倍以下的罚款；构成犯罪的，依法追究刑事责任。

第二十三条　违反本办法规定，有下列行为之一的，由县级以上人民政府广播电视主管部门责令停止违法活动，给予警告，没收违法所得，可以并处二万元以下罚款。构成犯罪的，依法追究刑事责任：

（一）未完整传送广电总局规定必须传送的广播电视节目的；

（二）擅自在所传送的节目中插播节目、资料、图像、文字及其他信息的；

（三）未按照许可证载明事项从事传送业务的；

（四）持证机构变更股东、持股比例，许可证载明的传送内容、传送范围、传送载体、技术手段，以及停止从事广播电视节目传送业务，未办理审批手续的；

（五）未向广播电视主管部门设立的监测机构提供所传送节目的完整信号，或者干扰、阻碍监测活动的。

第二十四条　违反本办法规定，有下列行为之一的，由县级以上人民政府广播电视主管部门责令停止违法活动，给予警告，没收违法所得，可以并处二万元以下罚款；情节严重的，由原发证机关吊销许可证。构成犯罪的，依法追究刑事责任：

（一）擅自开办广播电视节目的；

（二）为非法开办的节目以及非法来源的广播电视节目信号提供传送服务；

（三）擅自传送境外卫星电视节目的。

第五章　附　　则

第二十五条　本办法所称“十日”“二十日”“三十日”，是指工作日，不包括法定节假日。

第二十六条　本办法自公布之日起施行。《广播电视节目传送业务管理办法》（国家广播电影电视总局令第33号）同时废止。

广播电视无线传输覆盖网管理办法

（2022年9月26日国家广播电视总局令第13号公布　自公布之日起施行　国司备字[2022007299]）

第一章　总　　则

第一条　为了保证广播电视无线传输覆盖业务的正常进行，维护广播电视播出秩序，加强对广播电视无线传输覆盖业务的管理，根据《广播电视管理条例》和《广播电视设施保护条例》，制定本办法。

第二条　本办法适用于广播电视无线传输覆盖网（以下简称无线传输覆盖网）的规划、建设、使用和管理等活动。

无线传输覆盖网包括广播电视发射台、转播台、差转台、收转台（站）、微波站、节目传送台（站）、广播电视卫星、卫星地球站、监测台（站）等部分。广播电视无线传输覆盖业务是指利用无线传输覆盖网传送广播电视节目信号、应急广播信息的活动。

第三条　国家广播电视总局（以下简称广电总局）负责全国无线传输覆盖网的管理工作，根据广播电视的发展需要，负责组织制定全国无线传输覆盖网规划，审批广播电视无线传输覆盖业务，指配广播电视专用频段的频率（以下称广播电视频率），并对全国无线传输覆盖网进行管理。

县级以上地方人民政府广播电视主管部门负责本行政区域内无线传输覆盖网的管理工作。

第四条　无线传输覆盖网由县级以上人民政府广播电视主管部门按照国家有关规定组建，并应当确保本行政区域内广播电视传输覆盖的安全和质量。

第五条　无线传输覆盖网的工程选址、设计、施工、安装，应当按照国家有关规定办理，并由依法取得相应资质的单位承担。工程建设和使用的无线广播电视发射设备，应当符合国家标准、行业标准和有关规定。

第六条　国家对广播电视无线传输覆盖业务、利用卫星方式传输广播电视节目、使用广播电视频率、购买无线广播电视发射设备以及迁建无线广播电视设施实行许可制度。

广播电视主管部门应当按照行政许可法规定的期限办理有关许可事项，可根据需要组织专家对重要技术方案进行论证，专家论证时间为三十日。

许可证由广电总局统一印制，严禁伪造、翻印、涂改、出租、转让。

第七条 严禁在无线传输覆盖网中传送法律、法规、规章规定禁止的内容。任何单位或者个人不得擅自使用广播电视频率，不得利用无线传输覆盖网进行违法犯罪活动。

第二章 广播电视无线传输覆盖业务

第八条 利用地面无线、微波、卫星等方式从事广播电视传输覆盖业务的，应当按照本办法规定领取《广播电视节目传送业务经营许可证(无线)》。

许可证有效期不超过十年。有效期届满需继续开展业务的，应当于届满前六个月按照本办法规定的审批程序办理手续。

第九条 下列机构可以申请《广播电视节目传送业务经营许可证(无线)》：

(一)经广电总局批准设立的广播电视播出机构；

(二)经省级以上人民政府广播电视主管部门批准设立的广播电视无线传输覆盖机构(以下简称传输覆盖机构)；

(三)具有无线广播电视传输覆盖能力的国有或者国有控股机构。

第十条 申请《广播电视节目传送业务经营许可证(无线)》的，应当具备下列条件：

(一)具有独立的法人资格，或者不具有独立的法人资格但直属于广播电视主管部门的传输覆盖机构；

(二)符合无线传输覆盖网的总体规划和业务要求；

(三)有确保广播电视安全传送所需的场地、设备、技术、人员及经费；

(四)有合法的广播电视节目信号来源。

第十一条 申请《广播电视节目传送业务经营许可证(无线)》的，应当提交下列材料：

(一)申办机构的基本情况；

(二)广播电视无线传输覆盖业务申请表；

(三)拟采用的传输覆盖方式、范围、服务区域和节目内容；

(四)技术方案和保障机制；

(五)合法广播电视节目信号来源、传输方式、传输范围的说明。

第十二条 广电总局负责审批跨省级行政区域经营广播电视节目无线传送业务。申请单位应当向广电总局提出申请，经批准领取《广播电视节目传送业务经营许可证(无线)》。

第十三条 省级人民政府广播电视主管部门负责审批本行政区域内经营

广播电视节目无线传送业务。申请单位应当向省级人民政府广播电视主管部门提出申请，经批准领取《广播电视节目传送业务经营许可证(无线)》。

第十四条 开展广播电视节目卫星传送业务的，应当报广电总局审批，领取《广播电视节目传送业务经营许可证(无线)》。

第十五条 为保证广播电视传输安全，广电总局负责指定用于传输广播电视节目的卫星转发器传输参数。任何未取得《广播电视节目传送业务经营许可证(无线)》的单位不得擅自租用或者使用卫星转发器传输广播电视节目。

第十六条 为保证广播电视节目传输安全，广电总局可以要求更换或关闭传输广播电视节目的卫星转发器。

第十七条 《广播电视节目传送业务经营许可证(无线)》由广电总局统一制定许可证制式。许可证应当包含实施传输覆盖业务的方式、主体、传输覆盖的节目内容、传输覆盖的范围、技术手段、工作频段等内容。

持证单位应当按照许可证载明的事项从事广播电视无线传输覆盖业务。

第三章 利用卫星方式传输广播电视节目业务

第十八条 广播电视播出机构利用卫星方式传输广播电视节目，应当向广电总局提出申请，并在经批准的覆盖范围内进行覆盖。

第十九条 利用卫星方式传输广播电视节目，应当具备下列条件：

(一)申请人应当为经广电总局批准设立的广播电视播出机构；

(二)符合国家广播电视事业和产业发展规划；

(三)符合广播电视传输覆盖网相关规划和技术要求；

(四)有必要的资金、稳定的经费和人员保障；

(五)利用卫星方式传输覆盖的范围与广电总局批准的节目覆盖范围一致；

(六)具备必要的监测监管条件。

第二十条 广播电视播出机构申请利用卫星方式传输广播电视节目业务的，应当提交下列材料：

(一)申办机构的基本情况；

(二)利用卫星方式传输广播电视节目业务申请表；

(三)拟采用的传输方式、覆盖范围、服务区域、节目内容、集成加密平台和技术参数；

(四)拟利用卫星的轨道位置、转发器编号、极化方式、符号率、频率以及入网测试情况；

（五）技术方案、技术安全保障机制及评估报告；
（六）所在地省级人民政府广播电视主管部门的意见；
（七）合法广播电视节目信号来源、传输方式、覆盖范围的说明。

第四章　广播电视无线传输覆盖网频率的使用

第二十一条　持有《广播电视节目传送业务经营许可证（无线）》的单位，申请使用微波、卫星非广播电视频率等传输广播电视节目，应当向国家无线电管理机构或者省、自治区、直辖市无线电管理机构办理无线电频率使用许可。

第二十二条　持有《广播电视节目传送业务许可证（无线）》的单位，申请使用下列业务的广播电视频率，应当向所在地县级以上人民政府广播电视主管部门提出申请，逐级上报广电总局审批，领取《广播电视频率使用许可证（甲类）》：

（一）中、短波广播；
（二）调频广播［使用发射机标称功率 50 瓦（不含）以上发射设备］；
（三）调频同步广播；
（四）地面数字声音广播；
（五）地面数字电视广播。

许可证有效期不超过十年。有效期届满需继续开展业务的，应当于届满前六个月按照本办法规定的审批程序办理手续。

第二十三条　持有《广播电视节目传送业务经营许可证（无线）》的单位，申请使用发射机标称功率 50 瓦（含）以下转播已批准开办的广播节目、应急广播信息的小功率调频广播频率，广电总局委托省级人民政府广播电视主管部门审批。

申请单位向所在地县级人民政府广播电视主管部门提出申请，逐级上报省级人民政府广播电视主管部门审批，领取《广播电视频率使用许可证（乙类）》。

省级人民政府广播电视主管部门应当遵循高效、便民原则，提高办事效率，在委托的权限范围内按照广电总局统一制定的许可证制式，依法办理广播电视频率使用许可证，并对当月作出的不予受理、准予或者不准予行政审批决定等情况进行汇总，于次月 15 日前报广电总局备案。

第二十四条　持有《广播电视节目传送业务经营许可证（无线）》的单位，申请使用广播电视频率传输广播电视节目，应当提供下列材料：

（一）广播电视频率申请表；

（二）申请使用的广播电视频率涉及修改和调整广播电视覆盖网规划的，提供技术评估报告和与相关部门或单位的协调文件；

（三）拟开展的广播电视业务的情况说明，包括功能、用途、服务对象和预测规模以及建设计划等；

（四）各级广播电视主管部门的书面意见。

第二十五条　持有《广播电视频率使用许可证》的单位，如需设置、使用无线电台（站），应当向国家无线电管理机构或者省、自治区、直辖市无线电管理机构申请办理无线电台执照。

第五章　无线广播电视发射设备的订购

第二十六条　持有《广播电视频率使用许可证》的单位，如需购买无线广播电视发射设备，应当向核发其《广播电视频率使用许可证》的广播电视主管部门申领《无线广播电视发射设备订购证明》（以下简称《订购证明》），并提交下列材料：

（一）《订购证明》申请表；

（二）《广播电视频率使用许可证》复印件；

（三）各级广播电视主管部门的书面意见。

第二十七条　无线传输覆盖网中使用的发射设备应当具有国家无线电发射设备型号核准证和广播电视设备器材入网认定证书。

第二十八条　无线广播电视发射设备安装完毕后，设置该发射设备的单位应当在二十日内向核发其《订购证明》的广播电视主管部门提出验收申请，由相应的广播电视主管部门或者其委托的机构负责组织验收。验收合格后，发射设备方可投入正式运行。

第六章　无线广播电视设施的迁建和保护

第二十九条　任何单位和个人均有保护广播电视设施的义务。县级以上人民政府广播电视主管部门负责所管辖的广播电视设施的保护工作，并采取措施，确保广播电视设施的安全。

第三十条　因重大工程项目或者当地人民政府认为需要搬迁无线广播电视设施的，城市规划主管部门在审批相关城市规划项目前，应当事先征得广电总局同意。

迁建广播电视设施，申请单位应当向广电总局提出申请，并具备下列条件：

（一）符合城乡建设总体规划和国家有关规定；

（二）满足广播电视安全播出的技术条件和基础设施；

（三）满足广播电视传输覆盖业务要求，避开各种干扰源；

（四）周围环境符合国家有关环境电磁波防护标准；

（五）确保广播电视设施的各项性能的要求。

第三十一条 申请迁建无线广播电视设施的，应当提交下列材料：

（一）设置无线广播电视设施的批准文件和申请迁建的理由；

（二）城市规划主管部门的意见；

（三）当地人民政府的批准文件；

（四）广播电视传输覆盖技术评估报告。

第三十二条 迁建工作应当坚持先建设后拆除的原则。迁建所需费用由造成广播电视设施迁建的单位承担。

第七章 罚　　则

第三十三条 违反本办法的，依据《广播电视管理条例》《广播电视设施保护条例》处罚。

第八章 附　　则

第三十四条 本办法所称"二十日""三十日"，是指工作日，不包括法定节假日。

第三十五条 本办法自公布之日起施行。《广播电视无线传输覆盖网管理办法》（国家广播电影电视总局令第45号）同时废止。

铁路旅客运输规程

（2022年11月3日交通运输部令2022年第37号公布　自2023年1月1日起施行　国司备字[2022007334]）

第一章 总　　则

第一条 为了维护铁路旅客运输正常秩序，规范旅客和铁路运输企业的行为，保护旅客和铁路运输企业的合法权益，完善公平公正的旅客运输市场环境,根据《中华人民共和国民法典》《中华人民共和国消费者权益保护法》《中华人民共和国铁路法》《铁路安全管理条例》等法律、行政法规,制定本规程。

第二条 本规程适用于中华人民共和国境内的铁路旅客运输。

第三条 铁路运输企业应当根据法律、行政法规和本规程制定旅客运输相关办法,包括购票、退票、改签,旅客乘车、随身携带物品和托运行李相关规定等事项,并在实施前向社会公布。

第二章 一般规定

第四条 车票是铁路旅客运输合同的凭证,可以采用纸质形式或者电子数据形式,一般应当载明发站、到站、车次、车厢号、席别、席位号、票价、开车时间等主要信息。铁路运输企业与旅客另有约定的,按照其约定。

第五条 铁路运输企业应当提供方便快捷的票务服务,为旅客提供良好的旅行环境和服务设施,文明礼貌地为旅客服务,在约定期限或者合理期限内将旅客安全运输到车票载明的到站。

第六条 旅客应当遵守法律、行政法规、规章和有关铁路运输安全规定,配合铁路工作人员的引导,爱护铁路设备设施,不得扰乱铁路运输秩序。

第七条 旅客享有自主选择旅客运输服务和公平交易的权利。铁路运输企业不得限定、强制旅客使用某项服务或者搭售商品。

第八条 铁路运输企业应当公布车站运营时间、停止检票时间、服务项目及收费标准、旅客禁止或者限制携带物品目录等信息。

第三章 车票销售

第九条 铁路运输企业应当按照《中华人民共和国反恐怖主义法》《铁路安全管理条例》《铁路旅客车票实名制管理办法》等规定,实施车票实名制管理。

第十条 购票人应当向铁路运输企业提供乘车人真实有效的联系方式。

铁路运输企业对车票销售过程中知悉的旅客信息,应当予以保密,不得泄露、出售或者非法向他人提供。

第十一条 铁路运输企业应当公平销售车票,保留人工售票服务。鼓励铁路运输企业为旅客提供互联网、自动售票机等多种售票渠道,为旅客购票、取票、退票、改签等提供便利。

鼓励铁路运输企业开办定期票、计次票、联程票、乘车卡等业务,为旅客提供多元化的服务。

第十二条　除需要乘坐火车通勤上学的学生和铁路运输企业同意在旅途中监护的儿童外,实行车票实名制情况下未满 14 周岁或者未实行车票实名制情况下身高不足 1.5 米的儿童,应当随同成年人旅客旅行。

实行车票实名制的,年满 6 周岁且未满 14 周岁的儿童应当购买儿童优惠票;年满 14 周岁的儿童,应当购买全价票。每一名持票成年人旅客可以免费携带一名未满 6 周岁且不单独占用席位的儿童乘车;超过一名时,超过人数应当购买儿童优惠票。

未实行车票实名制的,身高 1.2 米且不足 1.5 米的儿童应当购买儿童优惠票;身高达到 1.5 米的儿童,应当购买全价票。每一名持票成年人旅客可以免费携带一名身高未达到 1.2 米且不单独占用席位的儿童乘车;超过一名时,超过人数应当购买儿童优惠票。

儿童优惠票的车次、席别应当与同行成年人所持车票相同,到站不得远于成年人车票的到站。按上述规定享受免费乘车的儿童单独占用席位时,应当购买儿童优惠票。

第十三条　旅客携带免费乘车儿童时,应当提前告知铁路运输企业,铁路运输企业应当为免费乘车儿童出具乘车凭证。实行车票实名制的,免费乘车儿童检票和乘车时需要提供有效身份证件。

第十四条　在全日制高等学校(含国务院教育行政部门、省级人民政府审批设置的实施高等学历教育的民办学校),承担研究生教育任务的科学研究机构,军事院校,普通中、小学和中等职业学校(含有实施学历教育资格的公办、民办中等专业学校、职业高中、技工学校)就读的学生、研究生,凭学生证(中、小学生凭盖有学校公章的书面证明)每学年可以购买家庭居住地至院校(实习地点)所在地之间四次单程的学生优惠票。新生凭录取通知书、毕业生凭盖有院校公章的学校书面证明当年可以购买一次学生优惠票。学生优惠票限于使用普通旅客列车硬席或者动车组列车二等座。

学生证应当附有国务院教育行政部门认可的优惠乘车凭证,优惠乘车凭证需要载明学生照片、姓名、有效身份证件号码、优惠乘车区间、院校公章等信息。学生证优惠乘车区间的记录、变更需要加盖院校公章。

华侨学生、港澳台学生的优惠乘车区间为口岸车站至学校所在地车站。

第十五条　持中华人民共和国残疾军人证、中华人民共和国伤残人民警察证、国家综合性消防救援队伍残疾人员证的人员凭证可以购买优待票。

第十六条　旅客丢失实名制车票后,可以向铁路运输企业申请办理车票挂失补办手续,铁路运输企业不得重复收取票款和其他不合理费用。

旅客丢失非实名制车票应当另行购票乘车。

第四章　乘　　车

第十七条　铁路运输企业应当按照《中华人民共和国反恐怖主义法》《铁路安全管理条例》《铁路旅客运输安全检查管理办法》等规定，对旅客及其随身携带物品进行安全检查。旅客随身携带物品应当遵守国家禁止或者限制运输的相关规定。

第十八条　铁路运输企业应当明确旅客随身携带物品的相关规定，至少包括下列内容：

（一）随身携带物品总重量限额；

（二）每件物品的重量及尺寸限定；

（三）免费携带物品的重量；

（四）超限携带物品计费标准；

（五）特殊携带物品的相关规定；

（六）因铁路运输企业责任导致携带物品损坏、丢失的赔偿标准或者所适用的国家有关规定。

第十九条　铁路运输企业应当在车站、旅客列车等公共场所设置安全标志、导向系统和信息服务系统等设备设施。

第二十条　铁路运输企业应当按照有效车票记载的时间、车次、车厢号、席别和席位号运输旅客；旅客应当按照有效车票载明的时间、车次、车厢号、席别和席位号乘车。

第二十一条　铁路运输企业应当按照《中华人民共和国军人地位和权益保障法》《军人抚恤优待条例》等规定，为现役军人、残疾军人，烈士、因公牺牲军人和病故军人的遗属，消防救援人员，以及与其随同出行的家属提供优先购票、优先乘车等服务。

第二十二条　铁路运输企业应当为老幼病残孕旅客提供优先购票、优先乘车等服务，为老年人和其他需要帮助的旅客提供必要的人工服务。

视力残疾旅客可以携带导盲犬进站乘车。

第二十三条　铁路运输企业应当提供齐全、干净、整洁的服务备品。车站、旅客列车等公共场所应当内外整洁、空气清新。

第二十四条　铁路运输企业应当提供符合食品安全标准的餐饮服务，不得销售不符合食品安全标准的食品和不合格产品。车站内和列车上提供的商品及服务应当做到明码标价、质价相符、信息描述规范。

第二十五条　旅客应当接受铁路运输企业对乘车相关凭证进行的必要核

验。

购买优惠票、优待票的旅客需要凭相应证件乘车。

第二十六条 铁路运输企业发现下列情形之一的，应当补收票款：

（一）主动补票或者经车站、旅客列车同意上车补票的；

（二）应当购买儿童优惠票而未买票乘车的；

（三）应当购买全价票而使用儿童优惠票乘车的。

需要收取手续费的，按照有关铁路旅客运输杂费的规定办理。

第二十七条 未经铁路运输企业同意，有下列情形之一的，铁路运输企业应当补收票款，可以加收50%已乘区间应补票款：

（一）无票乘车未主动补票的；

（二）在车票到站不下车，且继续乘车的；

（三）持低等级席位的车票乘坐高等级席位的；

（四）持不符合减价条件的优惠、优待车票乘车的。

需要收取手续费的，按照有关铁路旅客运输杂费的规定办理。

第二十八条 铁路运输企业发现变造、伪造车票或者证件乘车，霸座或者其他扰乱秩序的行为，应当及时报告公安机关。

第二十九条 对下列旅客，铁路运输企业可以拒绝运输：

（一）有本规程第二十七条第一款规定的情形之一，拒不支付应补票款、加收票款的；

（二）不接受安全检查的；

（三）购买实名制车票但不接受身份信息核验，或者车票所记载身份信息与所持身份证件或者真实身份不符的；

（四）按照《中华人民共和国传染病防治法》等传染病防治的法律、行政法规和国家有关规定，应当实施隔离管理的；

（五）扰乱车站、列车秩序，严重精神障碍和醉酒等有可能危及列车安全或者其他旅客以及铁路运输企业工作人员人身安全的；

（六）国家规定的其他情况。

旅客不听从铁路运输企业工作人员劝阻，坚持携带或者夹带危险物品或者违禁物品的，铁路运输企业应当拒绝运输。对涉嫌违反治安管理的行为应当及时报告公安机关。

第五章　车票改签与退票

第三十条 因旅客自身原因不能按车票记载的时间、车次、车厢号、席别和席位号乘车，或者按照本规程规定被拒绝运输时，旅客要求办理退票或者改签的，应当按照铁路运输企业和旅客的约定办理。

第三十一条 因铁路运输企业原因或者自然灾害等其他不能正常运输情形导致旅客不能按车票记载的时间、车次、车厢号、席别和席位号乘车时，铁路运输企业应当按照旅客的要求办理退票或者改由其他车次或者席位运送旅客。重新安排的席位票价高于原票价时，超过部分不予补收；低于原票价时，应当退还票价差额。

对前款规定的情形，铁路运输企业不得收取退票费。

第三十二条 旅客办理退票、申请退款后，铁路运输企业应当在 7 个工作日内办理完成退款手续，上述时间不含金融机构处理时间和旅客自身原因导致的时间延误。

第六章 行 李 运 输

第三十三条 行李票是铁路行李运输合同的凭证，应当载明车票票号、发站、到站、包装、件数、重量、费用、承运时间及旅客的姓名、地址、联系电话等主要信息。铁路运输企业与旅客另有约定的，按照其约定。

第三十四条 旅客凭有效车票、身份证件可以在行李办理站间托运行李，行李票和车票的发到城市应当保持一致。

第三十五条 铁路运输企业应当明确旅客托运行李的相关规定，至少包括下列内容：

（一）托运行李总重量限额；

（二）每件行李的重量及尺寸限定；

（三）超限行李计费方式；

（四）是否提供声明价值服务，或者为旅客办理行李声明价值的相关约定；

（五）特殊行李运输的相关规定；

（六）行李损坏、丢失、延误的赔偿标准或者所适用的国家有关规定。

第三十六条 铁路运输企业应当按照《中华人民共和国反恐怖主义法》《铁路安全管理条例》《铁路旅客运输安全检查管理办法》等规定，对旅客托运的行李进行安全检查。旅客托运行李应当遵守国家禁止运输或者限制运输的相关规定，不得夹带货币、珍贵文物、金银珠宝、档案材料、证书证件等贵重物品。

铁路运输企业在承运行李时或者运输过程中，发现行李中装有不得作为行李运输的任何物品，应当拒绝承运或者终止运输，并通知旅客处理。

第三十七条 行李的包装应当完整牢固、适合运输，包装材料和方式符合国家规定的包装标准和条件。

第三十八条 行李应当随旅客所乘列车或者就近列车运送，如遇特殊情况的，铁路运输企业应当向旅客作出说明。

第三十九条 铁路运输企业应当为旅客办理行李托运变更手续提供便利条件。

第四十条 铁路运输企业应当及时通知旅客领取到达的行李。

行李从运到日起，铁路运输企业应当至少免费保管3日；逾期到达的行李应当至少免费保管10日。因行李损失或者不可抗力等原因应当适当增加免费保管日数。

对前款规定的时限，铁路运输企业与旅客另有约定的，按照其约定。

第四十一条 在行李运输过程中，行李发生损坏、丢失或者延误，旅客要求出具行李运输损失凭证的，铁路运输企业应当及时提供。

第七章 应急处置

第四十二条 铁路运输企业应当针对自然灾害、恶劣天气、设备设施故障以及安全事故等对旅客出行产生重大影响的情形，依法制定相应的应急预案，配备必要的应急物品，并定期组织演练。

第四十三条 线路中断、列车不能继续运行时，铁路运输企业应当妥善安排受阻旅客，并及时公告铁路旅客运输相关业务停办、恢复等信息。

因线路中断影响旅行，旅客要求出具证明的，铁路运输企业应当及时提供。

第四十四条 线路中断后，铁路运输企业应当妥善保管承运的行李，并及时通知旅客，与旅客协商处理方案。

第四十五条 发生旅客急病、分娩、遇险时，铁路运输企业应当积极采取救助措施并做好记录。

公安机关开展调查、侦查时，铁路运输企业应当配合公安机关开展工作，协助收集相关证据、调查事件发生原因。

第四十六条 铁路运输企业对运输过程中旅客的人身伤亡和财产损失，依法承担民事责任。

第八章 旅客投诉与建议

第四十七条 旅客有权就铁路旅客运输服务质量问题向铁路运输企业投

诉，也可以向铁路监管部门投诉。

铁路运输企业应当建立旅客运输投诉处理机制，设立电话、网络、信件等投诉渠道并对外公布，配备必要的投诉处理人员并保证投诉渠道畅通，运行良好。

第四十八条 铁路运输企业应当在收到旅客投诉后3个工作日内答复受理情况，10个工作日内告知实质性处理结果；不予受理的，应当说明理由。

铁路运输企业应当记录旅客的投诉情况及处理结果，投诉记录至少保存3年。

第四十九条 铁路运输企业应当认真研究旅客提出的服务改进意见建议，必要时主动沟通并作出答复。

第九章　附　　则

第五十条 铁路营业站及营业线的启用、封闭和业务范围的变更，铁路运输企业应当公告。

第五十一条 铁路运输企业利用旅客列车办理包裹运输业务的，参照本规程行李运输有关规定执行。

第五十二条 本规程自2023年1月1日起施行。

商业汇票承兑、贴现与再贴现管理办法

（2022年11月11日中国人民银行、中国银行保险监督管理委员会令〔2022〕第4号公布　自2023年1月1日起施行　国司备字［2022007335］）

第一章　总　　则

第一条 为了规范商业汇票承兑、贴现与再贴现业务，根据《中华人民共和国票据法》《中华人民共和国中国人民银行法》《中华人民共和国银行业监督管理法》《中华人民共和国商业银行法》等有关法律法规，制定本办法。

第二条 本办法所称商业汇票是出票人签发的，委托付款人在见票时或者在指定日期无条件支付确定的金额给收款人或者持票人的票据，包括但不限于纸质或电子形式的银行承兑汇票、财务公司承兑汇票、商业承兑汇票等。

第三条 电子商业汇票的出票、承兑、贴现、贴现前的背书、质押、保证、提示付款和追索等业务，应当通过人民银行认可的票据市场基础设施办理。供应链票据属于电子商业汇票。

第四条 本办法所称承兑是指付款人承诺在商业汇票到期日无条件支付汇票金额的票据行为。

第五条 本办法所称贴现是指持票人在商业汇票到期日前，贴付一定利息将票据转让至具有贷款业务资质机构的行为。持票人持有的票据应为依法合规取得，具有真实交易关系和债权债务关系，因税收、继承、赠与依法无偿取得票据的除外。

第六条 本办法所称再贴现是指人民银行对金融机构持有的已贴现未到期商业汇票予以贴现的行为，是中央银行的一种货币政策工具。

第七条 商业汇票的承兑、贴现和再贴现，应当遵循依法合规、公平自愿、诚信自律、风险自担的原则。

第二章 承　兑

第八条 银行承兑汇票是指银行和农村信用合作社承兑的商业汇票。银行主要包括政策性开发性银行、商业银行和农村合作银行。银行承兑汇票承兑人应在中华人民共和国境内依法设立，具有银保监会或其派出机构颁发的金融许可证，且业务范围包含票据承兑。

第九条 财务公司承兑汇票是指企业集团财务公司承兑的商业汇票。财务公司承兑汇票承兑人应在中华人民共和国境内依法设立，具有银保监会或其派出机构颁发的金融许可证，且业务范围包含票据承兑。

第十条 商业承兑汇票是由银行、农村信用合作社、财务公司以外的法人或非法人组织承兑的商业汇票。商业承兑汇票承兑人应为在中华人民共和国境内依法设立的法人及其分支机构和非法人组织。

第十一条 银行、农村信用合作社、财务公司承兑人开展承兑业务时，应当严格审查出票人的真实交易关系和债权债务关系以及承兑风险，出票人应当具有良好资信。承兑的金额应当与真实交易关系和债权债务关系、承兑申请人的偿付能力相匹配。

第十二条 银行、农村信用合作社、财务公司承兑的担保品应当严格管理。担保品为保证金的，保证金账户应当独立设置，不得挪用或随意提前支取保证金。

第十三条 银行、农村信用合作社、财务公司承兑业务应当纳入存款类金融机构统一授信管理和风险管理框架。

第三章 贴现和再贴现

第十四条 商业汇票的贴现人应为在中华人民共和国境内依法设立的、具有贷款业务资质的法人及其分支机构。申请贴现的商业汇票持票人应为自然人、在中华人民共和国境内依法设立的法人及其分支机构和非法人组织。

第十五条 申请贴现的持票人取得贴现票据应依法合规，与出票人或前手之间具有真实交易关系和债权债务关系，因税收、继承、赠与依法无偿取得票据的除外。

第十六条 持票人申请贴现，须提交贴现申请、持票人背书的未到期商业汇票以及能够反映真实交易关系和债权债务关系的材料。

第十七条 持票人可以通过票据经纪机构进行票据贴现询价和成交，贴现撮合交易应当通过人民银行认可的票据市场基础设施开展。

第十八条 票据经纪机构应为市场信誉良好、票据业务活跃的金融机构。票据经纪机构应当具有独立的票据经纪部门和完善的内控管理机制，具有专门的经纪渠道，票据经纪业务与自营业务严格隔离。票据经纪机构应当具有专业的从业人员。

第十九条 转贴现业务按照人民银行和银保监会票据交易有关规定执行。

第二十条 办理商业汇票贴现业务的金融机构，可以申请办理再贴现业务。再贴现业务办理的条件、利率、期限和方式，按照人民银行有关规定执行。

第四章 风险控制

第二十一条 金融机构应当具备健全的票据业务管理制度和内部控制制度，审慎开展商业汇票承兑和贴现业务，采取有效措施防范市场风险、信用风险和操作风险。

第二十二条 商业汇票的承兑人和贴现人应当具备良好的经营和财务状况，最近二年不得发生票据持续逾期或者未按规定披露信息的行为。商业汇票承兑人对承兑的票据应当具备到期付款的能力。

第二十三条 财务公司承兑人所属的集团法人应当具备良好的经营和财务状况，最近二年不得发生票据持续逾期或者未按规定披露信息的行为，最近二年不得发生重大违法行为，以及其他严重损害市场主体合法权益或社会公共利益的行为。

第二十四条 银行承兑汇票和财务公司承兑汇票的最高承兑余额不得超过该承兑人总资产的15%。银行承兑汇票和财务公司承兑汇票保证金余额不得超过该承兑人吸收存款规模的10%。人民银行和银保监会可以根据金融机构内控情况设置承兑余额与贷款余额比例上限等其他监管指标。

第二十五条 商业汇票的付款期限应当与真实交易的履行期限相匹配,自出票日起至到期日止,最长不得超过6个月。

第五章 信息披露

第二十六条 商业汇票信息披露按照人民银行有关规定执行,应当遵循及时、真实、准确、完整的原则。

第二十七条 商业承兑汇票承兑人和财务公司承兑汇票承兑人应当按照人民银行规定披露票据主要要素及信用信息。银行承兑汇票承兑人应当披露承兑人信用信息。

第二十八条 贴现人办理商业汇票贴现的,应当按照人民银行规定核对票据披露信息,信息不存在或者记载事项与披露信息不一致的,不得为持票人办理贴现。

第二十九条 商业汇票背书转让时,被背书人可以按照人民银行规定核对票据信息,信息不存在或者记载事项与披露信息不一致的,可以采取有效措施识别票据信息真伪及信用风险,加强风险防范。

第三十条 商业汇票承兑人为非上市公司、在债券市场无信用评级的,鼓励商业汇票流通前由信用评级机构对承兑人进行主体信用评级,并按照人民银行有关规定披露相关信息。

第三十一条 票据市场基础设施按人民银行有关要求对承兑人信息披露情况进行监测,承兑人存在票据持续逾期或披露信息存在虚假、遗漏、延迟的,票据市场基础设施应根据业务规则采取相应处置措施,并向人民银行报告。

第六章 监督管理

第三十二条 人民银行依法监测商业汇票承兑和贴现的运行情况,依法对票据市场进行管理。

第三十三条 人民银行、银保监会按照法定职责对商业汇票的承兑、贴现、风险控制和信息披露进行监督管理。人民银行对再贴现进行监督管理。

第三十四条 票据市场基础设施和办理商业汇票承兑、贴现、再贴现业务的主体，应当按规定和监管需要向人民银行和银保监会报送有关业务数据。

第七章　法律责任

第三十五条　银行承兑汇票、财务公司承兑汇票的承兑限额、付款期限超出规定的，由人民银行及其分支机构、银保监会及其派出机构对承兑人进行警告、通报批评，并由银保监会及其派出机构依法处以罚款。

第三十六条　商业汇票承兑人最近二年发生票据持续逾期或者未按规定披露信息的，金融机构不得为其办理票据承兑、贴现、保证、质押等业务。

第三十七条　金融机构为不具有真实交易关系和债权债务关系（因税收、继承、赠与依法无偿取得票据的除外）的出票人、持票人办理商业汇票承兑、贴现的，由银保监会及其派出机构根据不同情形依法采取暂停其票据业务等监管措施或者实施行政处罚；对直接负责的董事、高级管理人员和其他直接责任人员，依法追究相关责任。

第三十八条　商业汇票出票人、持票人通过欺诈手段骗取金融机构承兑、贴现的，依法承担相应责任；涉嫌构成犯罪的，移送司法机关依法追究刑事责任。

第三十九条　未经依法许可或者违反国家金融管理规定，擅自从事票据贴现的，依照有关法律法规进行处置。

第八章　附　　则

第四十条　本办法由人民银行、银保监会负责解释。

第四十一条　本办法第二十四条规定自 2024 年 1 月 1 日起实施。

第四十二条　本办法自 2023 年 1 月 1 日起施行。《商业汇票承兑、贴现与再贴现管理暂行办法》（银发〔1997〕216 号文印发）、《中国人民银行关于切实加强商业汇票承兑贴现和再贴现业务管理的通知》（银发〔2001〕236 号）同时废止。

司法解释

最高人民法院、最高人民检察院关于办理危害生产安全刑事案件适用法律若干问题的解释(二)

(2022 年 9 月 19 日由最高人民法院审判委员会第 1875 次会议、2022 年 10 月 25 日由最高人民检察院第十三届检察委员会第一百零六次会议通过　2022 年 12 月 15 日最高人民法院、最高人民检察院公告公布　自 2022 年 12 月 19 日起施行　法释〔2022〕19 号)

为依法惩治危害生产安全犯罪,维护公共安全,保护人民群众生命安全和公私财产安全,根据《中华人民共和国刑法》《中华人民共和国刑事诉讼法》和《中华人民共和国安全生产法》等规定,现就办理危害生产安全刑事案件适用法律的若干问题解释如下:

第一条　明知存在事故隐患,继续作业存在危险,仍然违反有关安全管理的规定,有下列情形之一的,属于刑法第一百三十四条第二款规定的“强令他人违章冒险作业”:

(一)以威逼、胁迫、恐吓等手段,强制他人违章作业的;

(二)利用组织、指挥、管理职权,强制他人违章作业的;

(三)其他强令他人违章冒险作业的情形。

明知存在重大事故隐患,仍然违反有关安全管理的规定,不排除或者故意掩盖重大事故隐患,组织他人作业的,属于刑法第一百三十四条第二款规定的“冒险组织作业”。

第二条　刑法第一百三十四条之一规定的犯罪主体,包括对生产、作业负有组织、指挥或者管理职责的负责人、管理人员、实际控制人、投资人等人员,以及直接从事生产、作业的人员。

第三条　因存在重大事故隐患被依法责令停产停业、停止施工、停止使用有关设备、设施、场所或者立即采取排除危险的整改措施,有下列情形之一的,属于刑法第一百三十四条之一第二项规定的“拒不执行”:

（一）无正当理由故意不执行各级人民政府或者负有安全生产监督管理职责的部门依法作出的上述行政决定、命令的；

（二）虚构重大事故隐患已经排除的事实，规避、干扰执行各级人民政府或者负有安全生产监督管理职责的部门依法作出的上述行政决定、命令的；

（三）以行贿等不正当手段，规避、干扰执行各级人民政府或者负有安全生产监督管理职责的部门依法作出的上述行政决定、命令的。

有前款第三项行为，同时构成刑法第三百八十九条行贿罪、第三百九十三条单位行贿罪等犯罪的，依照数罪并罚的规定处罚。

认定是否属于"拒不执行"，应当综合考虑行政决定、命令是否具有法律、行政法规等依据，行政决定、命令的内容和期限要求是否明确、合理，行为人是否具有按照要求执行的能力等因素进行判断。

第四条　刑法第一百三十四条第二款和第一百三十四条之一第二项规定的"重大事故隐患"，依照法律、行政法规、部门规章、强制性标准以及有关行政规范性文件进行认定。

刑法第一百三十四条之一第三项规定的"危险物品"，依照安全生产法第一百一十七条的规定确定。

对于是否属于"重大事故隐患"或者"危险物品"难以确定的，可以依据司法鉴定机构出具的鉴定意见、地市级以上负有安全生产监督管理职责的部门或者其指定的机构出具的意见，结合其他证据综合审查，依法作出认定。

第五条　在生产、作业中违反有关安全管理的规定，有刑法第一百三十四条之一规定情形之一，因而发生重大伤亡事故或者造成其他严重后果，构成刑法第一百三十四条、第一百三十五条至第一百三十九条等规定的重大责任事故罪、重大劳动安全事故罪、危险物品肇事罪、工程重大安全事故罪等犯罪的，依照该规定定罪处罚。

第六条　承担安全评价职责的中介组织的人员提供的证明文件有下列情形之一的，属于刑法第二百二十九条第一款规定的"虚假证明文件"：

（一）故意伪造的；

（二）在周边环境、主要建（构）筑物、工艺、装置、设备设施等重要内容上弄虚作假，导致与评价期间实际情况不符，影响评价结论的；

（三）隐瞒生产经营单位重大事故隐患及整改落实情况、主要灾害等级等情况，影响评价结论的；

（四）伪造、篡改生产经营单位相关信息、数据、技术报告或者结论等内容，影响评价结论的；

（五）故意采用存疑的第三方证明材料、监测检验报告，影响评价结论的；

（六）有其他弄虚作假行为，影响评价结论的情形。

生产经营单位提供虚假材料、影响评价结论，承担安全评价职责的中介组织的人员对评价结论与实际情况不符无主观故意的，不属于刑法第二百二十九条第一款规定的“故意提供虚假证明文件”。

有本条第二款情形，承担安全评价职责的中介组织的人员严重不负责任，导致出具的证明文件有重大失实，造成严重后果的，依照刑法第二百二十九条第三款的规定追究刑事责任。

第七条 承担安全评价职责的中介组织的人员故意提供虚假证明文件，有下列情形之一的，属于刑法第二百二十九条第一款规定的“情节严重”：

（一）造成死亡一人以上或者重伤三人以上安全事故的；

（二）造成直接经济损失五十万元以上安全事故的；

（三）违法所得数额十万元以上的；

（四）两年内因故意提供虚假证明文件受过两次以上行政处罚，又故意提供虚假证明文件的；

（五）其他情节严重的情形。

在涉及公共安全的重大工程、项目中提供虚假的安全评价文件，有下列情形之一的，属于刑法第二百二十九条第一款第三项规定的“致使公共财产、国家和人民利益遭受特别重大损失”：

（一）造成死亡三人以上或者重伤十人以上安全事故的；

（二）造成直接经济损失五百万元以上安全事故的；

（三）其他致使公共财产、国家和人民利益遭受特别重大损失的情形。

承担安全评价职责的中介组织的人员有刑法第二百二十九条第一款行为，在裁量刑罚时，应当考虑其行为手段、主观过错程度、对安全事故的发生所起作用大小及其获利情况、一贯表现等因素，综合评估社会危害性，依法裁量刑罚，确保罪责刑相适应。

第八条 承担安全评价职责的中介组织的人员，严重不负责任，出具的证明文件有重大失实，有下列情形之一的，属于刑法第二百二十九条第三款规定的“造成严重后果”：

（一）造成死亡一人以上或者重伤三人以上安全事故的；

（二）造成直接经济损失一百万元以上安全事故的；

（三）其他造成严重后果的情形。

第九条 承担安全评价职责的中介组织犯刑法第二百二十九条规定之罪的，对该中介组织判处罚金，并对其直接负责的主管人员和其他直接责任人员，依照本解释第七条、第八条的规定处罚。

第十条 有刑法第一百三十四条之一行为，积极配合公安机关或者负有安全生产监督管理职责的部门采取措施排除事故隐患，确有悔改表现，认罪认罚的，可以依法从宽处罚；犯罪情节轻微不需要判处刑罚的，可以不起诉或者免予刑事处罚；情节显著轻微危害不大的，不作为犯罪处理。

第十一条 有本解释规定的行为，被不起诉或者免予刑事处罚，需要给予行政处罚、政务处分或者其他处分的，依法移送有关主管机关处理。

第十二条 本解释自2022年12月19日起施行。最高人民法院、最高人民检察院此前发布的司法解释与本解释不一致的，以本解释为准。

最高人民法院关于成渝金融法院案件管辖的规定

（2022年9月19日最高人民法院审判委员会第1875次会议通过 2022年12月20日公布 自2023年1月1日起施行 法释〔2022〕20号）

为服务和保障成渝地区双城经济圈及西部金融中心建设，进一步明确成渝金融法院案件管辖的具体范围，根据《中华人民共和国民事诉讼法》《中华人民共和国行政诉讼法》《全国人民代表大会常务委员会关于设立成渝金融法院的决定》等规定，制定本规定。

第一条 成渝金融法院管辖重庆市以及四川省属于成渝地区双城经济圈范围内的应由中级人民法院受理的下列第一审金融民商事案件：

（一）证券、期货交易、营业信托、保险、票据、信用证、独立保函、保理、金融借款合同、银行卡、融资租赁合同、委托理财合同、储蓄存款合同、典当、银行结算合同等金融民商事纠纷；

（二）资产管理业务、资产支持证券业务、私募基金业务、外汇业务、金融产品销售和适当性管理、征信业务、支付业务及经有权机关批准的其他金融业务引发的金融民商事纠纷；

（三）涉金融机构的与公司有关的纠纷；

（四）以金融机构为债务人的破产纠纷；

（五）金融民商事纠纷的仲裁司法审查案件；

（六）申请认可和执行香港特别行政区、澳门特别行政区、台湾地区法院金融民商事纠纷的判决、裁定案件，以及申请承认和执行外国法院金融民商事纠纷的判决、裁定案件。

第二条 下列金融纠纷案件，由成渝金融法院管辖：

（一）境内投资者以发生在中华人民共和国境外的证券发行、交易活动或者期货和衍生品交易活动损害其合法权益为由向成渝金融法院提起的诉讼；

（二）境内个人或者机构以中华人民共和国境外金融机构销售的金融产品或者提供的金融服务损害其合法权益为由向成渝金融法院提起的诉讼。

第三条 以住所地在重庆市以及四川省属于成渝地区双城经济圈范围内依法设立的金融基础设施机构为被告或者第三人，与其履行职责相关的第一审金融民商事案件和涉金融行政案件，由成渝金融法院管辖。

第四条 重庆市以及四川省属于成渝地区双城经济圈范围内应由中级人民法院受理的对金融监管机构以及法律、法规、规章授权的组织，因履行金融监管职责作出的行政行为不服提起诉讼的第一审涉金融行政案件，由成渝金融法院管辖。

第五条 重庆市以及四川省属于成渝地区双城经济圈范围内基层人民法院涉及本规定第一条第一至三项的第一审金融民商事案件和第一审涉金融行政案件的上诉案件，由成渝金融法院审理。

第六条 重庆市以及四川省属于成渝地区双城经济圈范围内应由中级人民法院受理的金融民商事案件、涉金融行政案件的申请再审和再审案件，由成渝金融法院审理。

本规定施行前已生效金融民商事案件、涉金融行政案件的申请再审和再审案件，仍由原再审管辖法院审理。

第七条 成渝金融法院作出的第一审民商事案件和涉金融行政案件生效裁判，重庆市以及四川省属于成渝地区双城经济圈范围内应由中级人民法院执行的涉金融民商事纠纷的仲裁裁决，由成渝金融法院执行。

成渝金融法院执行过程中发生的执行异议案件、执行异议之诉案件，重庆市以及四川省属于成渝地区双城经济圈范围内基层人民法院涉金融案件执行过程中发生的执行复议案件、执行异议之诉上诉案件，由成渝金融法院审理。

第八条 当事人对成渝金融法院作出的第一审判决、裁定提起的上诉案件，由重庆市高级人民法院审理。

当事人对成渝金融法院执行过程中作出的执行异议裁定申请复议的案件，由重庆市高级人民法院审查。

第九条 成渝金融法院作出发生法律效力的判决、裁定和调解书的申请再审、再审案件，依法应由上一级人民法院管辖的，由重庆市高级人民法院审理。

第十条 重庆市以及四川省属于成渝地区双城经济圈范围内各中级人民法院在本规定施行前已经受理但尚未审结的金融民商事案件和涉金融行政案件，由该中级人民法院继续审理。

第十一条 本规定自2023年1月1日起施行。

最高人民法院关于规范和加强人工智能司法应用的意见

（2022年12月8日　法发〔2022〕33号）

为深入学习贯彻党的二十大精神，深入贯彻习近平法治思想，贯彻落实《中华人民共和国国民经济和社会发展第十四个五年规划和2035年远景目标纲要》和《新一代人工智能发展规划》，推动人工智能同司法工作深度融合，全面深化智慧法院建设，努力创造更高水平的数字正义，结合人民法院工作实际，制定本意见。

一、指导思想

1. 坚持以习近平新时代中国特色社会主义思想为指导，深入贯彻习近平法治思想，坚持司法为民、公正司法工作主线，加快推进人工智能技术与审判执行、诉讼服务、司法管理和服务社会治理等工作的深度融合，规范司法人工智能技术应用，提升人工智能司法应用实效，促进审判体系和审判能力现代化，为全面建设社会主义现代化国家、全面推进中华民族伟大复兴提供有力司法服务。

二、总体目标

2. 到2025年，基本建成较为完备的司法人工智能技术应用体系，为司法为民、公正司法提供全方位智能辅助支持，显著减轻法官事务性工作负担，有效保障廉洁司法，提高司法管理水平，创新服务社会治理。到2030年，建成具有规则引领和应用示范效应的司法人工智能技术应用和理论体系，为司法为民、公正司法提供全流程高水平智能辅助支持，应用规范原则得到社会普遍认可，大幅减轻法官事务性工作负担，高效保障廉洁司法，精准服务社会治理，应用效能充分彰显。

三、基本原则

3. 安全合法原则。坚持总体国家安全观，禁止使用不符合法律法规的人工智能技术和产品，司法人工智能产品和服务必须依法研发、部署和运行，不得损害国家安全，不得侵犯合法权益，确保国家秘密、网络安全、数据安全和个人信息不受侵害，保护个人隐私，促进人机和谐友好，努力提供安全、合法、高效的智能化司法服务。

4. 公平公正原则。坚持遵循司法规律、服务公正司法，保证人工智能产品和服务无歧视、无偏见，不因技术介入、数据或模型偏差影响审判过程和结果的公正，同时尊重不同利益诉求，能够根据司法需求公平提供合理可行方案，充分照顾困难群体、特殊群体，使其在司法活动中获得必要帮助，实现智能化司法服务对各类用户的普适包容和机会均等。

5. 辅助审判原则。坚持对审判工作的辅助性定位和用户自主决策权，无论技术发展到何种水平，人工智能都不得代替法官裁判，人工智能辅助结果仅可作为审判工作或审判监督管理的参考，确保司法裁判始终由审判人员作出，裁判职权始终由审判组织行使，司法责任最终由裁判者承担。各类用户有权选择是否利用司法人工智能提供的辅助，有权随时退出与人工智能产品和服务的交互。

6. 透明可信原则。坚持技术研发、产品应用、服务运行的透明性，保障人工智能系统中的司法数据采集管理模式、法律语义认知过程、辅助裁判推定逻辑、司法服务互动机制等各个环节能够以可解释、可测试、可验证的方式接受相关责任主体的审查、评估和备案。司法人工智能产品和服务投入应用时，应当以便于理解的方式说明和标识相应的功能、性能与局限，确保应用过程和结果可预期、可追溯、可信赖。

7. 公序良俗原则。坚持将社会主义核心价值观融入司法人工智能技术研发、产品应用和服务运行全过程，保证人工智能司法应用不得违背公序良俗，不能损害社会公共利益和秩序，不能违背社会公共道德和伦理，健全风险管控、应急处置和责任查究机制，防范化解人工智能司法应用中可能产生的伦理道德风险。

四、应用范围

8. 加强人工智能全流程辅助办案。支持证据指引与审查、法律法规推送、类案推送、全案由裁判辅助、法律文书辅助生成、法律文书辅助审查等智能化应用，促进裁判尺度统一，保障司法公正，维护司法权威。

9. 加强人工智能辅助事务性工作。支持电子卷宗自动分类归目、案件信息自动回填、案件繁简分流、送达地址及方式自动推荐、司法活动笔录自动生成、执行财产查控辅助、电子卷宗自动归档等智能化应用，降低各类人员工作负担，提高司法效率。

10. 加强人工智能辅助司法管理。支持案件裁判偏离度预警、终本案件核查、不规范司法行为自动巡查、廉洁司法风险防控等智能化应用，提升司法管理质效，保障廉洁司法。

11. 加强人工智能服务多元解纷和社会治理。支持司法资源推荐、诉讼和调解咨询问答、诉讼预期辅助评估、社会治理风险预警与辅助决策等智能化应用，为化解社会矛盾、服务社会治理提供新的途径和方式。

12. 不断拓宽人工智能司法应用场景和范围。结合人工智能技术创新进程和人民法院改革发展实践，积极探索诉讼服务、审判执行、司法管理和服务社会治理等领域的重大应用场景，不断拓展新的应用范围。

五、系统建设

13. 加强人工智能应用顶层设计。按照人民法院信息化建设发展规划部署，设计完善智慧法院人工智能相关信息系统体系架构和技术标准体系，丰富拓展人工智能司法应用场景，建立健全人工智能系统信息安全和运维保障制度，指导和规范各级人民法院人工智能系统建设。

14. 加强司法数据中台和智慧法院大脑建设。加快推进司法数据库、数据服务平台、司法知识库、人工智能引擎、知识服务平台和司法区块链平台等系统的建设和集成，打造实体化司法数据中台和智慧法院大脑，为面向各类业务的人工智能司法应用提供核心驱动。

15. 加强司法人工智能应用系统建设。围绕人民法院司法活动典型业务场景，以提升智能化水平为主线，促进司法数据中台和智慧法院大脑与智慧服务、智慧审判、智慧执行和智慧管理等业务应用系统融合集成，不断提供满足司法业务需求、符合先进技术发展方向的司法人工智能产品和服务。

16. 加强司法人工智能关键核心技术攻关。依托国家重点工程、科研项目和科技创新平台，组织产学研优势力量，发挥学科交叉催化剂作用，针对面向司法语境的大规模预训练语言模型及其应用、多模态司法大数据高效处理方法、司法数据驱动与知识引导相结合的深度神经网络模型构建与样本学习方法、基于法律知识增强的可解释检索和推理模型、面向司法效能提升的人机交互范式、基于新一代人工智能的审判辅助系统等关键核心技术集智攻关，为司法人工智能系统建设提供牵引和支撑。

17. 加强基础设施建设和安全运维保障。根据司法人工智能对算力、通信和服务能力的需求，科学合理地规划和建设通信网络、计算存储、通用终端设备和专用信息化设施等信息基础设施，强化网络安全、数据安全和个人信息保护能力，完善人工智能运行维护机制，为人工智能司法应用提供必要的保障条件。

六、综合保障

18. 提高思想认识，加强组织领导。高度重视人工智能应用对司法为民、公正司法的重要意义，以智慧法院新一代人工智能示范应用为契机，找准工作结合点、切入点，把握发展规律，争取资金支持，注重宣传培训，引导干警充分参与，努力推动司法人工智能应用取得突破。

19. 促进协同创新，保护知识产权。加强司法大数据质量管控，完善跨部门、跨层级、跨业务的司法数据协同共享和智能化服务共建共享机制，支持司法人工智能科技创新和专利、软件著作权申报，切实保护相关知识产权。

20. 加强安全保障，防范安全风险。加强司法数据分类分级管理，强化重要数据和敏感信息保护，完善司法数据安全共享和应用模式，通过司法人工智能伦理委员会等机制，综合采用伦理审核、合规审查、安全评估等方式，防范化解人工智能应用过程中的安全风险。

最高人民法院关于加强中医药知识产权司法保护的意见

（2022年12月21日　法发〔2022〕34号）

为深入贯彻落实党的二十大精神，落实党中央、国务院关于中医药振兴发展的重大决策部署和《知识产权强国建设纲要（2021—2035年）》有关要求，全面加强中医药知识产权司法保护，促进中医药传承精华、守正创新，推动中医药事业和产业高质量发展，制定本意见。

一、坚持正确方向，准确把握新时代加强中医药知识产权司法保护的总体要求

1. 指导思想。坚持以习近平新时代中国特色社会主义思想为指导，全面贯彻落实党的二十大精神，深入贯彻习近平法治思想，认真学习贯彻习近平总书记关于中医药工作的重要指示，深刻领悟“两个确立”的决定性意义，增强“四个意识”、坚定“四个自信”、做到“两个维护”，坚持以推动高质量发展为主题，在新时代新征程上不断提高中医药知识产权司法保护水平，促进中医药传承创新发展，弘扬中华优秀传统文化，推进健康中国建设，为以中国式现代化全面推进中华民族伟大复兴提供有力司法服务。

2. 基本原则。坚持以人民为中心，充分发挥司法职能作用，促进中医药服务能力提升，更好发挥中医药防病治病独特优势，更好保障人民健康。坚持促进传承创新，立足新发展阶段中医药发展需求，健全完善中医药知识产权司法保护体系，推动中医药传统知识保护与现代知识产权制度有效衔接，助力中医药现代化、产业化。坚持依法严格保护，正确适用民法典、知识产权部门法、中医药法等法律法规，切实维护社会公平正义和权利人合法权益，落实知识产权惩罚性赔偿，推动中医药创造性转化、创新性发展。坚持公正合理保护，合理确定中医药知识产权的权利边界和保护方式，实现保护范围、强度与中医药技术贡献程度相适应，促进中医药传承创新能力持续增强。

二、强化审判职能，全面提升中医药知识产权司法保护水平

3. 加强中医药专利保护。遵循中医药发展规律，准确把握中医药创新特点，完善中医药领域专利司法保护规则。正确把握中药组合物、中药提取物、中药剂型、中药制备方法、中医中药设备、医药用途等不同主题专利特点，依法加强中医药专利授权确权行政行为的司法审查，促进行政执法标准与司法裁判标准统一，不断满足中医药专利保护需求。结合中医药传统理论和行业特点，合理确定中医药专利权保护范围，完善侵权判断标准。严格落实药品专利纠纷早期解决机制，促进中药专利侵权纠纷及时解决。

4. 加强中医药商业标志保护。加强中医药驰名商标、传统品牌和老字号司法保护，依法妥善处理历史遗留问题，促进中医药品牌传承发展。依法制裁中医药领域商标恶意注册行为，坚决惩治恶意诉讼，遏制权利滥用，努力营造诚实守信的社会环境。严厉打击中医药商标侵权行为，切实保障权利人合法权益，促进中医药品牌建设。

5. 加强中药材资源保护。研究完善中药材地理标志保护法律适用规则，遏制侵犯中药材地理标志行为，引导地理标志权利正确行使，通过地理标志保护机制加强道地中药材的保护，推动中药材地理标志与特色产业发展、生态文明建设、历史文化传承及全面推进乡村振兴有机融合。依法加强中药材植物新品种权等保护，推动健全系统完整、科学高效的中药材种质资源保护与利用体系。

6. 维护中医药市场公平竞争秩序。坚持规范和发展并重，加强对中医药领域垄断行为的司法规制，维护统一开放、竞争有序的中医药市场。依法制裁虚假宣传、商业诋毁、擅自使用中医药知名企业名称及仿冒中药知名药品名称、包装、装潢等不正当竞争行为，强化中医药行业公平竞争意识，促进中医药事业健康有序发展，切实维护消费者合法权益和社会公共利益。

7. 加强中医药商业秘密及国家秘密保护。依法保护中医药商业秘密，有效遏制侵犯中医药商业秘密行为，促进中医药技术传承创新。准确把握信息披露与商业秘密保护的关系，依法保护中药因上市注册、补充申请、药品再注册等原因依法向行政机关披露的中医药信息。妥善处理中医药商业秘密保护与中医药领域从业者合理流动的关系，在依法保护商业秘密的同时，维护中医药领域从业者正当就业创业合法权益。对经依法认定属于国家秘密的传统中药处方组成和生产工艺实行特殊保护，严惩窃取、泄露中医药国家秘密行为。

8. 加强中医药著作权及相关权利保护。依法把握作品认定标准，加强对中医药配方、秘方、诊疗技术收集考证、挖掘整理形成的智力成果保护和创作者权益保护。依法保护对中医药古籍版本整理形成的成果，鼓励创作中医药文化和科普作品，推动中医药文化传承发展。加强中医药遗传资源、传统文化、传统知识、民间文艺等知识产权保护，促进非物质文化遗产的整理和利用。依法保护对中医药传统知识等进行整理、研究形成的数据资源，支持中医药传统知识保护数据库建设，推进中医药数据开发利用。

9. 加强中药品种保护。依法保护中药保护品种证书持有者合法权益，促进完善中药品种保护制度，鼓励企业研制开发具有临床价值的中药品种，提高中药产品质量，促进中药市场健康有序发展。

10. 加强中医药创新主体合法权益保护。准确把握中医药传承与创新关系，依法保护以古代经典名方等为基础的中药新药研发，鼓励开展中医药技术创新活动。准确认定中医药企业提供的物质基础、临床试验条件与中医药研发人员的智力劳动对中医药技术成果形成所发挥的作用，准确界定职务发明与非职务发明的法律界限，依法支持对完成、转化中医药技术成果做出重要贡献的人员获得奖励和报酬的权利，不断激发中医药创新发展的潜力和活力。

11. 加大对侵犯中医药知识产权行为惩治力度。依法采取行为保全、制裁妨害诉讼行为等措施，及时有效阻遏中医药领域侵权行为。积极适用证据保全、证据提供令、举证责任转移、证明妨碍规则，减轻中医药知识产权权利人举证负担。正确把握惩罚性赔偿构成要件，对于重复侵权、以侵权为业等侵权行为情节严重的，依法支持权利人惩罚性赔偿请求，有效提高侵权赔偿数额。加大刑事打击力度，依法惩治侵犯中医药知识产权犯罪行为，充分发挥刑罚威慑、预防和矫正功能。

三、深化改革创新，健全中医药知识产权综合保护体系

12. 完善中医药技术事实查明机制。有针对性地选任中医药领域专业技术人员，充实到全国法院技术调查人才库。不断健全技术调查官、技术咨询专家、技术鉴定人员、专家辅助人员参与诉讼的多元技术事实查明机制。建立技术调查人才共享机制，加快实现中医药技术人才在全国范围内“按需调派”和“人才共享”。遴选中医药领域专业技术人员参与案件审理，推动建立专家陪审制度。完善中医药领域技术人员出庭、就专业问题提出意见并接受询问的程序。

13. 加强中医药知识产权协同保护。做好中医药领域不同知识产权保护方式的衔接，推动知识产权司法保护体系不断完善。深入推行民事、刑事、行政“三合一”审判机制，提高中医药知识产权司法保护整体效能。健全知识产权行政保护与司法保护衔接机制，加强与农业农村部、卫生健康委、市场监管总局、版权局、林草局、中医药局、药监局、知识产权局等协调配合，实现信息资源共享和协同，支持地方拓宽交流渠道和方式，推动形成工作合力。支持和拓展中医药知识产权纠纷多元化解决机制，依托人民法院调解平台大力推进诉调对接，探索行政调解协议司法确认制度，推动纠纷综合治理、源头治理。

14. 提升中医药知识产权司法服务保障能力。健全人才培养培训机制，进一步提升中医药知识产权审判人才专业化水平。深刻把握新形势新要求，积极开展中医药知识产权司法保护问题的调查研究，研判审判态势，总结审判经验，及时回应社会关切。加强中医药知识产权法治宣传，建立健全案例指导体系，积极发布中医药知识产权保护典型案例，通过典型案例的审判和宣传加强中医药知识传播，营造全社会共同关心和支持中医药发展的良好氛围。

15. 加强中医药知识产权司法保护科技和信息化建设。提升中医药知识产权审判信息化水平，运用大数据、区块链等技术构建与专利、商标、版权等知识产权平台的协同机制，支持对知识产权的权属、登记、转让等信息的查询核验。大力推进信息化技术的普及应用，实现全流程审判业务网上办理，提高中医药知识产权司法保护质效。

16. 加强中医药知识产权司法保护国际交流合作。加强涉外中医药知识产权审判，依法平等保护中外权利人的合法权益，服务保障中医药国际化发展。坚持统筹推进国内法治和涉外法治，积极参与中医药领域国际知识产权规则构建，推进中医药融入高质量共建“一带一路”，助力中医药走向世界。

最高人民法院关于为稳定就业提供司法服务和保障的意见

（2022 年 12 月 26 日　法发〔2022〕36 号）

就业是最基本的民生。坚持突出做好稳就业工作，落实落细就业优先政策，是实施就业优先战略的内在要求和重要基础。为完整、准确、全面贯彻新发展理念，加快构建新发展格局，着力推动高质量发展，更好统筹疫情防控和经济社会发展，现就进一步发挥人民法院职能作用，服务保障稳就业大局，提出如下意见。

一、推动落实就业优先政策，支持稳市场主体保就业

1. 推动落实阶段性缓缴社会保险费政策，减轻用人单位用工负担。依法受理因就业优惠政策实施引发的行政案件，坚决依法支持符合条件的用人单位享受阶段性降低社会保险费率、缓缴社会保险费、失业保险费稳岗返还等优惠政策，切实减轻用人单位在用工、社保等方面的经营压力和负担，帮助受疫情严重冲击的行业、中小微企业和个体工商户复工复产。妥善审理用人单位因拖欠社会保险费等被责令补缴的行政案件，依法依规考虑企业复工复产实际情况，可以通过延展补缴期限等方式协调解决，平衡好为用人单位减负与维护劳动者合法权益的关系，促进行政争议实质性化解。依法妥善审理社会保险纠纷案件，参保单位享受阶段性缓缴社会保险费政策，劳动者主张缓缴期间用人单位未依法缴纳社会保险费，依据劳动合同法第三十八条第一款第三项的规定解除劳动合同的，人民法院应当依法审慎处理。

2. 推动落实阶段性减免房产租金等助企纾困政策，支持中小微企业稳就业规模。依法妥善审理房屋租赁合同纠纷等案件，推动落实阶段性减免国有房产租金等政策，引导出租人减免或者缓收租金，依法减轻中小微企业、个体工商户等负担，稳住中小微企业就业规模。承租国有企业房屋或者行政事业单位房屋用于经营，符合政策条件的服务业中小微企业、个体工商户等请求按照国家有关政策减免一定期限内租金的，人民法院应当依法支持。承租非国有房屋的承租人请求减免或者延期支付租金的，可以引导当事人参照有关租金减免政策、条件进行和解；和解不成的，结合案件实际情况，依照民法典有关规定处理。

3. 推动落实金融支持政策，增强服务行业就业吸纳能力。依法审理金融借款合同纠纷案件，充分考虑延期还本付息、加大普惠小微贷款支持等金融支持政策，对金融机构违反金融支持政策提出的借款提前到期、解除合同等诉讼请求，人民法院不予支持。批发零售、住宿餐饮、物流运输、文化旅游等服务行业企业、个体工商户等，因受疫情影响生产经营、复工复产暂时困难、无力还款，主张延期还款、分期还款、减免逾期利息、降低利率的，应当积极引导当事人双方协商解决纠纷；协商解决不成，借款人的主张依据充分或者符合政策条件的，人民法院应当依法支持。

4. 依法支持脱贫人口稳岗就业，推动农村劳动力转移就业。为巩固拓展脱贫攻坚成果、全面推进乡村振兴、实施乡村建设行动提供有效司法服务，妥善处理涉“三农”领域传统纠纷以及休闲农业、乡村旅游、民宿经济、健康养老等农村新业态纠纷，妥善处理涉农担保融资纠纷案件，促进农村产业融合发展，推动提升富农产业、本地特色产业就业吸纳能力。深入推进新型城镇化和乡村振兴战略有效衔接，为农村劳动力转移就业提供有效司法服务，依法保障进城落户农民农村土地承包权、宅基地使用权、集体收益分配权，依法平等保护其就业、教育、住房、医疗等民生权益，推动在城镇稳定就业生活、具有落户意愿的农业转移人口便捷落户。推动形成平等竞争、规范有序、城乡统一的劳动力市场，落实城乡劳动者平等就业、同工同酬，完善办理拖欠农民工工资案件的快立快审快执通道，依法适用先予执行，推动完善欠薪治理长效机制，依法推动农业转移人口全面融入城市。

5. 依法支持高校毕业生就业，促进多渠道灵活就业。妥善审理平等就业权纠纷案件，依法纠正用人单位因性别歧视、地域歧视等不予招录、拒绝签订劳动合同的行为，破除各种不合理限制，推动高校毕业生平等就业、多渠道灵活就业创业。依法打击“黑职介”、虚假招聘、售卖简历等违法犯罪活动，依法审理涉就业见习纠纷案件，妥善认定涉就业见习用工法律关系，维护高校毕业生合法就业权益。对因受疫情影响不能按时离校的应届毕业生，在处理相关案件时要引导用人单位推迟签约时间，相应延长报到接收、档案转递、落户办理时限。高校毕业生在试用期内因受疫情影响不能返岗的，可以引导用人单位采取灵活的试用考察方式考核其是否符合录用条件；无法采取灵活考察方式实现试用期考核目的的，无法实施考察实现试用期考核目的期间可以协商不计算在原约定试用期内，用人单位通过顺延试用期变相突破法定试用期上限的，人民法院不予支持。科学设置司法辅助岗位，深化落实基层法官助理规范便捷招录机制，畅通政法专业高校毕业生进入基层人民法院就业渠道。

二、依法规范新就业形态用工，推动平台经济可持续发展

6. 准确把握新就业形态民事纠纷案件审判工作要求。推进落实《人力资源社会保障部、国家发展改革委、交通运输部、应急部、市场监管总局、国家医保局、最高人民法院、全国总工会关于维护新就业形态劳动者劳动保障权益的指导意见》（以下简称新业态劳动者权益保障指导意见）有关制度和要求，加强灵活就业和新就业形态劳动者权益保障，支持和规范发展新就业形态，合理认定平台企业责任，支持网约配送、移动出行、网络直播等平台企业在引领发展、创造就业、国际竞争中大显身手。依法支持劳动者依托互联网平台就业，支持用人单位依法依规灵活用工，引导平台企业与劳动者就劳动报酬、工作时间、劳动保护等建立制度化、常态化沟通协调机制，保障新就业形态劳动者合法劳动权益。适时制定司法政策，发布典型案例，统一裁判标准，发挥个案裁判和司法政策引领作用，推动形成新就业形态用工综合治理机制。

7. 依法合理认定新就业形态劳动关系。平台企业及其用工合作单位与劳动者建立劳动关系的，应当订立书面劳动合同。未订立书面劳动合同，劳动者主张与平台企业或者用工合作单位存在劳动关系的，人民法院应当根据用工事实和劳动管理程度，综合考虑劳动者对工作时间及工作量的自主决定程度、劳动过程受管理控制程度、劳动者是否需要遵守有关工作规则、劳动纪律和奖惩办法、劳动者工作的持续性、劳动者能否决定或者改变交易价格等因素，依法审慎予以认定。平台企业或者用工合作单位要求劳动者登记为个体工商户后再签订承揽、合作等合同，或者以其他方式规避与劳动者建立劳动关系，劳动者请求根据实际履行情况认定劳动关系的，人民法院应当在查明事实的基础上依法作出相应认定。

8. 加强新就业形态劳动者合法权益保障。不完全符合确立劳动关系情形但企业对劳动者进行劳动管理的，可以结合新业态劳动者权益保障指导意见有关规定，依法保障劳动者权益。依法保护劳动者按照约定或者法律规定获得劳动报酬的权利；劳动者因不可抗力、见义勇为、紧急救助以及工作量或者劳动强度明显不合理等非主观因素，超时完成工作任务或者受到消费者差评，主张不能因此扣减应得报酬的，人民法院应当依法支持。推动完善劳动者因执行工作任务遭受损害的责任分担机制。依法认定与用工管理相关的算法规则效力，保护劳动者取得劳动报酬、休息休假等基本合法权益；与用工管理相关的算法规则存在不符合日常生活经验法则、未考虑遵守交通规则等客观因素或者其他违背公序良俗情形，劳动者主张该算法规则对其不具有法律约束力或者请求赔偿因该算法规则不合理造成的损害的，人民法院应当依法支持。

9. 推动健全新业态用工综合治理机制。依法妥善审理涉新就业形态社会保险纠纷案件，支持完善基本养老保险、医疗保险参保办法，推动企业引导和支持不完全符合确立劳动关系情形的新就业形态劳动者，根据自身情况参加相应社会保险。依法妥善审理保险合同纠纷案件，促进平台企业通过购买人身意外、雇主责任等商业保险，提升平台灵活就业人员保障水平。妥善审理机动车交通事故责任纠纷、非机动车交通事故责任纠纷等案件，依法合理认定各方责任，推动平台企业制定注重遵守交通规则等社会秩序的算法规则和规章制度，强化外卖快递从业人员遵守交通规则等社会秩序意识。配合有关部门推动行业协会、头部企业或者企业代表与工会组织、职工代表开展协商，签订行业集体合同或者协议，推动制定行业劳动标准；畅通裁审衔接程序，完善多元化解机制，支持各类调解组织、法律援助机构等依法为新就业形态劳动者提供更加便捷、优质高效的纠纷调解、法律咨询、法律援助等服务。

三、妥善处理劳动争议案件，依法保护双方权益

10. 注重依法保护原则。积极贯彻落实国家助企纾困、促稳定促发展、复工复产等政策要求，正确理解和参照适用国务院有关行政主管部门以及省级人民政府等制定的相关政策文件，准确把握新阶段疫情防控各项政策，妥善处理涉疫情劳动争议案件，积极引导用人单位与职工协商，推动构建和谐劳动关系，确保用人单位有序复工复产，保障劳动者合法权益。坚持依法保护劳动者合法权益和促进用人单位稳定有序发展相结合，努力寻找用人单位和劳动者之间的最佳利益平衡点和结合点，保障劳动者合法权益和就业稳定，为用人单位生存发展、有序运转创造条件。

11. 妥善审理劳动合同纠纷案件。用人单位生产经营困难，按照法定程序经与职工代表大会讨论或者经与工会、职工代表等民主协商，对在合理期限内延迟支付工资、轮岗轮休等事项达成一致意见的，可以作为认定双方权利义务的依据。除依法按协商程序降低劳动报酬外，用人单位安排劳动者通过居家办公或者灵活办公等方式提供正常劳动，劳动者请求按正常工资标准支付其工资的，人民法院应当依法支持。依法妥善审理相关案件，积极引导和支持用人单位与劳动者依法协商，采取协商薪酬、调整工时、轮岗轮休、在岗培训等措施稳定工作岗位。

12. 推动劳动争议纠纷多元化解。准确适用《人力资源社会保障部、最高人民法院关于劳动人事争议仲裁与诉讼衔接有关问题的意见（一）》，推动劳动争议仲裁和诉讼有序衔接，逐步统一裁审受理范围和法律适用标准；加强与人社部门、工会、行业协会联动协作，促使劳动者与企业和解协商、共克时艰，推动构建和谐劳动关系。对于群体性、突发性、敏感性、涉重大利益等劳动争议，应当坚持把非诉讼纠纷解决机制挺在前面，积极推动诉源治理，及时做好风险预警，"调、裁、审"协作发力，充分维护劳动者与用人单位合法权益。

四、准确适用程序法律规定，依法保障诉讼权利行使

13. 准确适用期限顺延规定。当事人依据民事诉讼法第八十六条规定申请顺延期限的，应当根据疫情防控形势变化以及当事人提供的证据情况综合考虑是否准许，依法保护当事人诉讼权利。当事人及其诉讼代理人等因受疫情影响不能正常出庭参加诉讼，符合条件的，依法在线开展诉讼活动。当事人受疫情影响耽误起诉期限的，对耽误的时间依法予以扣除。劳动争议当事人提供证据证明其因受疫情影响无法在法定仲裁时效期间内申请仲裁，主张仲裁时效中止的，人民法院应当依法支持。

14. 切实提高诉讼服务水平。对于企业以及其他市场主体涉及的复工复产纠纷案件，应当高度重视其立案、审理、执行工作，依法高效妥善处理。对于确有困难的当事人申请免交、减交或者缓交诉讼费用的，人民法院应当依法审查并及时作出相应决定；确实需要其他司法救助的，依法及时采取救助措施。对于陷入困境的市场主体特别是中小微企业、个体工商户等，依法审慎采取财产保全措施，依法及时纠正超标的查封、乱查封，可以采取灵活的诉讼财产保全措施或者财产保全担保方式，减轻企业负担，助力复工复产。完善一站式多元解纷机制，加强线上诉讼服务和互联网审判，持续推动案件繁简分流、简案快审，使合法权益尽快得以实现，各种争议得到依法快速解决，切实降低诉讼成本。

最高人民法院关于为促进消费提供司法服务和保障的意见

（2022年12月26日　法发〔2022〕35号）

消费对经济发展具有基础性作用，最终消费是经济增长的持久动力。促进消费对释放内需潜力、推动经济转型升级、保障和改善民生具有重要意义。为完整、准确、全面贯彻新发展理念、加快构建新发展格局、着力推动高质量发展，进一步发挥人民法院职能作用，服务保障全面促进消费、加快消费提质升级，助力实施扩大内需战略，提出如下意见。

一、加强消费者权益司法保护

1. 以最严的举措保护食品、药品安全。严格贯彻落实“四个最严”要求，充分发挥审判职能，对食品和药品生产、运输、仓储、销售全链条所涉制假售假行为进行严厉打击，确保人民群众“舌尖上的安全”和“针尖上的安全”。严格依法适用首负责任制，避免生产者和经营者相互推诿，及时保护消费者合法权益。依法支持和监督行政机关管理生产经营不符合食品安全标准食品的食品生产经营者、违法生产经营行为造成严重后果的食品生产经营者，以及生产、销售、使用假药、劣药的生产经营者，维护市场秩序。依法严厉惩治生产、销售不符合安全标准的食品罪和生产、销售有毒、有害食品罪，以及生产、销售假药罪和生产、销售劣药罪，充分发挥刑罚对涉食品、药品安全犯罪行为的震慑作用。

2. 以最严的手段斩断“黑作坊”生产经营链条。生产经营未依法标明生产者名称、地址、生产日期、保质期的预包装食品，消费者主张生产经营者承担惩罚性赔偿责任的，人民法院应当依法支持，但法律、行政法规、食品安全国家标准对标签标注事项另有规定的除外。未取得药品相关批准证明文件而生产药品或者明知是该类药品而销售，药品的适应症、功能主治或者成分不明的，按妨害药品管理罪惩处；药品被依法认定为假劣药，生产经营者同时构成生产、销售假药罪或者生产、销售劣药罪的，依照处罚较重的规定定罪处罚。既要依法追究生产者责任，也要依法追究经营者责任，坚决斩断“黑作坊”食品、药品的生产经营链条。

3. 以最严的赔偿责任遏制食品、药品制假售假行为。充分发挥惩罚性赔偿责任对制假售假行为的遏制作用。生产不符合食品安全标准的食品或者经营明知是不符合食品安全标准的食品，生产假药、劣药或者明知是假药、劣药仍然销售、使用，消费者、受害人或者其近亲属请求生产经营者承担惩罚性赔偿责任的，人民法院应当依法支持。

4. 加强预付式消费中消费者权益保护。经营者以打折、低价吸引消费者预存费用、办卡消费后，不兑现承诺，随意扣费、任意加价、降低商品或者服务质量，消费者请求经营者承担违约责任的，人民法院应当依法支持。经营者收取消费者预付款后未与消费者签订书面合同，导致双方对合同内容产生争议的，可依据交易习惯和民法典第五百一十一条规定认定合同内容。经营者收取预付款后，终止营业却不通知消费者退款，导致消费者既无法继续获得商品或者服务也无法申请退款，构成欺诈的，对消费者请求经营者承担惩罚性赔偿责任的诉讼请求，人民法院应当依法支持。经营者的行为构成犯罪的，依法追究刑事责任。

5. 依法整治消费领域“霸王条款”。提供格式条款的经营者未依法履行提示或者说明义务，致使消费者没有注意或者理解与其有重大利害关系的条款的，消费者有权主张该条款不成为合同的内容。消费者主张经营者提供的排除或者不合理地限制消费者主要权利的格式条款，以及不合理地免除或者减轻经营者责任的格式条款无效的，人民法院应当依法支持。对格式条款的理解发生争议，消费者主张依照民法典第四百九十八条规定进行解释，经营者以其享有最终解释权为由进行抗辩的，人民法院对其抗辩不予支持。

6. 妥善审理直播电商、平台纠纷案件。结合直播间运营者是否尽到标明义务以及交易外观、直播间运营者与经营者的约定、与经营者的合作模式、交易过程以及消费者认知等因素认定直播间运营者责任。网络餐饮服务平台经营者未尽实名登记、审查许可证等法定义务，消费者主张网络餐饮服务平台经营者与入网餐饮服务提供者承担连带责任的，人民法院应当依法支持。综合销售者出售商品的性质、来源、数量、价格、频率、是否有其他销售渠道、收入等因素，能够认定销售者系从事商业经营活动，在二手商品网络交易平台购买商品受到损害的消费者主张销售者依据消费者权益保护法承担经营者责任的，人民法院应当依法支持。

7. 加强新业态下消费者权益保护。消费者通过网络购买商品，有权依法自收到商品之日起七日内退货，无需说明理由，但是法律另有规定的除外。消费者因检查商品的必要对商品进行拆封查验且不影响商品完好，电子商务经营者不得以商品已拆封为由主张不适用七日无理由退货制度。电子商务经营者作出更优承诺的，应当遵守。收到商品七日后符合法定或者约定的合同解除条件，消费者主张及时退货的，人民法院应当依法支持。

8. 加强快递服务消费者权益保护。因快递人员擅自使用快递商品、违规打开快递包装、暴力分拣快递等故意或者重大过失行为导致快递商品丢失、毁损，消费者请求赔偿损失，快递服务提供者依据免责条款提出免责抗辩的，人民法院对其抗辩不予支持。经营者向消费者盲发快递，消费者请求无条件退货的，人民法院应当依法支持。

9. 加强消费者个人信息保护。经营者处理敏感个人信息、跨境转移个人信息等行为应当取得消费者单独同意，经营者以其获得消费者概括同意为由进行免责抗辩的，人民法院对其抗辩不予支持。经营者过度收集消费者个人信息、在消费者撤回同意后未停止处理或者未及时删除消费者个人信息、未取得未成年消费者父母或者其他监护人的同意处理不满十四周岁未成年消费者个人信息，消费者请求经营者承担停止侵害等民事责任的，人民法院应当依法支持。经营者以消费者不同意处理个人信息为由拒绝提供商品或者服务，致使消费者被迫同意经营者处理个人信息，消费者请求经营者承担停止侵害等民事责任的，人民法院应当依法支持。经营者处理个人信息侵害个人信息权益造成损害，不能证明自己没有过错的，应当承担损害赔偿等侵权责任。

10. 加强住房消费者权益保护。严格保护依法成立生效的房屋买卖合同，维护市场秩序，助力实施房地产市场平稳健康发展长效机制，积极保护居民合理自住需求，遏制投资投机性需求，促进居住消费健康发展，推动实现稳地价、稳房价、稳预期。对当事人逾期付款、逾期交房、逾期办证等违约行为引起的商品房买卖合同纠纷，人民法院要加强调解，引导当事人协商解决纠纷；当事人请求违约方承担逾期付款、逾期交房、逾期办证的违约责任的，人民法院应当依照合同约定或者商品房买卖合同司法解释第十三条和第十四条规定处理。出卖人出售房屋后又与第三人恶意串通，另行订立商品房买卖合同并将已出售房屋交付第三人使用，导致原来的买受人无法取得房屋的，人民法院应当依法认定出卖人与第三人订立的商品房买卖合同无效。

11. 妥善处理消费者出行纠纷。疫情或者疫情防控措施导致消费者不能履行旅游、客运、住宿等合同，消费者请求解除合同、退还定金和价款等费用的，人民法院应当依法支持。消费者请求变更经营者提供服务的时间等合同内容的，人民法院应当加强调解；调解不成的，人民法院可综合考虑交易习惯、合同目的、案件具体情况等因素作出裁判。经营者仅以消费者超出其公布的退款时间为由，主张拒退、少退定金和价款等费用的，人民法院不予支持。充分发挥旅游巡回法庭作用，就地、快速解决旅游纠纷，方便消费者景区维权。

12. 妥善处理涉疫情消费购物纠纷。经营者明知口罩、护目镜、防护服、消毒液等防疫物品属于假冒伪劣商品仍然经营，构成欺诈，消费者请求经营者承担惩罚性赔偿责任的，人民法院应当依法支持。经营者的行为构成犯罪的，依法追究刑事责任。疫情期间，经营者利用消费者处于危困状态、缺乏判断能力等情形，哄抬物价、收取高额快递费等费用，致使所订立合同显失公平，消费者请求撤销合同的，人民法院应当依法支持。合同被撤销后，消费者不能返还或者没有必要返还合同标的物的，人民法院可根据相关法律规定、交易习惯和公平原则认定消费者应折价补偿的价款。

13. 妥善处理医疗健康服务和体育消费纠纷。依法审理医疗损害责任纠纷案件，积极保护患者等各方当事人的合法权益。依法惩处涉医违法犯罪，严惩“医闹”，维护正常医疗秩序，构建和谐医患关系。积极引导医疗机构等主体增加高质量的医疗、养生保健、康复、健康旅游等服务，助力推进健康中国建设。准确适用自甘风险等民事法律制度，妥善处理体育消费中产生的各类纠纷，促进群众体育消费，助力实施全民健身战略。

14. 加强未成年消费者权益保护。妥善处理生育、托育、教育等服务合同纠纷，促进育幼服务消费发展，助力提升教育服务质量。学校、托幼机构等单位的食堂未严格遵守法律、行政法规和食品安全标准，未从取得食品生产经营许可的企业订餐，或者未按照要求对订购的食品进行查验，导致提供的食品不符合食品安全标准，消费者请求其承担赔偿责任的，人民法院应当依法支持。依法办理危害食品安全刑事案件，将“危害专供婴幼儿的主辅食品安全”作为加重处罚情节，加强对未成年人食品安全的特殊保护。网络游戏、网络直播服务提供者违反法律规定向未成年人提供网络游戏、网络直播服务，收取充值费用、接受直播打赏，消费者请求返还游戏充值费、打赏费的，人民法院应当依法支持。限制民事行为能力人未经其监护人同意，通过参与网络付费游戏或者网络直播平台打赏等方式支出与其年龄、智力不相适应的款项，消费者请求返还该款项的，人民法院应当依法支持。加大对网络违法行为整治力度，积极营造健康、清朗、有利于未成年人成长的网络环境。

15. 加强老年消费者权益保护。通过夸大宣传、虚构商品或者服务的治疗、保健、养生等功能，向老年消费者销售质次价高的商品或者服务，构成欺诈，消费者请求生产经营者承担惩罚性赔偿责任的，人民法院应当依法支持。经营者诱导老年消费者购买不符合其需求或者明显超出其需求范围的保健食品等商品或者服务，致使合同显失公平，消费者请求撤销合同的，人民法院应当依法支持。经营者的行为构成诈骗罪的，依法追究刑事责任；同时构成生产、销售伪劣产品罪等其他犯罪的，依照处罚较重的规定定罪处罚。通过营造良好法治环境，服务养老事业和养老产业协同发展，助力发展银发经济。

16. 加强农村消费者权益保护。依法严厉打击农村食品市场存在的假冒知名品牌、滥用食品添加剂、销售过期食品以及制售无生产厂家、无生产日期、无保质期、无食品生产许可的食品等违法行为。助推“快递进村”，为大型商贸流通企业、电子商务平台和现代服务企业向农村延伸、开拓农村消费市场提供优质司法服务，让农村消费者充分享受好商品、好服务、好价格。

二、加强生产经营者权益司法保护

17. 依法保护生产经营者的产权和经营自主权。加强产权司法保护，全面依法平等保护各类产权，完善以公平为原则的产权保护制度，充分发挥产权保护对激励商品和服务产出的作用，助力扩大消费供给。依法审理涉市场准入和经营自主权等行政案件，充分保障生产经营者依法自行组织生产经营的权利。对于行政机关违法限制生产经营者建设汽车充电设施、物业管理公司无理阻碍业主建设汽车充电设施的行为，应依法予以规范，助力解决电动汽车消费中的痛点、堵点问题。

18. 依法保护农村各类市场主体权益。依法惩治生产销售假种子、假化肥、假农药等不符合国家强制性技术标准或者安全标准的农业生产资料、伪劣商品等违法犯罪行为，依法保护农村市场主体合法权益。严厉打击种子套牌侵权行为，切实维护种业创新主体合法权益，净化种业市场，维护粮食安全。助推实施“数商兴农”和“互联网+”农产品出村进城等工程，助力实现质量兴农、科技兴农和绿色发展目标，为实施乡村振兴战略提供有力司法服务和保障。

19. 加强知识产权保护。严格实施知识产权侵权惩罚性赔偿制度，有效遏制知识产权侵权行为，通过加强司法保护促进科技创新成果的产出和运用，助力科技强国建设。依法整治知识产权领域虚假诉讼、恶意诉讼、滥用诉权等不诚信诉讼行为，积极为广大市场主体技术研发和科技创新创造良好法治环境。加大对“专精特新”中小企业关键核心技术和原始创新成果的司法保护力度，支持和引导市场主体通过技术进步和科技创新提升核心竞争力，积极发挥供给侧对消费升级的支撑引领作用。加强文化创意产品著作权保护，鼓励文化创意产品创作，助推优质文化资源开发和中华优秀传统文化创造性转化、创新性发展，助力增加优质文化产品和服务供给。

20. 保障平台经济健康有序发展。准确认定电子商务平台经营者、平台内经营者以及货运物流服务提供者等主体的法律责任。依法保护、引导电子商务平台经营者、快递物流经营者等市场主体在疫情防控中做好防疫物资和重要民生商品保供“最后一公里”的线上线下联动。引导电子商务平台经营者等市场主体加快人工智能、云计算、区块链、操作系统、处理器等领域技术研发突破和商业模式创新，不断开拓新的消费市场。把握好平台经济发展中的“红绿灯”，稳定发展预期，激发投资活力，助力构建电子商务平台经营者、平台内经营者、消费者等各方权益均得到有效保护、各方积极性均得到充分激发的平台发展环境，让资本在促消费、稳增长、惠民生方面发挥更大更好的作用。

21. 助力培育新型消费。依法支持线上线下商品消费融合发展。助推传统线下业态数字化改造和转型升级，助力智慧超市、智慧商店、智慧餐厅等新零售业态发展。依法保护5G网络和千兆光网应用，依法支持自动驾驶、无人配送等技术应用。妥善处理“互联网+社会服务”、“互联网+医疗健康”服务等新服务类型引发的纠纷，既要依法保护消费者合法权益，又要依法支持无接触交易服务等新类型消费模式发展。妥善处理共享出行、共享住宿、共享旅游等共享经济领域产生的纠纷，合理认定相关民事主体的注意义务和法律责任，支持和引导新的生活和消费方式健康发展。依法保护新个体经济，支持社交电商、网络直播等多样化经营模式。

22. 妥善处理房屋租赁合同纠纷。疫情或者疫情防控措施导致小微企业、个体工商户等承租人没有收入或者收入明显减少，造成支付租金困难，出租人请求解除房屋租赁合同、由承租人承担违约责任的，人民法院应当加强调解，引导出租人和承租人合理分担损失，共克时艰。对国有房屋租金数额发生争议，承租人请求按照有关政府机关的规定减免租金的，人民法院应当依法支持。出租人减免租金后主张税务机关按照相关规定减免当年房产税、城镇土地使用税，符合法律规定或者国家税收政策的，人民法院应当依法支持。

三、维护诚信公平高效的市场秩序

23. 营造诚实守信的市场环境。生产经营者虚构、夸大商品和服务的功效，构成欺诈，消费者请求生产经营者承担惩罚性赔偿责任的，人民法院应当依法支持。生产经营者的行为构成犯罪的，依法追究刑事责任。坚决打击电信网络诈骗等犯罪活动，遏制欺诈消费者的不诚信行为，引导生产经营者通过提高商品和服务质量获得竞争优势。促进经营者诚实守信经营，保障消费者明明白白消费。

24. 维护有利于促进消费的公平竞争市场秩序。依法规制具有市场支配地位的电子商务平台经营者等市场主体实施收取垄断高价、强制“二选一”等滥用市场支配地位行为。积极营造有利于小微企业、个体工商户发展的营商环境，遏制因垄断、不正当竞争导致市场竞争环境恶化而损害消费者权益的行为，充分发挥小微企业、个体工商户在丰富商品和服务供给、增加群众收入、促进消费发展中的作用。依法规范歧视性待遇、虚假宣传、刷单炒信、强制搭售等直接损害消费者权益的垄断和不正当竞争行为，积极营造公平竞争的市场环境。

25. 推动构建有利于增强消费信心的社会信用体系。加强与行政机关等单位的信息沟通，积极对接市场监管部门消费领域失信名单制度，推动共建失信违法生产经营者信息披露平台。完善守信激励和失信惩戒机制，增加违法经营成本，营造不敢、不能、不愿违法经营的市场环境。依法支持、引导行业协会、电子商务平台经营者等主体构建协会内和平台内信用惩戒机制，通过行业自治、平台规制防范和减少欺诈等违法生产经营行为，助力加强消费信用体系建设。积极推动建设多力量参与、多渠道共建、多平台共促，有利于遏制欺诈、增强消费信心的社会信用体系。

26. 依法保障安全高效的物流体系。进一步加强行政审判，妥善处理涉商品流通等行政案件，既要依法支持行政机关采取的必要防疫举措，又要依法纠正违法设卡、阻碍物流等不当干预微观经济活动的行政行为，保障商品正常流通，推动跨区域物资运输畅通有序，助力生活必需品“保供稳价”。按照“统筹疫情防控和经济社会发展”的要求，助力防疫、生产、消费统筹兼顾、有序开展，促进全国统一大市场建设。

四、进一步提升司法服务水平

27. 提升消费纠纷在线化解质效。当事人及其诉讼代理人等因受疫情影响不能正常出庭参加诉讼，符合条件的，依法在线开展诉讼活动。推动完善电子认证等数字应用基础设施，主动适应互联网时代消费发展要求，回应人民群众公正、高效、便捷解纷的司法需求。准确适用在线诉讼规则等规定，充分发挥在线诉讼灵活、简便、全天候、易操作等优势。准确适用在线调解规则等规定，充分发挥在线调解多元化参与、全流程在线、开放式融合、一体化解纷等优势，实现提升消费纠纷在线化解质效与保障人民群众合法诉讼权益相统一。

28. 完善消费者权益司法救济制度。进一步完善消费民事公益诉讼与私益诉讼衔接机制，探索建立食品安全民事公益诉讼惩罚性赔偿制度。依法办理消费公益诉讼案件，充分发挥公益诉讼保护消费者合法权益、遏制违法生产经营行为、维护诚信高效市场秩序的作用。探索建立消费者集体诉讼制度，充分利用小额诉讼制度，降低消费者维权成本，及时、高效保护消费者合法权益。不断增加对农村消费者的司法服务供给，积极引导和协调消费者组织、公益诉讼主体、司法救助力量向农村地区倾斜。充分发挥人民法庭立足基层、面向群众、服务农村的优势，妥善处理涉休闲农业、乡村旅游、民宿经济等纠纷。

29. 推动构建有利于促进消费的综合治理体系。坚持系统思维，综合治理。充分发挥一站式多元纠纷解决和诉讼服务体系作用，广泛邀请人民调解、行业专业调解、行政调解的调解员，以及人大代表、政协委员、行业专家、退休法律工作者等参与消费纠纷调解，多元化解纠纷。通过发出司法建议、交换信息、联合信用惩戒等方式，对制售假冒伪劣商品、侵害个人信息权益、虚假宣传等违法生产经营行为形成规制合力。积极构建司法机关、行政机关、消费者组织、行业协会等多方参与的多元治理体系，完善多元化消费维权机制和纠纷解决机制，为保护消费者权益、促进消费营造良好法治环境。

30. 加强消费者权益司法保护宣传工作。充分发挥司法裁判的示范引领作用，通过以案说法、发布典型案例、开展巡回审判、送法进村进企进校等方式加强消费者权益司法保护宣传工作，普及消费者权益保护法律知识；依法保护新闻媒体对制售假冒伪劣商品等违法生产经营行为的舆论监督；引导生产经营者诚实守信经营，倡导节约集约的绿色生活方式，营造安全诚信放心的消费环境。

附：

2022年12月份报国务院备案并予以登记的地方性法规、自治条例、单行条例和地方政府规章目录

地方性法规

法规名称	公布日期	备案登记编号
吉林省人民代表大会常务委员会关于废止《吉林省农民负担管理条例》等三部地方性法规的决定	2022年9月28日	国司备字[2022007310]
吉林省人民代表大会常务委员会人事任免工作条例	2022年9月28日	国司备字[2022007311]
吉林省人民代表大会常务委员会关于修改《吉林省各级人民代表大会常务委员会规范性文件备案审查条例》的决定	2022年9月28日	国司备字[2022007312]
吉林省人民代表大会常务委员会关于废止《吉林省信访条例》的决定	2022年9月28日	国司备字[2022007313]
四平市海绵城市建设管理条例	2022年10月10日	国司备字[2022007314]
四平市城市供热条例	2022年9月30日	国司备字[2022007315]
上海市人民代表大会常务委员会关于进一步促进和保障城市运行“一网统管”建设的决定	2022年5月24日	国司备字[2022007277]
上海市人民代表大会常务委员会关于加强新时代检察机关法律监督工作的决定	2022年5月24日	国司备字[2022007278]
上海市人民代表大会常务委员会关于修改《上海市工会条例》的决定	2022年5月24日	国司备字[2022007279]
上海市公安机关警务辅助人员管理条例	2022年6月22日	国司备字[2022007280]

续表

法规名称	公布日期	备案登记编号
上海市红十字会条例	2022 年 6 月 22 日	国司备字［2022007281］
上海市浦东新区推进市场准营承诺即入制改革若干规定	2022 年 6 月 22 日	国司备字［2022007282］
上海市人民代表大会常务委员会关于修改《上海市人民代表大会常务委员会任免国家机关工作人员条例》的决定	2022 年 6 月 22 日	国司备字［2022007283］
上海市浦东新区绿色金融发展若干规定	2022 年 6 月 22 日	国司备字［2022007284］
上海市消费者权益保护条例	2022 年 7 月 21 日	国司备字［2022007285］
上海市人民代表大会常务委员会关于修改《上海市环境保护条例》的决定	2022 年 7 月 21 日	国司备字［2022007286］
上海市浦东新区化妆品产业创新发展若干规定	2022 年 7 月 21 日	国司备字［2022007287］
上海市人民代表大会常务委员会关于加强经济工作监督的决定	2022 年 7 月 21 日	国司备字［2022007288］
上海市人民代表大会常务委员会关于进一步做好当前促进就业工作的决定	2022 年 7 月 21 日	国司备字［2022007289］
福建省公安机关警务辅助人员管理条例	2022 年 11 月 24 日	国司备字［2022007365］
福建省湿地保护条例	2022 年 11 月 24 日	国司备字［2022007366］
福建省海上搜寻救助条例	2022 年 11 月 24 日	国司备字［2022007367］
福建省红色文化遗存保护条例	2022 年 11 月 24 日	国司备字［2022007368］
福州市闽江河口湿地自然保护区管理办法	2022 年 12 月 1 日	国司备字［2022007369］
厦门经济特区粮食安全保障规定	2022 年 10 月 28 日	国司备字［2022007361］

续表

法规名称	公布日期	备案登记编号
厦门经济特区河湖长制条例	2022 年 10 月 28 日	国司备字［2022007362］
厦门经济特区医疗卫生人员职业暴露防护若干规定	2022 年 10 月 28 日	国司备字［2022007363］
厦门市各级人民代表大会常务委员会人事任免办法	2022 年 10 月 28 日	国司备字［2022007364］
漳州市政务服务条例	2022 年 11 月 29 日	国司备字［2022007370］
泉州市文化旅游发展促进条例	2022 年 12 月 2 日	国司备字［2022007371］
莆田市城市园林绿化管理条例	2022 年 11 月 29 日	国司备字［2022007372］
龙岩市客家文化保护条例	2022 年 12 月 1 日	国司备字［2022007373］
江西省无线电管理条例	2022 年 11 月 25 日	国司备字［2022007337］
江西省山茶油发展条例	2022 年 11 月 25 日	国司备字［2022007338］
江西省未成年人保护条例	2022 年 9 月 29 日	国司备字［2022007340］
江西省矿山生态修复与利用条例	2022 年 7 月 26 日	国司备字［2022007341］
河南省人力资源市场条例	2022 年 9 月 30 日	国司备字［2022007307］
河南省公共文化服务保障促进条例	2022 年 9 月 30 日	国司备字［2022007308］
平顶山市汝瓷文化保护条例	2022 年 10 月 11 日	国司备字［2022007375］
三门峡市红色资源保护利用条例	2022 年 11 月 15 日	国司备字［2022007376］

续表

法规名称	公布日期	备案登记编号
湖北省人民代表大会常务委员会关于加强国有资产管理情况监督的决定	2022 年 9 月 29 日	国司备字［2022007309］
荆门市屈家岭遗址保护条例	2022 年 10 月 27 日	国司备字［2022007290］
湖南省气象灾害防御条例	2022 年 11 月 23 日	国司备字［2022007357］
湖南省人民代表大会常务委员会关于废止、修改部分地方性法规和《湖南省实施宪法宣誓制度办法》的决定	2022 年 11 月 23 日	国司备字［2022007358］
湖南省社区居家养老助餐服务若干规定	2022 年 11 月 23 日	国司备字［2022007359］
湖南省人民代表大会常务委员会关于加强经济工作监督的决定	2022 年 11 月 23 日	国司备字［2022007360］
海南自由贸易港博鳌乐城国际医疗旅游先行区医疗药品器械管理规定	2022 年 11 月 30 日	国司备字［2022007354］
海南省宗教事务管理若干规定	2022 年 11 月 30 日	国司备字［2022007384］
海口市传统村落保护规定	2022 年 10 月 17 日	国司备字［2022007291］
海口市人民代表大会常务委员会关于修改《海口市城市容貌管理若干规定》的决定	2022 年 10 月 17 日	国司备字［2022007292］
海口市人民代表大会常务委员会关于修改《海口市房屋租赁管理条例》的决定	2022 年 10 月 17 日	国司备字［2022007293］
海口市人民代表大会常务委员会关于修改《海口市病媒生物预防控制管理办法》的决定	2022 年 12 月 2 日	国司备字［2022007345］
重庆市养犬管理条例	2022 年 12 月 14 日	国司备字［2022007356］
重庆市人民代表大会常务委员会关于废止《重庆市新闻媒体广告管理条例》的决定	2022 年 12 月 14 日	国司备字［2022007374］

续表

法规名称	公布日期	备案登记编号
云南省固体废物污染环境防治条例	2022 年 11 月 30 日	国司备字［2022007385］
云南省社会信用条例	2022 年 11 月 30 日	国司备字［2022007386］
云南省古茶树保护条例	2022 年 11 月 30 日	国司备字［2022007387］
云南省实施《中华人民共和国工会法》办法	2022 年 11 月 30 日	国司备字［2022007388］
西藏自治区动物防疫条例	2022 年 11 月 15 日	国司备字［2022007377］
西藏自治区涉案财物价格认定条例	2022 年 11 月 15 日	国司备字［2022007378］
西藏自治区各级人民代表大会常务委员会规范性文件备案审查条例	2022 年 11 月 15 日	国司备字［2022007380］
西藏自治区人民代表大会常务委员会关于加强新时代检察公益诉讼工作的决定	2022 年 11 月 15 日	国司备字［2022007381］
西藏自治区人民代表大会常务委员会关于加强经济工作监督的决定	2022 年 11 月 15 日	国司备字［2022007382］
西藏自治区人民代表大会常务委员会关于加强自治区级预算审查监督的决定	2022 年 11 月 15 日	国司备字［2022007383］
甘肃省乡村振兴促进条例	2022 年 11 月 25 日	国司备字［2022007346］
甘肃省义务教育条例	2022 年 11 月 25 日	国司备字［2022007347］
甘肃省安全生产条例	2022 年 11 月 25 日	国司备字［2022007348］
甘肃省预算审查监督条例	2022 年 11 月 25 日	国司备字［2022007349］
甘肃省边境管理条例	2022 年 11 月 25 日	国司备字［2022007350］

续表

法规名称	公布日期	备案登记编号
甘肃省专利条例	2022年11月25日	国司备字［2022007351］
甘肃省邮政条例	2022年11月25日	国司备字［2022007352］
甘肃省人民代表大会常务委员会关于加强经济工作监督的决定	2022年11月25日	国司备字［2022007353］
张掖市文明行为促进条例	2022年10月24日	国司备字［2022007342］
平凉市养犬管理条例	2022年10月20日	国司备字［2022007343］
甘南藏族自治州住宅物业管理条例	2022年10月25日	国司备字［2022007344］
宁夏回族自治区土地管理条例	2022年11月4日	国司备字［2022007316］
宁夏回族自治区爱国卫生工作条例	2022年11月4日	国司备字［2022007317］
宁夏回族自治区人民代表大会常务委员会关于修改《宁夏回族自治区污染物排放管理条例》等三件地方性法规的决定	2022年11月4日	国司备字［2022007339］
宁夏回族自治区固体废物污染环境防治条例	2022年11月30日	国司备字［2022007355］
银川市水资源管理条例	2022年11月10日	国司备字［2022007318］
石嘴山市城市公园管理条例	2022年11月7日	国司备字［2022007319］
固原市城市市容管理条例	2022年11月16日	国司备字［2022007320］
中卫市养犬管理条例	2022年11月9日	国司备字［2022007321］

地方政府规章

规章名称	公布日期	备案登记编号
吉林省地震预警管理办法	2022 年 11 月 15 日	国司备字［2022007295］
吉林市优化营商环境规定	2022 年 10 月 28 日	国司备字［2022007303］
上海市人民政府关于废止《上海市合流污水治理设施管理办法》的决定	2022 年 11 月 3 日	国司备字［2022007296］
绍兴市行政执法协调监督工作办法	2022 年 10 月 13 日	国司备字［2022007306］
江西省防空警报管理办法	2022 年 9 月 28 日	国司备字［2022007304］
烟台市物业管理办法	2022 年 10 月 13 日	国司备字［2022007302］
滨州市人民政府关于修改《滨州市烟花爆竹燃放管理办法》的决定	2022 年 10 月 15 日	国司备字［2022007305］
海南省人民政府关于废止《海南省建账监督管理办法》的决定	2022 年 2 月 11 日	国司备字［2022007300］
海南省人民政府关于委托实施部分省级行政审批事项的决定	2022 年 7 月 8 日	国司备字［2022007301］
海南省人民政府关于将部分省级管理权限调整由儋州市实施的决定	2022 年 11 月 14 日	国司备字［2022007336］
陕西省科学技术奖励办法	2022 年 10 月 8 日	国司备字［2022007297］
青海省人民政府关于修改和废止部分省政府规章的决定	2022 年 10 月 30 日	国司备字［2022007294］

图书在版编目(CIP)数据

中华人民共和国新法规汇编．2023 年．第 1 辑：总第 311 辑/司法部编．—北京：中国法制出版社，2023.3

ISBN 978-7-5216-3317-7

Ⅰ.①中… Ⅱ.①司… Ⅲ.①法规-汇编-中国-2023 Ⅳ.①D920.9

中国国家版本馆 CIP 数据核字(2023)第 034271 号

中华人民共和国新法规汇编

ZHONGHUA RENMIN GONGHEGUO XIN FAGUI HUIBIAN

(2023 年第 1 辑)

编者/司法部

经销/新华书店

印刷/三河市紫恒印装有限公司

开本/850 毫米×1168 毫米　32 开　　印张/9　字数/238 千

版次/2023 年 3 月第 1 版　　2023 年 3 月第 1 次印刷

中国法制出版社出版

书号 ISBN 978-7-5216-3317-7　　定价：18.00 元

北京市西城区西便门西里甲 16 号西便门办公区

邮政编码：100053　　传真：010-63141600

网址：http://www.zgfzs.com　　**编辑部电话：010-63141663**

市场营销部电话：010-63141612　　**印务部电话：010-63141606**